U0794675

高等学校新文科教材

金融科技系列

金融大数据分析

吴轲 周德馨 / 著

FINTECH

中国人民大学出版社
· 北京 ·

专家推荐

随着金融科技的快速发展，在金融行业中有效应用大数据分析已成为金融从业者必备的关键技能。《金融大数据分析》以应用实例为导向，系统地介绍了金融领域常用的大数据和机器学习方法。该书内容前沿、全面、实用，是金融专业学生和从业人员学习大数据方法的优秀参考书。

——程仕军，上海交通大学上海高级金融学院执行院长、教授

《金融大数据分析》以大数据的管理、分析及其在金融领域的应用为核心，系统阐述了大数据分析的基础理论与方法，并介绍了前沿的大语言模型技术。书中提供了丰富的金融应用案例，以帮助读者全面掌握从大数据管理到分析应用的核心技能，实现理论与实践的高效衔接。

——汪昌云，中国人民大学财政金融学院教授、教育部长江学者特聘教授、国家杰出青年科学基金获得者

在当今金融市场数据激增的时代，如何有效管理、分析和利用这些数据成为金融从业者面临的关键挑战。《金融大数据分析》系统介绍了大数据和机器学习方法在金融领域的应用，为读者提供了从基础理论到实践操作的全面、实用的学习平台，可以帮助读者掌握在金融领域应用大数据和机器学习方法的核心技能。无论您是金融相关专业学生、从业人员还是研究者，本书都是必备读物，它将成为您探索金融大数据领域的理想助手。

——修大成，芝加哥大学布斯商学院计量经济学与统计学教授、金融学顶刊《金融研究评论》副主编

前 言

随着互联网的广泛普及和经济数字化转型的加速，各行各业都在不断产生大量的数据。对现代经济运行起到核心作用的金融市场更是每天都会产生海量的数据。来自交易所、经纪商、金融机构的交易数据、投资者信息和公司财务报告等传统信息数据不断累积。例如，2022 年国际信用卡公司 Visa 处理了超过 2 400 亿笔交易，我国的银联公司也处理了超过 2 100 亿笔交易。① 而物联网（IoT）和传感器技术的发展对经济数据量的快速增长更是起到了巨大的助推作用，传感器被安装在各种设备和设施上，收集了大量关于生产、供应链和市场需求的数据。资本市场中高频交易策略的使用越来越普遍，引致了对大规模数据处理的需求。高频交易者通过分析市场数据、订单簿和其他信息，以毫秒级的速度制定交易决策，这也导致了交易数据的飞速增长。如果考虑到金融市场参与者产生的其他数据，例如公司年报中的文字与图片信息，Twitter、Facebook、抖音以及微博和投资者论坛等社交媒体平台上涉及宏观经济、公司、行业和市场的信息，那么数据的总量是极为庞大的。同时，可供分析的数据信息的存在形式也越来越丰富，如标准数据库的资产收益率、波动率和公司盈利等数量信息，年报的文本信息，业绩发布会的语音和视频信息，等等。

如果这些大数据信息能得到妥善处理和有效利用，那么金融产品的定价会变得更加有效，金融机构也可以进一步提高其服务质量，从而使金融市场的总体运行效率得到极大提高。目前，我国的金融体系发展迅速，已拥有全球最大的银行系统，第二大保险、股票和债券市场，同时数字金融和普惠金融的发展也处于世界前列。从政策角度看，大数据分析已成为国家未来金融发展的重点之一。2023 年 10 月的中央金融工作会议指出，金融是国民经济的血脉，是国家核心竞争力的重要组成部分，提出“以加快建设金融强国为目标”，明确“以推进金融高质量发展为主题”，以金融高质量发展助力强国建设、民族复兴伟业。会议还要求“做好科技金融、绿色金融、普惠金融、养老金融、数字金融五篇大文章”，提供高质量金融服务。大数据处理和分析能力对于发展科技金融、普惠金融和数字金融等都具有至关重要的作用。

随着近年来云计算技术的发展和数据存储能力的不断提升，金融机构能够存储和分

① 数据来源于 Statista 网站。

析以前无法处理的大规模数据集，这为大数据分析提供了强大的基础。数据采集技术的改进则使数据更容易获取和整理，数据爬虫、数据仓库、数据清洗工具等都有助于金融从业者有效地管理大规模数据。机器学习、深度学习、统计学以及人工智能算法方面的创新产生了众多适用于处理大量数据和另类数据的分析方法。因此，现阶段大量金融机构、监管部门以及其他市场参与者都对如何使用先进的信息技术来获取数据，以及如何利用市场中产生的海量数据进行了探索。无论是在学术研究领域，还是在金融业界和监管部门，大数据和机器学习方法都得到了越来越广泛的应用。

虽然传统的金融专业教学中的统计与计量课程会涉及数据的处理以及运用，但是这些课程介绍的大多是在数据的总量与丰度都比较低的时代广泛使用的方法与技术。由于金融数据往往还存在信号噪声比偏低的特性，所以传统统计方法更难以从众多海量数据中发掘出最有效的信息。在金融市场进入大数据时代的今天，由于大数据存在高维性、动态性、多样性、关联性等特征，我们需要采用新的方法来有效分析海量的数据。同时，相较于传统金融计量类教材，大数据金融分析类教材也相对稀缺，因此我们希望写一本针对金融专业本科生和硕士生的、系统介绍金融大数据的分析方法及应用的教材。本书也可以作为希望了解大数据和机器学习方法的经济学或金融学博士生的入门读物。

本书围绕三个主题进行阐述：

（1）如何管理数据。

（2）如何通过机器学习方法利用数据。

（3）如何获取以及处理另类数据。

本书特色

在开始筹划本书的编写之前，我们认真思考并探讨了如何写好一本金融领域的大数据分析教材。我们认为，一本好的大数据分析教材一定要有很强的针对性和实用性，同时应该面向未来，能让读者在新技术不断涌现的时代掌握最关键的知识与最新的方法。

本书在实用性方面做出了以下几方面的努力：第一，在介绍方法之前首先提出一些现实中可能会碰到的问题，然后再介绍利用大数据和机器学习解决这些问题的方案。这样便于读者思考我们所介绍的方法可以用在什么地方。第二，在介绍内容时注重实用性和直观性，并尽量避免使用晦涩的理论语言。我们希望通过这样的方式，能让读者很好地理解这些方法的精髓。第三，提供了大量配套的程序以及数据，可以方便读者跟着书中的介绍在电脑上进行实际操作。这样的设计有利于读者更快地掌握书中内容，从而达到学以致用的目的。第四，本书重视介绍数据的可视化以及模型的可解释性，因为这两者都可以帮助我们更好地利用数据来拓展业务。

另外，本书针对经济金融领域做出了独特的尝试。首先，本书中几乎所有的配套数据以及案例都来自经济金融领域。如果读者已经有一定的经济金融领域知识，那么配合这些例子就能更好地理解这些方法在经济金融领域的潜在应用。其次，本书通过习题鼓励读者思考这些方法能应用在哪些经济金融场景中。这样有助于启发读者的思维，达到举一反三的效果。最后，本书最后一章集中介绍了大数据机器学习在经济金融领域研究中的一些应用，为学有余力或有志向攻读经济学或金融学博士的读者提供了了解最新研究成果的资料。

我们正处于经济金融数据的数量与丰度都爆发式增长的时期。同时，处理以及利用这些数据的技术与方法也日新月异。本书致力于让读者掌握扎实的大数据分析基础，同时也对更多的新兴技术有所了解。在大语言模型高速发展的今天，我们不再需要依靠死记硬背来提高程序编写的效率。因此，本书力争让读者掌握大语言模型的精髓，从而在使用大语言模型编写程序的过程中可以更好地满足要求，达到所期望的效果。

内容简介

本书总共由六部分组成。在第 1 部分中，我们回顾了学习本书内容时所需要掌握的一些基础知识。由于本书中的程序部分使用的是 Python 语言，因此我们首先需要对常用的 Python 管理以及可视化模块进行学习。我们首先复习如何使用 Pandas 来管理数据，并使用 Pandas 及两个数据可视化程序库进行数据的初步探索，接下来对本书中需要用到的一些数学（包括线性代数以及微积分）知识进行了简单的回顾，并且介绍了一些基础的统计学知识。

在第 2 部分与第 3 部分中，我们开始介绍如何使用机器学习方法从数据中获取信息。总体来说，机器学习方法分为两个大类，包括监督学习方法以及无监督学习方法。监督学习方法使用带有标签的数据集来训练算法，使算法能够学习到输入和输出之间的关系，从而对新的数据进行预测或分类。简单来说，就是先给算法提供一些例子，告诉它输入是什么，对应的输出应该是什么，就像老师教学生一样。算法通过学习这些例子，总结出其中的规律，然后就能用这些规律来处理没有见过的新数据了。

具体来说，在第 2 部分中我们先介绍一些基础的监督学习方法，例如线性回归方法以及逻辑回归方法。这些方法虽然是机器学习的内容，但是同样也会在传统的统计学或者计量经济学课程中得到深入的讨论。因此，我们会结合机器学习的视角与计量经济学的视角对这些方法进行介绍与讨论。例如，在传统计量经济学以及统计学的内容中，讨论的侧重点主要在于模型系数的推断，而在机器学习中，我们更重视的是模型对数据进行预测的功能。同时，我们也会介绍在机器学习中训练这些模型的重要方法，即梯度下降方法。在这一部分中，我们还会介绍如何验证已经训练好的模型。在进行模型验证时，我们需要考虑过拟合问题以及欠拟合问题。在这一部分的最后一章中，我们介绍了如何使用模型选择以及正则化方法来应对过拟合以及欠拟合问题。

在第 3 部分中，我们更加深入地介绍更复杂的监督学习方法。在这一部分中，我们主要介绍决策树方法、集成学习方法以及神经网络方法。相较于第 2 部分中介绍的较为基础的监督学习方法，本部分介绍的方法有更大的灵活性。同时，模型也更为复杂。因此，这些方法在更为复杂以及庞大的数据中往往会有更好的表现。在这一部分的最后，我们对监督学习方法做了一些总结，并且介绍了如何才能更好地解释复杂模型的结果。

在第 4 部分中，我们着重介绍无监督学习方法。该方法使用没有标签的数据集来训练算法，让算法自己去发现数据中隐藏的结构。这一类算法主要起辅助作用。我们介绍了两种经典的无监督学习算法：主成分分析方法和聚类分析方法。主成分分析方法可以帮助我们降低数据的维度，从而达到加速学习等效果。聚类分析方法主要用于将相似的数据分到同一聚类之中，这样就算没有任何标签也能从数据中得到一些有用的信息。最后，我们介绍了如何填补缺失数据。

在第 5 部分中，我们介绍了如何使用另类数据以及如何管理大数据。金融市场中许多数据不是以数字的形式存储的。例如，公司的年度财报中有许多信息就是以文字与图片的形式存储的。我们首先介绍如何使用词袋模型，即运用词典来理解文本中的情感以及风险等信息。在这一部分中，我们也会介绍如何比较文本的相似度，以及更先进的词嵌入模型。之后，我们介绍大语言模型在金融市场中的潜在应用。我们认为，大语言模型必然会对将来的金融机构以及金融市场产生极其深远的影响。大语言模型的发展方兴未艾，许多公司对这一类模型的应用场景的研究与日俱增，而且金融研究者也开始试图理解这一类模型在市场中的应用。因此，我们希望抛砖引玉，激发读者的想象力，并吸引大家一起来探索这种强大技术的应用。之后，我们介绍了图像数据与声音信息在金融市场中可能的应用。最后，考虑到数据的爆炸式增长，我们介绍了处理海量数据的一些技术方法。

在最后一部分中，我们主要介绍了大数据机器学习在金融研究中的一些最新应用。与之前的章节不同，这一部分使用了大量的数学符号以及公式，对当下最前沿的金融学研究方法做了总结，并介绍了将这些方法应用于中国金融市场后得出的一部分结论。这一部分主要是为有志于从事金融研究的读者准备的。如果读者打算未来攻读金融学博士学位或从事金融研究，那么这些章节对其有一定助益。

教学安排

本书总共 19 章。授课教师可以根据实际需要选取若干章节作为教学内容。读者如果对 Python 如何处理以及可视化数据已经有所了解，那么可以考虑在教学中跳过第 1 章，或是将该章作为课后阅读内容。如果读者的数学及统计学基础较为扎实，则可以跳过第 2 章。在第 5 章中，我们介绍了四种基础的监督学习方法，授课教师可以根据需要从中选取一些作为教学内容。第 19 章主要侧重于介绍前沿的金融学研究成果。我们建议，在本科教学中，授课教师将这一部分作为学生的课后阅读内容。在研究生教学中，授课教师则可以根据学生的需求对这些前沿内容做一定程度的介绍。

章节设置

本书的大部分章节都包括如下模块：

（1）案例。在案例部分，我们会介绍一个在金融市场中可能遇到的具体问题，并对涉及的数据进行一些介绍与分析。这些案例的作用是更好地引入后面我们想要介绍的方法。

（2）方法介绍。这一模块是每个章节的中心内容。在这一部分中，我们会介绍具体方法想要达到的效果。除了文字之外，这一部分也会大量使用图片、表格以及伪代码来对方法的具体应用进行介绍。

（3）知识拓展。知识拓展模块主要是为了提高每章内容的丰度，为学有余力的读者提供一些补充知识。这一部分介绍了对较为复杂或较为前沿的方法的应用。在教学中，授课教师可以考虑将这一模块中的内容作为可选内容。

（4）程序。我们在本书中提供了大量基于 Python 语言的程序。通过学习这些程序，读者可以更快地掌握相应方法在实践中的应用。

（5）习题。本书提供了丰富的习题，主要有如下几类：

①知识理解。这一类习题主要用于检验读者对书中介绍的方法的原理及适用场景的理解。

②计算题。这一类习题可以通过简单的计算来帮助读者更好地理解这些方法的工作原理。

③程序操作。这一类习题要求读者在相应章节的程序的基础上做一些修改，以达到题目中要求的效果。通过这些练习，读者可以对如何应用这些方法有更深入的理解。

④发散思考。这一类习题要求读者通过发散思维来考虑这些方法在实践中有哪些可能的应用场景。

本书的出版得到了国家自然科学基金面上项目（项目号：72173127）的资助。我们还要感谢中国人民大学财政金融学院和中国人民大学出版社为本教材撰写提供的支持。中国人民大学财政金融学院的王卓、王皓琛、周明、何昊远、应镇焜、孙刘鸿图和陈云轩同学也做了出色的助研工作，在此向他们表示真诚的谢意！

目 录

第 1 部分　知识回顾

第 2 部分　监督学习基础

第 3 部分　监督学习进阶

第 1 部分

知识回顾

第1章

数据的管理与探索

学习目标

- 熟悉不同数据存储设备的功能及使用场景
- 理解常用数据存储的文件格式及优缺点
- 掌握运用 Pandas、Matplotlib 以及 Seaborn 程序库的基本能力，并学习使用这些程序库对数据进行初步探索以及整理

1.1　金融数据管理面临的挑战与机遇

金融市场每天都会产生大量的数据。这些数据无疑给从业人员以及监管机构提供了宝贵的材料。例如，股市中的许多指标可以帮助我们预测公司未来的基本面；银行每天都会获得大量的转账信息，这些信息可以为金融机构决策提供非常重要的参考。因此，如何妥善地管理并运用这些数据是一个重要的课题。现代金融企业以及市场监管部门都需要一套管理并分析这些数据的工具。

本书的大部分章节都着重介绍如何分析以及运用这些数据。但是，在利用先进的方法来分析并运用这些数据之前，我们首先要存储并管理这些数据。我们可以先通过简单的分析理解数据的特性，了解数据中的基本信息。这些信息既能帮助我们掌握数据的特点，也能为我们解决问题提供一些初步的参考。

因此在本章中，我们将介绍一些基本的数据存储与读写的概念，以及之后会经常使用的程序库，以帮助我们在之后的章节中更好地使用工具。更重要的是，我们将利用程序具体介绍这些工具的使用方法。

具体来说，本章中我们将介绍三个主题：

（1）数据的存储与使用；

（2）用于数据管理以及初步分析的 Pandas 程序库；

（3）用于数据可视化的 Matplotlib 以及 Seaborn 程序库。

1.2 数据的存储与使用

1.2.1 内存与硬盘

在一台现代计算机中，有各种存储设备。我们今天的讨论主要围绕内存与硬盘两种设备。内存往往速度快，但是容量较小（常见的内存在 8GB 到 64GB 之间）。硬盘的容量较大（其容量经常在 250GB 到几 TB 之间），但是往往存储与读写的速度偏慢。这两种设备更重要的区别在于：内存属于易失性存储设备，而硬盘属于非易失性存储设备。简单说来，在关机或重启电脑之后，内存中的数据会被清空，然后硬盘中的数据则一般不会受到影响。

因为这些特点，所以在存储以及使用数据的过程中，需要协同使用这两种设备。通常，我们会将得到的数据存储到硬盘中，以便长期保存。但是，当进行数据分析的时候，则需要将数据读入内存中。因为内存的存储与读写速度较快，我们通常会将程序执行中马上要用到的数据暂时存入内存，这样可以极大地加快程序运行的速度。实际上，我们学习的大部分数据管理以及存储模块都会用到内存与硬盘两种设备。并且，我们所能存储以及处理的数据量也受到这两种设备容量的限制。

1.2.2 数据存储的格式

在实际操作中，可以将数据存为各种格式的文件。例如，如果使用 Excel 处理数据，那么经常会将数据存为 CSV 或 XLSX 格式的文件。这两种格式的文件可能是最经常使用的文件类型。我们在存储大数据时，则通常会用到 Parquet 格式的文件。此外，经济金融研究者还经常会接触到 SAS 的 sas7bdat 格式的文件以及 Stata 的 dta 格式的文件，但这两种文件格式在经济金融研究之外很少用到，因此我们在此不做过多阐述。

表 1.1 将以上几种常见的数据格式进行了比较。其中，CSV 以及 XLSX 格式最为常见。我们阅读这些文件也非常简单直接，只需要用 Excel 软件就可以将这些文件打开并进行编辑。但是，这些文件也有一些问题，最大的问题是读写速度较慢以及占用的存储空间较大。因此，较小的数据经常使用这两种格式来保存。Parquet 是一种常用的大数据存储格式，无法简单地用 Excel 软件打开，其优势在于易于存储与读写。因此，当数据量巨大的时候，应考虑将数据以 Parquet 格式保存。JSON 在网络中有着非常广泛的应用，如果需要从网络上获取数据，那么得到的数据通常是 JSON 格式的文件。由于这种文件的格式清晰，所以我们非常容易使用程序来抓取这些数据中的关键信息。但是，因为该种文件以文本形式存储，因此其读写速度往往不是最优的。

表 1.1 不同数据格式的比较

文件类型	CSV	Parquet	XLSX	JSON
数据结构	表格	列式存储	单元格的电子表格	层次化的键值对
文件大小	一般较大	压缩后较小	由于格式化而较大	变化较大，通常较大
读/写速度	读取快，大文件写入慢	读取操作非常快，特别是在大数据集上	由于格式复杂而较慢	小文件快，大型文件或复杂结构文件慢
人类可读性	高（基于文本）	低（二进制格式）	中等（需要软件读取）	高（基于文本）
典型用例	简单的表格数据，快速数据交换	大数据分析，高效存储和快速查询	商务报告，财务分析报告，带有丰富格式的数据	网络 API，配置，具有嵌套结构的数据

1.3 Pandas 与数据可视化程序库简介

在这一节，我们将简单介绍一下 Pandas、Matplotlib 和 Seaborn 这三个程序库的用途及其历史。之后，在下一节，我们将在程序部分着重介绍如何使用这几个程序库。

1.3.1 Pandas 简介

Pandas 是一个开源的 Python 数据分析库，被广泛用于快速分析数据，以及完成数据清洗和准备等任务。它提供了高效的 DataFrame 对象，这是一种表格型的数据结构，具有对数据进行操作的各种功能，包括数据过滤、转换、聚合等。Pandas 非常适合处理结构化数据，如时间序列、表格数据及任何以行和列组织的数据集。

Pandas 的优点

此库的目的是提供一个高效、易用的数据结构和数据分析工具。Pandas 利用 NumPy（一个强大的科学计算库）来提高其数据处理的速度和效率。除了具有快速的数据处理能力外，Pandas 还支持读取和写入多种格式的文件，如 CSV、Excel、JSON、Parquet。

Pandas 是数据科学和数据分析领域中不可或缺的工具之一，它的设计使得 Python 成为强大且直观的数据分析环境，极大地提高了数据处理的效率和质量。无论是数据挖掘、数据清洗、数据可视化还是机器学习，Pandas 都是一个非常有用的库。

Pandas 的弱点

当然，Pandas 也有一些弱点。比如，Pandas 一般需要将一个文件中的所有数据都读入内存才能对其进行高效操作。因此，如果有的数据集过大，那么 Pandas 将无法高效处理这些数据。另外，在数据处理过程中常用的 SQL 语言在 Pandas 中没有相应的支持。如果需要在 Pandas 中使用 SQL，就必须安装额外的程序库。

我们在后面的章节中会介绍如何在海量数据环境中使用类似于 Pandas 的操作对无法读入内存的大数据进行整理与分析。

1.3.2 数据可视化程序库简介

接下来，我们简单介绍两个常用的 Python 数据可视化程序库。使用图表来对数据进行可视化操作往往是对数据理解大有帮助的一步。图表的优点在于简单直观，而且可以快速实现。

Matplotlib 简介

Matplotlib 是一个用于 Python 编程语言和其数值数学扩展库 NumPy 的绘图库。Matplotlib 广泛应用于数据可视化领域，无论是绘制简单的折线图、条形图、散点图，还是绘制更复杂的图表类型，如误差线图、直方图、3D 图形等，Matplotlib 都能胜任。它的灵活性和易用性使得它成为 Python 数据可视化的基石之一，被广泛用于学术研究、工业以及许多数据分析和数据科学项目。

Seaborn 简介

Seaborn 是基于 Matplotlib 的 Python 数据可视化程序库，它提供了一个高级接口来绘制吸引人且信息丰富的统计图形。Seaborn 的目标是使可视化成为探索和理解数据的核心部分。它具有内置主题、支持多种统计图表类型、与 Pandas 数据框架良好集成、自动统计估计和错误条显示、分面功能以及可高度自定义的特点，非常适合用来进行统计分析和数据呈现。

1.4 程序：数据的管理以及初步探索

1.4.1 使用 Pandas 读取、整理数据

下面我们介绍如何使用 Python 的 Pandas 程序库进行简单的数据管理以及总结。Pandas 的功能十分强大，因此我们无法用很短的篇幅对所有功能进行详尽的介绍。但是，我们可以对最常用的功能进行一些介绍及总结。

数据读取与整理

我们用虚拟的投资者收入、性别以及股票投资组合金额这三项数据来解释如何使用 Pandas 模块。

导入程序库：

```
import pandas as pd
```

使用 Pandas 程序库读入 CSV 文件中的数据。

```
df=pd. read_csv("income stock. csv")
```

读入数据后，我们需要快速检查数据读入的结果，例如，数据中有哪些信息以及这些数据的格式。我们可以用 head() 这种方法来查看前几行数据。

```
print(df. head())
```

```
     id  income  gender          stock
0  i_ 1  252441       F  134719. 488149
1  i_ 2  315818       F  158440. 763299
2  i_ 3  472255       M  244051. 884147
3  i_ 4  286712       M  146488. 127383
4  i_ 5   28696       M   16852. 623977
```

我们用 df. head(5) 来显示 df 这个数据帧中的前五行。其中，第一列数字是这个数据帧的索引。这个索引便于我们找到数据的位置。该索引是从 0 开始计数的。

这个数据帧中的每一行对应的是一个用户，每一列对应的是我们存储的关于该用户的信息。

数据帧的基本信息 接下来，我们来检验一下数据量具体是多少，以及数据帧中的变量分别是以什么格式存储的。

```
print(df. shape)

print(df. dtypes)
```

```
(10, 4)
id          object
income       int64
gender      object
stock      float64
dtype:object
```

我们用 df. shape 来查看数据帧的大小。(10，4) 说明这个数据帧中有 10 行 4 列，也就是说，我们有 10 个样本，每个样本有 4 个变量。

df. dtypes 告诉我们数据分别是以什么格式存储的：income 是以 int64（整数）格式存储的；stock 是以 float64（实数）格式存储的；其他数据是以 object 格式存储的，这种格式一般用来存储字串。

获取变量信息 如果我们只需要使用一个变量，那么我们可以用方括号来查看一个变量。

```
stock=df['stock']
print(stock)
```

```
0        134719. 488149
1        158440. 763299
2        244051. 884147
3        146488. 127383
4         16852. 623977
5         73331. 373223
6         87849. 163065
7        187017. 380166
8        178244. 890406
9        189905. 305184
Name: stock, dtype: float64
```

获取行信息 如果我们需要查看一个用户，那么我们可以续用 . iloc［索引］来查看一行。

```
user_0=df. iloc[0]
print(user_0)
```

```
id                        i_1
income                 252441
gender                      F
stock          134719. 488149
Name:0,dtype:object
```

获取子数据集 我们也可以筛选数据。例如，下面我们将性别为男的用户筛选出来，存入一个新的数据帧。

```
df_male=df[df['gender'] == 'M']
print(df_male. head())
```

```
     id  income   gender            stock
2   i_3  472255        M  244051. 884147
3   i_4  286712        M  146488. 127383
4   i_5   28696        M   16852. 623977
9  i_10  360294        M  189905. 305184
```

当然，我们也可以叠加选择条件。例如，我们需要选取用户性别为男并且年收入超过 100 000 元的用户。注意，因为需要使用两个筛选条件，所以此时需要使用逻辑操作 &（也就是 and），以表示要两个条件同时满足该用户才会被选入。

```
df_ male_highinc=df[(df['gender'] =='M')&(df['income']>100000)]
print(df_ male_highinc)
```

```
   id  income gender           stock
2  i_3  472255      M  244051.884147
3  i_4  286712      M  146488.127383
9  i_10 360294      M  189905.305184
```

生成新变量　我们也可以通过数据帧中的两个或多个变量来生成新的变量。比如，我们可以生成投资组合与收入的一个比例（income/stock）。

```
df['income_stock_ratio']=df['income']/df ['stock']
print(df.head(5) )
```

```
   id  income  gender          stock  income_stock_ratio
0  i_1  252441      F  134719.488149            1.873827
1  i_2  315818      F  158440.763299            1.993288
2  i_3  472255      M  244051.884147            1.935060
3  i_4  286712      M  146488.127383            1.957237
4  i_5   28696      M   16852.623977            1.702762
```

对数据的初步探索　接下来，我们将用 Pandas 的内置功能对数据进行初步探索。我们先对变量的均值（mean）、标准差（std）、最小值（min）、最大值（max）等一系列信息进行总结。

```
df['income'] . describe()
```

```
count        10.000000
mean     272333.100000
std      130257.490509
min       28696.000000
25%      183164.250000
50%      301265.000000
75%      356726.000000
max      472255.000000
Name: income, dtype: float64
```

接下来，我们可以分别对男性用户以及女性用户的信息进行总结。在此，我们需要用 groupby 帮助我们将数据放到不同的子集中。同时，可以采用 agg 方法帮助我们计算并汇总统计信息。

```
grouped_stats=df.groupby('gender')[['income','stock']].agg(['mean','median','std'])
print(grouped_stats)
```

```
                income                                stock                   \
                  mean      median            std          mean        median
gender
F        262562.333333  284129.5   94719.208110  136637.210032  146380.123724
M        286989.250000  323503.0  188336.989073  149324.485173  168196.716284
                  std
gender
F        47134.921336
M        96913.917135
```

数据合并 有时候，我们需要从不同的数据集中获取用户信息。这样，我们就可能需要合并多个数据。使用 Pandas 时，有许多合并数据的方法，我们只介绍其中一种。

接下来，将用户的学习成绩（GPA）与他们的收入及股市信息合并。

```
df_gpa=pd.read_csv('gpa.csv')
df_gpa.head(5)
```

```
    id   gpa
0  i_1  2.81
1  i_2  2.10
2  i_3  3.65
3  i_4  3.46
4  i_5  2.67
```

合并两个数据集。我们要求两个数据集中的用户 id 对齐。

```
df_merged=pd.merge(df, df_gpa, on='id')
print(df_merged)
```

```
    id  income gender          stock  income_stock_ratio   gpa
0  i_1  252441      F  134719.488149            1.873827  2.81
1  i_2  315818      F  158440.763299            1.993288  2.10
2  i_3  472255      M  244051.884147            1.935060  3.65
```

3	i_4	286712	M	146488.127383	1.957237	3.46
4	i_5	28696	M	16852.623977	1.702762	2.67
5	i_6	140602	F	73551.575225	1.911611	3.48
6	i_7	160072	F	87849.163065	1.822123	2.62
7	i_8	360419	F	187017.380166	1.927195	3.04
8	i_9	346022	F	178244.890406	1.941273	3.39
9	i_10	360294	M	189905.305184	1.897230	2.58

数据存储 最后，我们将数据存为CSV文件。

```
df_merged.to_csv('merged.csv')
```

1.4.2 数据可视化以及数据的探索

数据可视化是对数据进行初步了解的重要方法。数据可视化有助于我们更清楚地传递数据中所蕴含的信息。

我们需要使用Matplotlib来控制图形大小以及输出，同时也会使用Seaborn来进行数据可视化，因此我们需要导入这两个库。

```
import seaborn as sns
import matplotlib.pyplot as plt
```

导入数据 我们将用Seaborn程序库自带的tips（小费）数据来对其功能进行说明。本数据中有小费的总金额（Tip）、用餐的价格（Total Bill）、用餐人数（Size）等信息。

```
tips=sns.load_dataset('tips')
tip.head()
```

	total_bill	tip	gender	smoker	day	time	size
0	16.99	1.01	Female	No	Sun	Dinner	2
1	10.34	1.66	Male	No	Sun	Dinner	3
2	21.01	3.50	Male	No	Sun	Dinner	3
3	23.68	3.31	Male	No	Sun	Dinner	2
4	24.59	3.61	Female	No	Sun	Dinner	4

直方图 我们使用直方图（Histogram）来查看数据分布，着重分析每单中小费的总金额（Tip）。

直方图是一种统计报告图，用于展示一系列数据的分布情况。它通过将数据分组（通常是等宽的连续区间）计算每组中的数据点数量（频率或频数，Frequency），用柱状图的形式来表示。

通过直方图，我们可以获得以下信息：

● 分布的形状：直方图可以展示数据是对称分布的还是偏斜(向左或向右偏斜)的。

● 中心的位置：直方图可以帮助我们估计数据的均值或中位数所在的大致位置。

● 变异程度：通过观察柱状图的宽度和分布，我们可以了解数据的波动程度或离散程度。

●异常值：直方图还可以帮助我们发现数据中的异常值或离群点。

```
plt.figure(figsize=(8,6))
sns.histplot(tips['tip'], kde=True, color='blue')
plt.title('Histogram of Total Tip Amounts')
plt.xlabel('Tip')
plt.ylabel('Frequency')
plt.show()
```

图 1.1 展示了我们所得出的直方图。

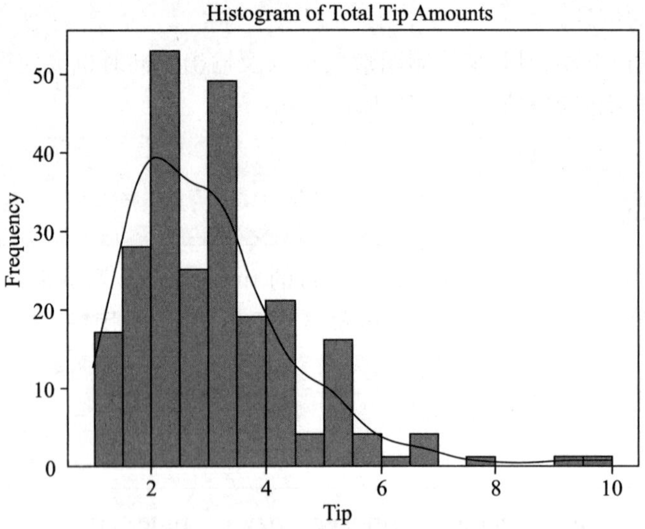

图 1.1　直方图

箱形图　箱形图（Box Plot），也称为盒须图，是另一种用于展示数据分布统计特征的图形。箱形图通过五数概括［最小值、第一四分位数（Q1）、中位数、第三四分位数（Q3）、最大值］来描述数据的分布情况，同时也能展示出数据的异常值。箱形图的构成如下：

● 箱子：箱子的底部和顶部分别表示第一四分位数（Q1）和第三四分位数（Q3），箱子的长度代表了数据的四分位距（IQR），可以用来衡量数据的集中趋势和离散程度。

● 中位线：箱子内部的线表示数据的中位数，反映了数据的中心位置。

● 须：箱子外的两条线（须）延伸至箱子外的最小值和最大值，但不包括异常值。这些线表示数据分布的范围。

● 异常值：通常是那些小于 Q1－1.5IQR 或大于 Q3＋1.5IQR 的值，在图中表现为离群点。

相较于直方图，箱形图可以更为简洁地展示一个变量在不同子集中的分布。

```
plt. figure(figsize=(10,7))
sns. boxplot(data=tips, x='day', y='tip', palette='rainbow')
plt. title('Box Plot of Tip by Day of the Week')
plt. xlabel('Day of the Week')
plt. ylabel('Tip')
plt. show()
```

图 1.2 展示了我们得出的箱形图。

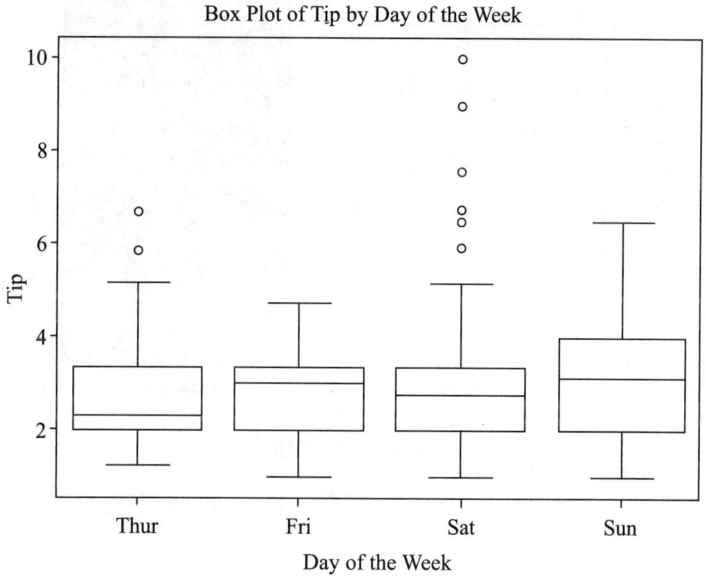

图 1.2 箱形图

通过图 1.2，我们发现周四（Thur）与周六（Sat）都有一些异常高的小费。

条形图 条形图（Bar Plot）是一种在研究中常用的数据可视化图形。它通过条形的长度来表示各类别的数据量或数值的大小，非常适用于展示和比较不同类别或组之间的数量关系。条形图可以是垂直的，也可以是水平的，这取决于数据展示的需求。

通过条形图，我们可以获得以下信息：

● 类别比较：直观比较不同类别或组的数值大小。
● 数据的分布：观察不同类别中数据的分布情况。
● 趋势识别：识别数据随时间或顺序变化的趋势。

条形图可以帮助我们理解数据的稳定性和变异范围。有些条形图上有误差棒（Error Bars）。误差棒用来表示数据的变异度、不确定性或置信区间。

```
# Bar plot of average total bill by day
plt.figure(figsize=(8,6))
sns.barplot(data=tips, x='time', y='tip', palette='coolwarm')
plt.title('Average Tip by Meal')
plt.xlabel('Meal')
plt.ylabel('Average Tip')
plt.show()
```

图 1.3 展示了我们得出的条形图。

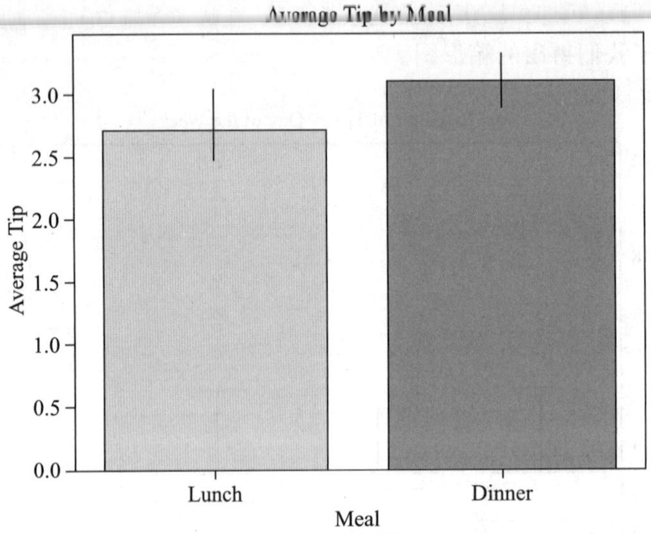

图 1.3 条形图

图 1.3 分别描述了午餐（Lunch）以及晚餐（Dinner）的平均小费金额。误差棒的长度代表的是 95%置信区间。

散点图 散点图（Scatter Plot）是数据可视化中一种基本且常用的图形，它通过在二维平面上的点来表示两个数值变量之间的关系。每个点的位置由其所对应的变量值决定，分别在 X 轴和 Y 轴上表示。散点图主要用于探索和展示两个连续变量之间是否存在某种相关关系，以及这种关系的强度和方向。

通过散点图，我们可以获得以下信息：

● 相关性：即两个变量之间是否存在线性关系或非线性关系。如果数据点近似分布在一条直线附近，说明变量之间存在线性相关性；如果分布呈现某种曲线模式，说明存在非线性关系。

● 关系的方向：数据点的分布趋势可以显示变量之间的关系是正向的（即一个变量增大时，另一个变量也增大）还是负向的（即一个变量增大时，另一个变量减小）。

● 异常值：在散点图中，远离其他数据点的点可能代表异常值或离群点，这些点可能需要进一步分析。

● 变量之间关系的紧密程度：数据点的密集程度可以反映变量之间关系的紧密程度。点越密集，说明两个变量之间的关系越紧密。

散点图是探索性数据分析（EDA）中非常重要的工具，可以帮助研究人员发现数据中的模式、趋势和异常值，为后续深入分析和建模提供线索。

下面我们使用散点图来可视化用餐的价格（Total Bill）和小费的总金额（Tip）之间的关系。显而易见，这两个变量之间存在正相关关系。

```
plt.figure(figsize=(8, 6))
sns.scatterplot(data=tips, x='total_bill', y='tip')
plt.title('Scatter Plot of Total Bill vs. Tip')
plt.xlabel('Total Bill')
plt.ylabel('Tip')
plt.show()
```

图1.4展示了我们得出的散点图。

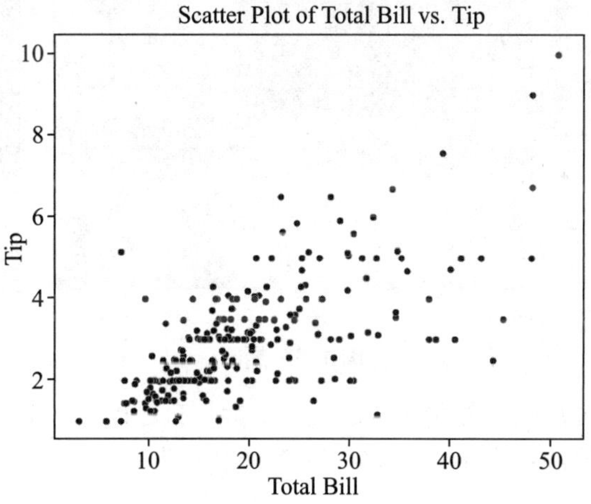

图1.4　散点图

热图　热图（Heatmap）是一种数据可视化图形，用于展示两个类别变量之间的矩阵数据以及这些数据的量值。它用不同的颜色来表示数据点的大小或数值，颜色的深浅通常与数据值的大小成正比。热图常用于展示数据的分布、变化或者两个变量之间的相关性等。

通过热图，我们可以获得以下信息：

● 数据中的模式：热图可以帮助识别数据中的模式，例如，某些变量组合是否频繁出现或者某些值是否异常高或异常低。

● 数据的比较：通过颜色的对比，可以快速比较不同类别或组合之间的数据差异。

● 相关性：在展示变量之间的相关系数矩阵时，热图可以直观地反映变量之间的相关性程度，颜色越深表示相关性越强。

● 异常值检测：热图中的颜色异常点可以帮助快速识别数据中的异常值或离群点。

我们使用热图来直观表示三个连续变量之间的关系，首先需要计算不同数据之间的相关性。

```
corr=tips[['total_bill','tip','size']].corr( )
plt.figure(figsize=(8, 6))
sns.heatmap(corr, annot=True, cmap='coolwarm', center=0)
plt.title('Heatmap of Correlation Matrix')
plt.show()
```

图 1.5 展示了我们得出的热图。

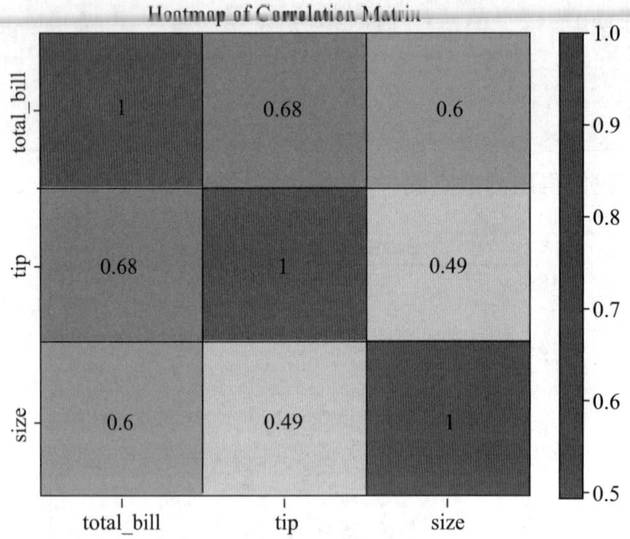

图 1.5 热图

如图 1.5 所示，对角线上的值为 1，因为变量与自己的相关性为 1。同时，我们可以看到用餐的价格与其他两个变量之间都有较强的相关性。

习题

程序操作

请使用 income stock 数据进行以下操作：

(1) 读入该数据。

(2) 将数据与 GPA 数据按用户 id 进行合并。

(3) 选取女性用户的数据，并存入数据帧。

(4) 对新数据帧中的数据进行总结，信息包括收入、股票投资以及 GPA。

(5) 将新数据帧存入 Parquet 文件。

(6) 重新读入 income stock 数据，并使用散点图来可视化收入与股票投资之间的关系。

(7) 使用条形图来可视化男性与女性在投资总额上的区别。

(8) 使用热图来可视化收入、股票投资以及 GPA 之间的相关性。

第2章

数学以及统计学知识回顾

学习目标

- 熟练掌握线性代数的符号以及多元导数和微分的数学表达
- 熟练掌握线性代数的基本运算
- 熟练掌握微分的基本运算
- 理解统计学的基本概念

在机器学习中，我们需要用到许多数学与统计学的知识。我们在本章中对将要用到的数学以及统计学知识和术语进行简要介绍，以方便读者在之后章节的学习中参考。本章中的数学知识主要涉及线性代数以及微积分，统计学知识主要涉及期望、方差、偏差、相关性等。

2.1　数学知识回顾

下面我们简单回顾一些基础的数学知识。在机器学习中，我们主要会使用到线性代数以及微积分中的微分。本书面向的目标读者应该对这些数学方法有一定了解。我们接下来简单介绍这些数学知识，以便读者更熟悉在之后的章节中我们使用的数学符号及运算。

2.1.1 线性代数

线性代数在机器学习中有着广泛的应用。在本小节，我们将着重用几何的方法来阐述线性代数中运算的意义。

标量 一个标量就是一个单独的数，一般用小写的变量名称表示，例如 $a=1$。

向量 一个向量就是一列数，这些数是有序排列的。通过索引，我们可以确定每个数的数值。通常会赋予向量粗体的小写名称。当我们需要明确表示向量中的元素时，我们会将元素排列成一个方括号包围的纵柱①：

$$\boldsymbol{x}=\begin{bmatrix}x_1\\x_2\\\vdots\\x_n\end{bmatrix}$$

上文中出现的向量 $\boldsymbol{x}$，我们称为列向量，其包含 n 个元素，将其进行转置，可以得到行向量，记为 $\boldsymbol{x}^{\mathrm{T}}$：

$$\boldsymbol{x}^{\mathrm{T}}=[x_1\quad x_2\quad \cdots\quad x_n]$$

我们可以把向量看作空间中的点，每个元素是不同的坐标轴上的坐标。我们可以画一个从原点出发、射向向量坐标的箭头来描述向量。例如，向量

$$\boldsymbol{x}=\begin{bmatrix}2\\1\end{bmatrix}$$

可以用以下方式在二维空间中描绘出来：

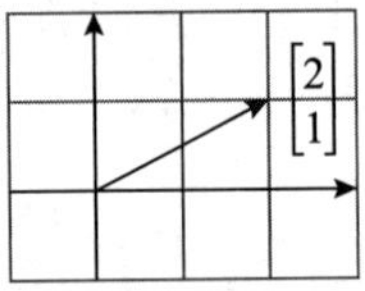

向量加法 两个 n 维向量 $\boldsymbol{x}$ 和 $\boldsymbol{y}$ 可以进行相加与相减的操作。具体来说：

$$\begin{bmatrix}x_1\\x_2\\\vdots\\x_n\end{bmatrix}+\begin{bmatrix}y_1\\y_2\\\vdots\\y_n\end{bmatrix}=\begin{bmatrix}x_1+y_1\\x_2+y_2\\\vdots\\x_n+y_n\end{bmatrix}$$

例如：

---

① 在本章中，我们会用粗体来表示向量，用普通字体来表示标量。在后面的章节中，为了简便，我们则不再对向量加粗。

$$\begin{bmatrix}2\\1\end{bmatrix}+\begin{bmatrix}0.5\\-0.25\end{bmatrix}=\begin{bmatrix}2.5\\0.75\end{bmatrix}$$

上述向量加法运算也可以用下图来表示：

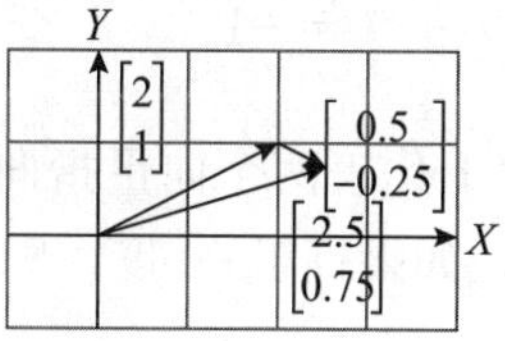

同样，$\boldsymbol{x}-\boldsymbol{y}$ 得到的向量则是将 $\boldsymbol{x}$ 与 $\boldsymbol{y}$ 的每一个对应的元素相减。

标量与向量的乘法　标量 a 与向量 $\boldsymbol{x}$ 相乘，即将向量 $\boldsymbol{x}$ 中的每一个元素（x_1，…，x_n）与 a 相乘，结果记为 $a\boldsymbol{x}$。

例如：

$$标量\ a=2，向量\ \boldsymbol{x}=\begin{bmatrix}0\\-1\\4\end{bmatrix}$$

$$a\boldsymbol{x}=2\begin{bmatrix}0\\-1\\4\end{bmatrix}=\begin{bmatrix}0\\-2\\8\end{bmatrix}$$

如果相乘的标量是正数，那么代表向量的箭头方向不变；如果相乘的标量是负数，那么向量的箭头则会指向相反的方向。向量的长度会根据标量的大小进行缩放。如果 $|a|>1$，则新的向量会比相乘之前更长；如果 $|a|<1$，则新的向量会比相乘之前更短。

我们后面会对向量的长度进行更详细的定义。

线性组合　我们可以使用向量加减法以及向量与标量的乘法生成线性组合。例如，我们有标量 a，b，以及向量 $\boldsymbol{x}$，$\boldsymbol{y}$。如果 $\boldsymbol{z}$ 向量可以表达为以下形式，则 $\boldsymbol{z}$ 向量为 $\boldsymbol{x}$，$\boldsymbol{y}$ 向量的线性组合：$\boldsymbol{z}=a\boldsymbol{x}+b\boldsymbol{y}$。

这一概念也同样可以使用在更多的向量上。

向量与向量的乘法　在本书中，针对向量与向量相乘，仅考虑内积。内积也被称为点积。如果向量 $\boldsymbol{x}$ 与向量 $\boldsymbol{y}$ 都是 n 维向量，那么它们的内积为一个标量，即，对于

$$\boldsymbol{x}=\begin{bmatrix}x_1\\x_2\\\vdots\\x_n\end{bmatrix}\qquad \boldsymbol{y}=\begin{bmatrix}y_1\\y_2\\\vdots\\y_n\end{bmatrix}$$

$$\boldsymbol{x}\cdot\boldsymbol{y}=\sum_{i=1}^{n}x_iy_i=x_1y_1+x_2y_2+\cdots+x_ny_n$$

例如：

$$\boldsymbol{x}=\begin{bmatrix}1\\0\\2\end{bmatrix} \qquad \boldsymbol{y}=\begin{bmatrix}-1\\-5\\0\end{bmatrix}$$

$$\boldsymbol{x}\cdot\boldsymbol{y}=\sum_{i=1}^{3}x_i y_i=-1+0+0=-1$$

向量与向量的乘法在某种程度上代表两个向量指向的方向的异同。如果两个向量之间的夹角小于90度，则乘积为正；如果等于90度，则乘积为0；如果大于90度，则乘积为负。

向量范数　有时我们需要衡量一个向量的大小。在机器学习中，我们经常使用被称为范数（Norm）的函数衡量向量的大小。假设 $\boldsymbol{x}$ 是一个向量，则 $\boldsymbol{x}$ 的范数可以表示为 $\|\boldsymbol{x}\|$。范数需要满足以下三个性质：

（1）正定性，即 $\|\boldsymbol{x}\|\geqslant 0$，只有当 $\boldsymbol{x}=0$（即 $\boldsymbol{x}$ 的每一项都为0）时才取等号；

（2）非负齐次性，即 $\|k\boldsymbol{x}\|=|k|\|\boldsymbol{x}\|$；

（3）三角不等式，即 $\|\boldsymbol{x}+\boldsymbol{y}\|\leqslant\|\boldsymbol{x}\|+\|\boldsymbol{y}\|$。

下面，我们介绍几种在机器学习中常用的范数。

（1）1-范数。1范数（$L1$ Norm），即向量 $\boldsymbol{x}$ 中所有元素绝对值之和，用公式表示为：

$$\|\boldsymbol{x}\|_1=\sum_{i=1}^{n}|x_i|$$

例如：

$$\boldsymbol{x}=\begin{bmatrix}1\\0\\-2\end{bmatrix},\|\boldsymbol{x}\|_1=1+0+2=3$$

（2）2-范数。2范数（$L2$ Norm），又称欧几里得范数，在一般情况下，求向量的范数，意思就是求向量的2-范数，用公式表示为：

$$\|\boldsymbol{x}\|_2=\sqrt{\sum_{i=1}^{n}|x_i|^2}$$

例如：

$$\boldsymbol{x}=\begin{bmatrix}1\\0\\-2\end{bmatrix},\|\boldsymbol{x}\|_2=\sqrt{|1|^2+|0|^2+|-2|^2}=\sqrt{5}$$

2-范数可能是应用最为广泛的范数，因为其代表的是从原点到向量坐标的直线距离，也就是向量的长度。我们将一个向量 x 除以其向量的2-范数，会得到一个长度为1的向量。

因为2-范数的使用非常广泛，因此如果在文本中没有标记范数的种类（如 $\|x\|$），

那么我们一般指的都是该向量的 2 -范数。

向量相似度　在机器学习中，一个经常使用到的概念是向量相似度。我们主要采用两种方法来计算向量相似度。例如，我们有 $\boldsymbol{x}$，$\boldsymbol{y}$ 两个向量，我们可以用以下方法来比较这两个向量是否相似：

第一，我们可以将两个向量相减，并计算相减后向量的范数 $\|\boldsymbol{x}-\boldsymbol{y}\|$。在具体执行中，我们一般用 2 -范数来计算。如果该相减后向量有较大的范数，则两个向量较为不同。

第二，我们可以比较两个向量的方向是否相同。这种比较方法被称为余弦相似度[也就是下图中的 $\cos(\theta)$]法。我们计算的是 $\frac{\boldsymbol{x}\cdot\boldsymbol{y}}{\|\boldsymbol{x}\|\ \|\boldsymbol{y}\|}$，也就是 $\boldsymbol{x}$ 与 $\boldsymbol{y}$ 的点积除以它们的 2 -范数之积。如果这个值接近 1，说明两个向量的方向更为一致；如果这个值接近 −1，则说明两个向量的方向相反；如果这个值为 0，则说明 $\boldsymbol{x}$ 与 $\boldsymbol{y}$ 的夹角为直角。

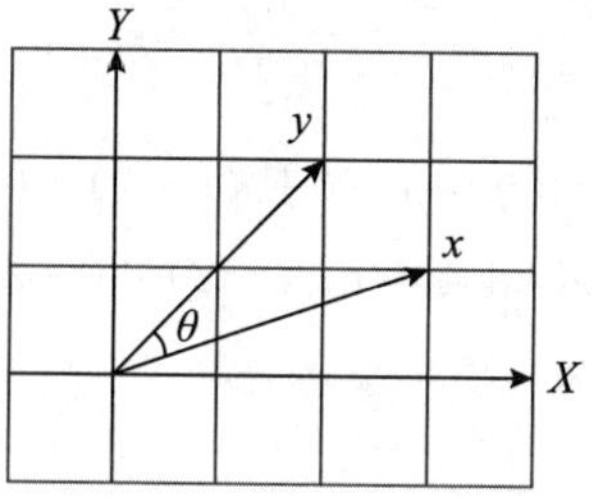

矩阵　矩阵是二维数组，其中的每一个元素均被两个索引而非一个索引确定。我们通常会赋予矩阵大写变量名称，比如 $\boldsymbol{A}$。如果一个实数矩阵高度为 m，宽度为 n，那么我们说 $\boldsymbol{A}\in R^{m\times n}$，或 A 为 $m\times n$ 矩阵。

$$\boldsymbol{A}=\begin{bmatrix} a_{11} & a_{12} & \cdots & a_{1n} \\ a_{21} & a_{22} & \cdots & a_{2n} \\ a_{31} & a_{32} & \cdots & a_{3n} \\ \cdots & \cdots & & \cdots \\ a_{m1} & a_{m2} & \cdots & a_{mn} \end{bmatrix}$$

例如：

我们构造一个高度为 2、宽度为 3 的实数矩阵 $\boldsymbol{A}\in R^{2\times 3}$，或称 2×3 的矩阵：

$$\boldsymbol{A}=\begin{bmatrix} 1 & 0 & 2 \\ -2 & 12 & 4 \end{bmatrix}$$

矩阵与矩阵乘法　设 $\boldsymbol{A}$ 为 $m\times p$ 的矩阵，$\boldsymbol{B}$ 为 $p\times n$ 的矩阵，那么称 $m\times n$ 的矩阵 $\boldsymbol{C}$ 为矩阵 $\boldsymbol{A}$ 与 $\boldsymbol{B}$ 的乘积，记作 $\boldsymbol{C}=\boldsymbol{AB}$，其中矩阵 $\boldsymbol{C}$ 中的第 i 行第 j 列元素可以表示为：

$$(\boldsymbol{C})_{ij}=\sum_{k=1}^{p}a_{ik}b_{kj}=a_{i1}b_{1j}+a_{i2}b_{2j}+\cdots+a_{ip}b_{pj}$$

例如：

$$\boldsymbol{A}=\begin{bmatrix} a_{1,1} & a_{1,2} & a_{1,3} \\ a_{2,1} & a_{2,2} & a_{2,3} \end{bmatrix}$$

$$B=\begin{bmatrix} b_{1,1} & b_{1,2} \\ b_{2,1} & b_{2,2} \\ b_{3,1} & b_{3,2} \end{bmatrix}$$

$$C=\begin{bmatrix} a_{1,1}b_{1,1}+a_{1,2}b_{2,1}+a_{1,3}b_{3,1} & a_{1,1}b_{1,2}+a_{1,2}b_{2,2}+a_{1,3}b_{3,2} \\ a_{2,1}b_{1,1}+a_{2,2}b_{2,1}+a_{2,3}b_{3,1} & a_{2,1}b_{1,2}+a_{2,2}b_{2,2}+a_{2,3}b_{3,2} \end{bmatrix}$$

例如：

针对矩阵 $\boldsymbol{A}\in R^{2\times 3}$ 与矩阵 $\boldsymbol{B}\in R^{3\times 2}$，我们求 $\boldsymbol{AB}$ 的乘积 $\boldsymbol{C}$：

$$A=\begin{bmatrix} 1 & 0 & 2 \\ -2 & 12 & 4 \end{bmatrix}$$

$$B=\begin{bmatrix} 10 & -2 \\ 4 & 1 \\ 0 & 7 \end{bmatrix}$$

$$AB=\begin{bmatrix} 1\times 10+0\times 4+2\times 0 & 1\times(-2)+0\times 1+2\times 7 \\ (-2)\times 10+12\times 4+4\times 0 & (-2)\times(-2)+12\times 1+4\times 7 \end{bmatrix}$$

$$=\begin{bmatrix} 10 & 12 \\ 28 & 44 \end{bmatrix}$$

矩阵与向量乘法 我们把矩阵与向量相乘看作特殊的矩阵与矩阵向量，例如 $\boldsymbol{A}$ 为 $m\times p$ 的矩阵，$\boldsymbol{x}$ 为 p 维列向量，我们可以把 $\boldsymbol{x}$ 看作 $p\times 1$ 的矩阵，再进行上述相乘过程。

矩阵与标量 假设标量 a 与矩阵 $\boldsymbol{B}\in R^{m\times n}$ 相乘，即将矩阵 $\boldsymbol{B}$ 中的每一个元素（b_{11}，…，b_{mn}）与 a 相乘，结果记为 $a\boldsymbol{B}$。

例如：

针对矩阵 $\boldsymbol{B}\in R^{3\times 2}$ 与标量 $a=2$，我们求 $a\boldsymbol{B}$ 的乘积：

$$B=\begin{bmatrix} 10 & -2 \\ 4 & 1 \\ 0 & 7 \end{bmatrix}$$

$$aB=\begin{bmatrix} 10\times 2 & (-2)\times 2 \\ 4\times 2 & 1\times 2 \\ 0\times 2 & 7\times 2 \end{bmatrix}=\begin{bmatrix} 20 & -4 \\ 8 & 2 \\ 0 & 14 \end{bmatrix}$$

向量乘法的矩阵表达 我们可以将向量视为 $n\times 1$ 的矩阵。因此，向量 $\boldsymbol{x}$ 与 $\boldsymbol{y}$ 的点乘也可以用如下方法表达：$\boldsymbol{x}^{\mathrm{T}}y=\boldsymbol{x}\cdot\boldsymbol{y}$。

矩阵求逆 针对一个 n 阶的矩阵 $\boldsymbol{A}\in R^{n\times n}$，如果存在一个 n 阶的矩阵 $\boldsymbol{B}\in R^{n\times n}$，使得 $\boldsymbol{AB}=\boldsymbol{BA}=\boldsymbol{I}$，则称 $\boldsymbol{A}$ 是可逆的，$\boldsymbol{B}$ 是 $\boldsymbol{A}$ 的逆，这里记作 $\boldsymbol{B}=\boldsymbol{A}^{-1}$。请注意，我们只能对方形矩阵进行求逆操作。

矩阵的逆和数的逆即倒数类似，即两者相乘等于“1”，只不过这里的“1”对应的是

一个 n 阶的单位矩阵 $\boldsymbol{I}$。①

$$\boldsymbol{I}=\begin{bmatrix}1 & 0 & \cdots & 0\\0 & 1 & \cdots & 0\\\vdots & \vdots & \ddots & \vdots\\0 & 0 & \cdots & 1\end{bmatrix}$$

在本书中，我们只使用待定系数法来求矩阵的逆矩阵。对于求逆矩阵的其他方法(例如伴随矩阵法、初等变换法)，读者可自行查阅。

待定系数法　例如：对一个 2 阶的矩阵 $\boldsymbol{A}\in R^{2\times 2}$，求其逆矩阵 $\boldsymbol{A}^{-1}$。

$$\boldsymbol{A}=\begin{bmatrix}-1 & 4\\3 & 1\end{bmatrix}$$

假设所求的逆矩阵 $\boldsymbol{A}^{-1}$ 为：

$$\boldsymbol{A}^{-1}=\begin{bmatrix}a & b\\c & d\end{bmatrix}$$

则 $\boldsymbol{A}\boldsymbol{A}^{-1}=\boldsymbol{I}$，因此我们可以得到以下等式：

$$\begin{aligned}&\begin{bmatrix}-1 & 4\\3 & 1\end{bmatrix}\begin{bmatrix}a & b\\c & d\end{bmatrix}\\=&\begin{bmatrix}-a+4c & -b+4d\\3a+c & 3b+d\end{bmatrix}\\=&\begin{bmatrix}1 & 0\\0 & 1\end{bmatrix}\end{aligned}$$

从而可以得到以下方程组：

$$\begin{cases}-a+4c=1\\-b+4d=0\\3a+c=0\\3b+d=1\end{cases}\Rightarrow\begin{cases}a=-\dfrac{1}{13}\\b=\dfrac{4}{13}\\c=\dfrac{3}{13}\\d=\dfrac{1}{13}\end{cases}$$

所以我们求得了 $\boldsymbol{A}$ 的逆矩阵 $\boldsymbol{A}^{-1}$：

$$\boldsymbol{A}^{-1}=\begin{bmatrix}-\dfrac{1}{13} & \dfrac{4}{13}\\\dfrac{3}{13} & \dfrac{1}{13}\end{bmatrix}$$

---

① 我们一般用 $\boldsymbol{I}$ 来标记单位矩阵。单位矩阵是一个 $n\times n$ 的矩阵，其对角线元素全为 1，其他元素全为 0。

2.1.2 微积分

机器学习中对微积分的运用无处不在，最常用的知识点是导数和微分。我们在此对这些知识进行一个简单的介绍。

一元导数和微分 导数是对函数 $f(x)$ 的变化率的度量，可以理解为函数 $f(x)$ 在某一点的瞬时变化率或切线斜率。微分是当 x 变量发生微小的变化的时候，$f(x)$ 相应的变化量。函数 $f(x)$ 在 x_0 处的导数记作 $\frac{\mathrm{d}f}{\mathrm{d}x}=f'(x_0)$，在 x_0 处的微分记作 $\mathrm{d}f=f'(x_0)\mathrm{d}x$。

对于一元函数 $f(x)$，常见的求导公式如下：

(1) 线性函数 $f(x)=ax$ 的导数为 $f'(x)=a$；

(2) 幂函数 $f(x)=x^a$ 的导数为 $f'(x)=ax^{a-1}$；

(3) 自然对数 $f(x)=\ln(x)$ 的导数为 $f'(x)=1/x$；

(4) 自然指数函数 e^x 的导数为 $f'(x)=\mathrm{e}^x$。

如果我们对两个嵌套函数求导，则需要使用链式法则进行计算。例如：

$$\frac{f(g(x))}{\mathrm{d}x}=f'(g(x))g'(x)$$

多元导数和微分 多元函数 $f(\boldsymbol{x})=f(x_1,\cdots,x_n)$ 在 $\boldsymbol{x}=(x_1,x_2,\cdots,x_n)$ 处的全微分定义为 $\mathrm{d}f=\sum_{k=1}^{n}\frac{\partial f}{\partial x_k}\mathrm{d}x_k$，这里的 $\frac{\partial f}{\partial x_k}$ 是该多元函数关于 x_k 的变化率，表示的是当其他变量固定时，函数在 x_k 方向上的变化率。偏导数是一个标量（即一个具体的数值），表示沿单一变量方向的变化率。

机器学习中非常重要的梯度概念也和偏导数相关。梯度（Gradient）是由所有偏导数组成的一个向量，一般记作 ∇，表示函数在每个方向上的变化率。它不仅指出了函数变化率的大小，还指出了函数在该点变化最快的方向。在几何上，梯度向量的方向是函数值增加最快的方向，梯度的大小则代表了函数沿该方向的变化速度。多元函数 $f(\boldsymbol{x})$ 在 $\boldsymbol{x}$ 处的梯度记为：

$$\nabla f(\boldsymbol{x})=\begin{bmatrix}\frac{\partial f}{\partial x_1}\\ \vdots \\ \frac{\partial f}{\partial x_n}\end{bmatrix}$$

局部最大/最小值 如果存在一个正数 r>0，对所有的向量 $\boldsymbol{x}$，当 $\|\boldsymbol{x}-\boldsymbol{x}_0\|<r$ 时，有 $f(\boldsymbol{x})\leqslant f(\boldsymbol{x}_0)$，那么我们称函数 f 在 $\boldsymbol{x}_0$ 处有一个局部最大值。同理，只要存在一个点，其函数的取值低于附近函数的值，那么我们就得到了一个局部最小值。下图给出了局部最大值和局部最小值的图形示例。

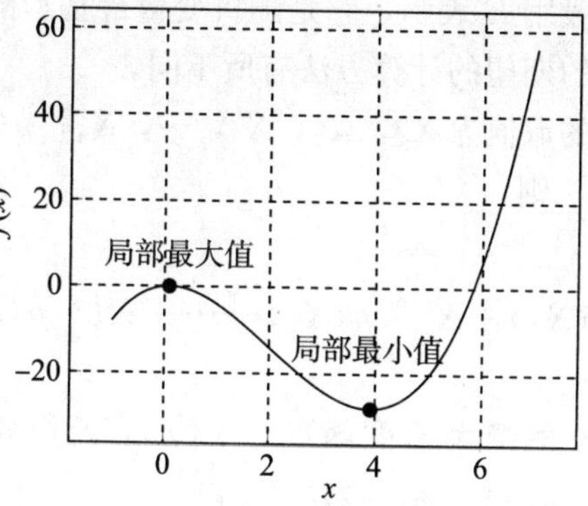

注意，有的函数可能存在多个局部最大值/最小值，因此取得了局部最大值/最小值并不能说明我们得到了整个函数的最大值/最小值。

如果 $f(x)$ 是一个可导函数（x 为标量），那么 $f(x_0)$ 为局部最大值/最小值的充分条件是 $f'(x_0)=0$。同样，如果 $f(x_1, \cdots, x_n)$ 是一个多元可导函数，那么局部最大值/最小值的必要条件是：

$$\nabla f(x_1,\cdots,x_n)=\mathbf{0}$$

注意，此处 $\mathbf{0}$ 实际上是一个 n 维向量，其每个元素都为 0。

当然，以上我们所描述的是必要条件，而不是充分条件，因此 $\nabla f(x_1, \cdots, x_n)=\mathbf{0}$ 只能作为寻找最大值/最小值的条件之一。

2.2　统计学知识回顾

机器学习与统计学有着密切的关系。因此，在了解机器学习之前，我们也需要对统计学的一些基本概念有所了解。

随机变量　随机变量是概率统计中的一个基本概念，代表一个取值依赖于随机现象结果的变量，例如明天的温度、明天大盘的收益率。随机变量都具有不确定性。

总体来说，我们需要处理两类不同的随机变量：

（1）离散型随机变量。这种类型的随机变量的取值是可数的不同值，例如，抛硬币出现正面的次数或者在给定时间内通过一个十字路口的汽车数量。离散型随机变量的值可以单独列出来。

（2）连续型随机变量。这种类型的随机变量可以在连续范围内取任何值，例如，学校学生的身高或者化学反应发生所需的时间。连续型随机变量的值形成了一个不可数集合，例如数轴上的一个区间。

为了方便下面的讨论，我们介绍一些符号。对于随机变量，我们用大写字母，如 $\boldsymbol{X}$ 来表示；对于随机变量所生成的数据（例如股票收益率、气温），我们用小写字母来表示。例如，x_i 表示随机变量 $\boldsymbol{X}$ 产生的一个数据点。

期望　在概率论和统计学中，期望（expectation）是试验中每个可能结果出现的概率乘以该结果的总和，一般用 E 表示，它是随机变量最基本的数学特征之一。离散型随机变量和连续型随机变量的期望的计算方法有所不同。

若离散型随机变量 $\boldsymbol{X}$ 的取值为 X_1，X_2，X_3，…，X_n，$p(X_1)$，$p(X_2)$，$p(X_3)$，…，$p(X_n)$ 为对应取值的概率，则：

$$E(\boldsymbol{X})=X_1\cdot p(X_1)+X_2\cdot p(X_2)+\cdots+X_n\cdot p(X_n)=\sum_{k=1}^{n}X_k p_k$$

设连续型随机变量 $\boldsymbol{X}$ 的概率密度函数为 $f(x)$，若积分绝对收敛，则称积分的值 $\int_{-\infty}^{\infty}xf(x)\mathrm{d}x$ 为 x 的数学期望，记为 $E(\boldsymbol{X})$，即：

$$E(\boldsymbol{X})=\int_{-\infty}^{\infty}xf(x)\mathrm{d}x$$

均值 当我们分析数据时，通常需要计算均值。例如，对于随机变量 $\boldsymbol{X}$ 生成的数据点 x_1，…，x_n，我们可以使用以下公式计算均值：$\bar{x}=\dfrac{\sum_i x_i}{n}$。

当样本个数 n 很大的时候，均值 $\bar{x}$ 会非常接近期望 $E(\boldsymbol{X})$。

方差 在概率论中，方差用于衡量随机变量 $\boldsymbol{X}$ 的取值和期望 $E(\boldsymbol{X})$ 之间的偏离程度。统计中的方差（样本方差）是每个样本值与全体样本值的均值之差的平方的平均数。方差越大，离散度越大。

在概率论中，方差的计算公式为：

$$\mathrm{Var}(\boldsymbol{X})=E\left\{[\boldsymbol{X}-E(\boldsymbol{X})]^2\right\}=E(\boldsymbol{X}^2)-E^2(\boldsymbol{X})$$

其中，$\boldsymbol{X}$ 为随机变量，$E(\boldsymbol{X})$ 为 $\boldsymbol{X}$ 的期望。

当我们得到一个样本后，可以用方差来描述变量的变异程度，其计算公式如下：

$$\sigma^2=\frac{\sum_i (x_i-\bar{x})^2}{n-1}$$

其中，σ^2 为样本方差，n 为样本个数，$\bar{x}$ 为样本均值。

标准差 我们也经常用到标准差，标准差的计算公式如下：

$$\sigma=\sqrt{\frac{\sum_i (x_i-\bar{x})^2}{n-1}}。$$

中位数 中位数可将数值集合划分为数量相等的上下两部分。

对于一个数据集，我们可以把所有观察值按高低排序后找出正中间的一个数，这个数就是中位数。如果观察值有偶数个，则中位数不唯一，通常取最中间的两个数的平均数作为中位数。

偏差 偏差度量了某种学习算法的平均预测结果所能逼近学习目标的程度，偏差描述了模型预测结果的均值与实际结果的差距有多大，即模型本身的精确度。其计算公式如下：

$$\mathrm{Bias}(x_0)=E\hat{f}(x_0)-f(x_0)$$

其中，$\hat{f}(x_0)$ 为模型预测结果，$E\hat{f}(x_0)$ 为模型预测结果的均值，$f(x_0)$ 为实际结果。

相关性　相关性是量化不同因子间变动状况一致程度的重要指标，用通俗的话来说，即当一个变量变化时，另外一个变量也随之变化的程度。相关性在样本数据降维（通过消元降低模型复杂度、提高模型泛化能力）、缺失值估计、异常值修正方面发挥着极其重要的作用，是机器学习中样本数据预处理的核心工具。通常来说，有四种情况：正相关、负相关、不相关、非线性关系。值得注意的是，相关性并不等价于因果性。

- 正相关：两个变量同时增大（或减小）。
- 负相关：两个变量变化的趋势相反，一个变量增大时另一个变量减小。
- 不相关：两个变量间没有明显的（线性）关系。
- 非线性关系：两个变量有关联，但是在散点图中呈现出相关关系而不是线性关系。

图 2.1 从上至下分别展示了正相关、不相关以及负相关的数据。

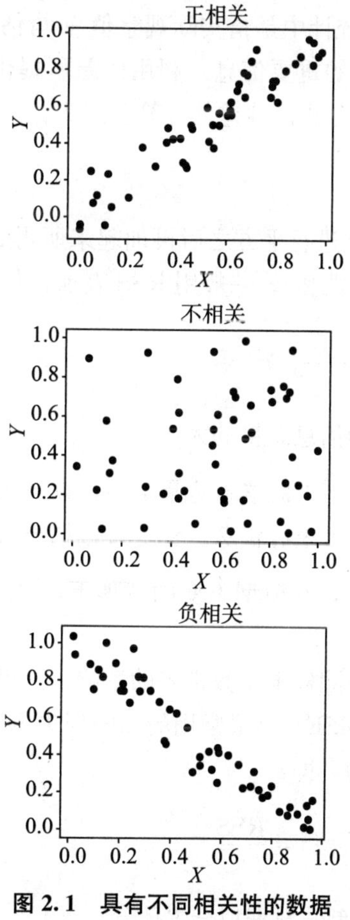

图 2.1　具有不同相关性的数据

相关系数 我们通常使用相关系数 ρ 来反映两个事物（变量）之间的线性关系。在本书中，我们只介绍 Pearson 相关系数（其他相关系数读者可自行查阅）。Pearson 是由统计学家卡尔·皮尔逊设计的统计指标，是用于衡量变量之间的线性相关程度的量。计算公式如下：

$$\rho=\frac{\sum_{i=1}^{n}(x_i-\bar{x})(y_i-\bar{y})}{\sqrt{\sum_{i=1}^{n}(x_i-\bar{x})^2}\sqrt{\sum_{i=1}^{n}(y_i-\bar{y})^2}}$$

很显然，相关系数的取值范围是−1 到 1，ρ 的绝对值越接近 1，说明两个变量的相关性越强。ρ 等于 1，说明两个变量完全正相关；ρ 等于−1，说明两个变量完全负相关；ρ 接近 0，说明两个变量不相关。

但 Pearson 相关系数有相应的适用范围：

- 两个变量间有线性关系；
- 变量是连续的；
- 变量均服从正态分布，且二元分布也服从正态分布；
- 两变量独立。

残差 残差（ε）在数理统计中是指实际观察值 y 与估计值 $\hat{y}$（拟合值）之间的差。残差蕴含了有关模型基本假设的重要信息。利用残差所提供的信息来考察模型假设的合理性及数据的可靠性称为残差分析。残差的计算公式为：

$$\hat{\varepsilon}=y-\hat{y}$$

残差平方和 把每个残差进行平方之后再加起来所得到的值称为残差平方和（相当于实际值与预测值之差的平方之和），一般用 RSS 表示，其计算公式为：

$$\text{RSS}=\sum_{i=1}^{n}\hat{\varepsilon}_i=\sum_{i=1}^{n}(y_i-\hat{y}_i)^2$$

RSS 反映了未拟合出来的信息总量的大小。

- RSS 越小，说明未拟合出来的信息总量越小，拟合效果越好。
- RSS 越大，说明未拟合出来的信息总量越大，拟合效果越差。

RSS 指标与样本个数相关，在模型不变的情形下，样本个数越多，RSS 越大；样本个数越少，RSS 越小。

因此，需要一种指标来消除样本个数带来的影响，这就是均方误差（MSE）。

均方误差 均方误差（MSE）是最常用的回归损失函数，计算方法是先求预测值与实际值之差的平方和，再平均，即：

$$\text{MSE}=\frac{1}{n}\sum_{i=1}^{n}(y_i-\hat{y}_i)^2=\frac{\text{RSS}}{n}$$

较大的 MSE 通常说明模型与数据拟合欠佳。

总离差平方和 方差是样本数据与均值之差的平方和的平均数。其中样本数据与均值之差，我们给它取一个专门的名字，称为离差。因此，总离差平方和（TSS）与方差的唯一区别就是：方差进行了平均，TSS没有进行平均。

$$\text{TSS}=\sum(y_i-\bar{y})^2$$

- TSS越大，说明波动范围越大，不确定性越大，数据所携带的信息总量越大。
- TSS越小，说明波动范围越小，不确定性越小，数据所携带的信息总量越小。

判定系数 判定系数（R^2）反映了模型对样本数据的拟合程度，是一个相对值，其计算公式如下：

$$R^2=1-\frac{\text{RSS}}{\text{TSS}}$$

其中，$\frac{\text{RSS}}{\text{TSS}}=$ 未拟合出来的信息总量/数据所携带的信息总量，是一个比值，它反映了模型未拟合出来的信息总量所占的比例。$1-\frac{\text{RSS}}{\text{TSS}}$反映的就是模型拟合出来的信息总量所占的比例。

- 判定系数是一个相对值，位于[0,1]区间内，克服了MSE没有上边界的缺点。
- 判定系数是一个相对值，它反映的是拟合出来的信息占样本自身总信息量的比率，这样不同样本、不同模型之间就可以进行比较了。

习题

向量运算

$$\boldsymbol{x}=\begin{bmatrix}1\\2\\3\end{bmatrix},\ \boldsymbol{y}=\begin{bmatrix}-0.5\\2\\0\end{bmatrix}$$

请计算$-2\boldsymbol{x}$、$\boldsymbol{x}+\boldsymbol{y}$、$\boldsymbol{x}\cdot\boldsymbol{y}$、$\boldsymbol{x}^{\mathrm{T}}\boldsymbol{y}$。

矩阵运算

$$\boldsymbol{A}=\begin{pmatrix}0.3 & -2.9 & -10\\-3 & 1 & 0.5\end{pmatrix}$$

（1）该矩阵的维度是多少？

（2）请使用上题中的$\boldsymbol{x}$计算$\boldsymbol{A}\boldsymbol{x}$。

（3）求$\boldsymbol{A}^{\mathrm{T}}$。

微积分

已知$f(x_1,x_2)=-5x_1^3-x_2^2+x_1x_2-5$，假设$x_1=5$，$x_2=-1$，求$\partial f\frac{(x_1,x_2)}{\partial x_1}$、

$\nabla f(x_1, x_2)$。

统计学

请根据下表中的数据计算：

(1) x 和 y 的均值；

(2) x 和 y 的标准差；

(3) x 与 y 的相关系数。

x	y
2.3	−1.2
4.5	0.0
6.7	3.4

第 2 部分

监督学习基础

第3章

线性回归

学习目标

- 理解线性回归的应用范围
- 熟悉线性回归的函数形式以及模型中参数的意义
- 理解机器学习的常用训练方法——梯度下降，并掌握该方法在线性回归模型中的具体使用
- 掌握如何使用 Python 训练线性回归模型

3.1　案例：预测公司盈利

在金融市场中，公司盈利是公司表现最重要的衡量指标之一。每次公司季报或年报发布之前，金融分析师都需要对他们关注的公司做出盈利预测。如果公司表现达不到市场预期，那么其股票收益率往往会显著下跌。传统金融机构的分析师为了做出相对准确的预测，往往需要进行大量的调研。近期的研究发现，采用机器学习方法，同样可以得到非常好的公司盈利预测效果。在本章中，我们的目标是通过机器学习方法来构建一个预测公司每股收益的预测系统。

我们用沪深 300 指数中的公司构建了数据集。该数据集涵盖公司的每股收益数据，以及其他几个用来对收益进行预测的指标。表 3.1 展现的是这个数据集中的几个数据点。正常情况下，任何上市公司在每个季度都会披露一次每股收益数据。该数据集的前两列记录的是公司的股票代码以及报表的季度信息（月份代表的是季报所涵盖的季度）。

每股收益是我们需要预测的变量，我们称之为目标变量（通常用 y 来表示）。股价、

净市率[①]与资产收益率都是公司季报公布之前我们从交易所以及公司前期季报中所搜集到的信息。因为我们可以在季报公布之前得到这些信息，因此我们可以用这些变量来预测季报中公司的收益信息。我们通常将这些用于预测的变量称为特征变量（通常用 x 来表示）。[②]

表 3.1 每股收益预测数据

股票代码	时间	股价（元/股）	净市率	资产收益率	每股收益（元/股）
601888	2016-06	44.18	0.248	0.047	1.133
000651	2005-09	10.54	0.470	0.012	0.500
600031	2010-06	27.09	0.296	0.066	1.190
000157	2012-06	10.85	0.401	0.030	0.775
002001	2014-06	12.78	0.443	0.023	0.500

3.2 线性回归方法

3.2.1 线性回归方法简介

值得注意的是，在上节所述案例中，目标变量是一个连续变量，因为从理论上来说，该变量可以是任何实数。因此，我们的模型要能够输出同样的连续变量。对于这一类问题，一种简单而有效的方法就是线性回归方法。

接下来，我们将通过这个例子来讨论：

（1）什么是线性回归（一元以及多元线性回归）；

（2）如何估计线性回归模型中的参数；

（3）线性回归模型中参数的意义；

（4）如何在程序中执行线性回归。

3.2.2 一元线性回归

一元线性回归是线性回归中最简单的模型。它仅使用一个特征变量来对目标变量进行预测。这种简单的模型有利于我们更直观地了解回归方法。

在对一元线性回归问题的讨论中，我们将使用股价作为特征变量。因此，我们可以将线性回归模型表达成以下函数：

---

① 该变量为 1/市净率。

② 特征变量又称“输入”变量，在经济学中也被称为解释变量。为了简便，本书有时将特征变量简称为特征。

$$f(x)=w_0+w_1x \tag{3.1}$$

其中，$f(x)$ 是一个线性函数，x 是该模型的特征变量。模型中有两个参数，即 w_0 与 w_1。w_0 代表的是模型中的截距。在机器学习中，我们通常将 w_0 称为“偏置项”。w_1 代表的是特征变量 x 的系数。在机器学习中，w_1 通常被称为“权重”。

图 3.1 直观地展示了两个不同参数的 $f(x)$。本章中讨论的 $f(x)$ 都会与 x 呈现线性关系。因此，我们将这一类模型称为线性回归模型。

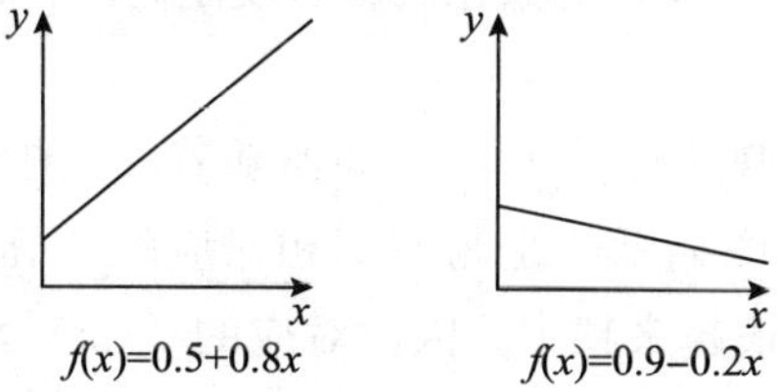

图 3.1　线性回归

3.2.3　模型训练

上述 f 函数中的特征变量 x 的值直接来自数据，但是参数 w_0 与 w_1 却不能直接从数据中得出。接下来，我们介绍如何找到合适的模型参数。这一步也被称为模型训练。

在讨论模型训练之前，我们需要先了解什么样的模型是一个好模型。在图 3.2 中，我们对同一组数据采用了两个有着不同参数的线性模型。图中的虚线表示每个数据点与模型预测值之间的距离。左图的模型预测值与数据实际值的差距更小，因此对于我们来说，左图所采用的模型是更好的模型。并且，我们将参数估计的任务看作通过调整 w_0 与 w_1 来使得模型与数据更好地拟合。因此，我们首先需要测量模型预测值与数据实际值的拟合情况。

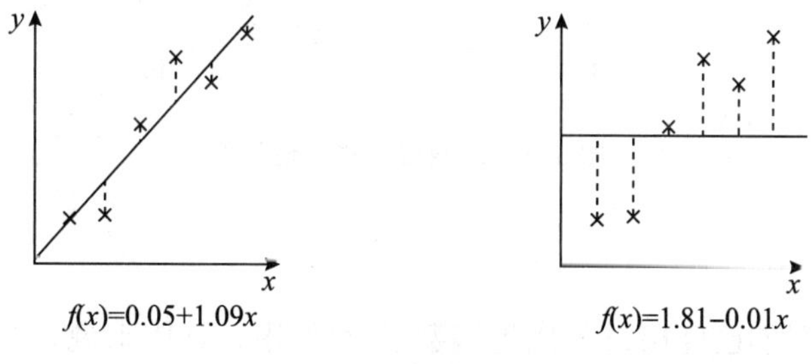

图 3.2　不同线性回归模型与数据的拟合

代价函数

在机器学习中，我们需要用代价函数来衡量模型与数据的拟合程度。[①] 在一元线性回归中，我们用 $J(w_0, w_1)$ 来表示代价函数。该函数的形式为：

① 不同的机器学习模型会用到不同的代价函数。

$$J(w_0, w_1) = \frac{1}{2n}\sum_{i=1}^{n}(f(x^{(i)}) - y^{(i)})^2 \tag{3.2}$$

其中，$f(x^{(i)})$是模型根据第 i 个数据点做出的预测，$y^{(i)}$ 是第 i 个数据点的目标变量的实际值。如果预测值 $f(x^{(i)})$与实际值 $y^{(i)}$ 接近，则说明 $f(x^{(i)})$的预测相对准确。这两个数值的方差$(f(x^{(i)})-y^{(i)})^2$（也称为损失函数）也会更接近 0。代价函数（J）最后将所有 n 个数据点的方差（即损失函数值）相加，除以 $2n$ 之后得到一个类似于方差的数值。①该数值越低，说明模型 $f(x)$ 对数据的拟合度越高。$f(x)=0$ 说明模型与数据能够完全拟合。

我们可以通过图 3.3 直观地感受 J 函数如何随着 w_1 的变化而变化。左图显示的是三组不同的 $f(x)$ 函数。右图显示的是与左图相对应的 J 函数以及与左图相对应的 w_1 取值。自上而下，J 函数的值越来越小，因此对应的 $f(x)$ 函数与数据的拟合度也越来越高。

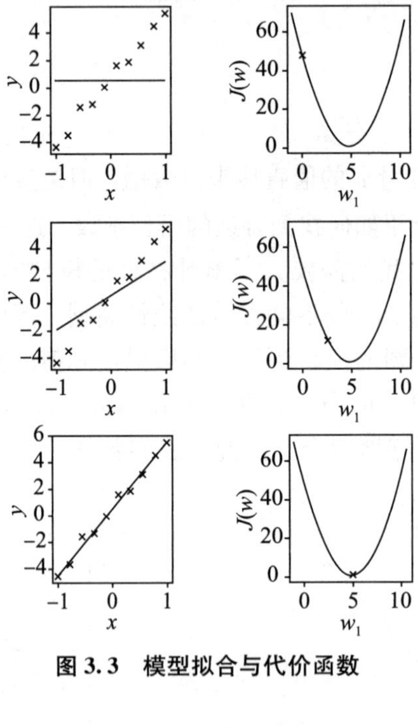

图 3.3 模型拟合与代价函数

梯度下降

在上一节中，我们已经探讨了代价函数 J 的作用。具体来说，$J(w_0, w_1)$ 函数的值越小，说明其对应的模型对数据的拟合度越高。因此，我们估计参数等同于找到能最小化 J 函数值的模型参数。也就是说，我们需要达到如下目标：

$$\min_{w_0, w_1} J(w_0, w_1) \tag{3.3}$$

---

① $\sum_{i=1}^{n}(f(x^{(i)})-y^{(i)})^2$ 在计量经济学中被称为残差平方和（TSS）。不同于代价函数，损失函数只对某一数据点上的误差进行测量，代价函数则对模型在数据集中的所有数据的误差进行总体测量。

对于线性回归模型，我们可以使用两种不同的参数估计方法。第一种是计量经济学中常用的求解析解方法，即使用线性代数公式。①第二种是梯度下降方法。这两种方法各有优劣，但是在特征变量很多的情况下，梯度下降方法在计算量以及计算速度方面都会更优。因此，梯度下降方法在机器学习领域有着更为普遍的应用。我们将通过下面的伪代码简单介绍如何使用梯度下降方法来估计两个 w 参数。②

（1）赋予 w_0 与 w_1 初始值（可以用随机数来给这两个变量赋值）。

（2）重复以下步骤，逐步更新 w_0 和 w_1，直至收敛：

(a) $\widetilde{w}_0 := w_0 - \alpha \frac{\partial}{\partial w_0} J(w_0, w_1)$；

(b) $\widetilde{w}_1 := w_1 - \alpha \frac{\partial}{\partial w_1} J(w_0, w_1)$；

(c) $w_0 := \widetilde{w}_0$；

(d) $w_1 := \widetilde{w}_1$。

其中，$\widetilde{w}_0$ 和 $\widetilde{w}_1$ 为两个临时变量，用来暂时存储新的 w 值。α 是学习速度参数，用于调节参数 w_0 和 w_1 的更新速度。由于 α 是在模型训练前由人工设定的，所以我们将其称为“超参数”。图 3.4 显示了 α 值与梯度下降速度的关系。当 α 接近 0 的时候（如左图），w_1 的变化较为缓慢；当 α 较大的时候，w_1 的更新速度像是百米冲刺（如右图）。如果 w_1 的更新速度太小，梯度下降速度会很慢，从而影响模型学习速度。但是，w_1 的更新速度太快也可能导致无法收敛。③收敛条件为 $\frac{\partial}{\partial w_1} J \approx 0$。

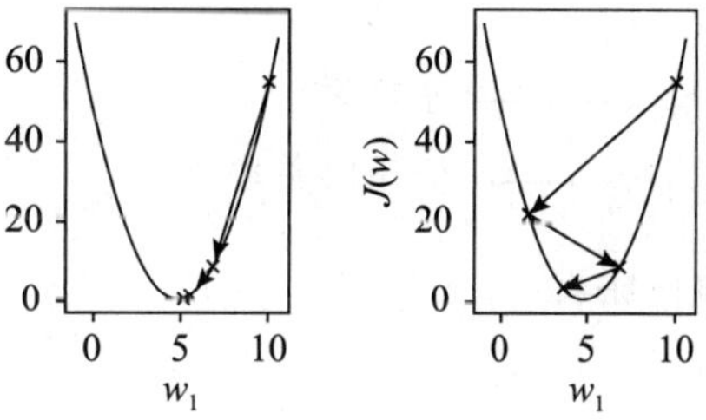

图 3.4　学习速度参数 α 与梯度下降

梯度下降不光适用于线性回归，还适用于其他机器学习模型。在之后的章节中，我们还会反复提到这种方法在不同机器学习模型中的应用。对于线性回归模型的代价函数，我们还可以将更新的步骤 a～d 直接用以下两步来表示：

$$w_0 := w_0 - \alpha \frac{1}{n} \sum_{i=1}^{n} (f(x^{(i)}) - y^{(i)})$$

---

① 该公式为 $\boldsymbol{w} = (\boldsymbol{X}^{\mathrm{T}}\boldsymbol{X})^{-1}\boldsymbol{X}^{\mathrm{T}}y$。其中，$\boldsymbol{w}$ 是一个向量，由 w_0，w_1 组成。$\boldsymbol{X}$ 是一个第一列为 1、其他列为模型中的特征变量的矩阵。

② 我们在本章中介绍的是最简单的梯度下降方法。在机器学习领域，能找到更多梯度下降的改良方法，这些更复杂的改良方法可以使梯度下降的速度更快。在本书中我们不做过多探讨。

③ 在训练过程中，参数变化的速率由 α 与 $\frac{\partial}{\partial w_j} J$ 两个因素决定。当 J 函数接近局部最小值时，$\frac{\partial}{\partial w_j} J$ 会因为函数变得平缓而下降。因此，在 α 不变的情况下，更新速度也会降低。

$$w_1 :=w_1-\alpha \frac{1}{n}\sum_{i=1}^{n}(f(x^{(i)})-y^{(i)})\cdot x^{(i)}$$

3.2.4 多元线性回归

在之前的讨论中，我们借助一元线性回归问题介绍了线性回归方法。在平时的应用中，我们往往需要用多个特征变量来进行预测。在对股票的预测中，我们可以同时用动量指标和估值比对股票收益率进行预测。在这种情况下，我们需要用到多元线性回归。多元线性回归是一元线性回归的一种推广。具体来说，如果我们用两个特征变量来对目标变量进行预测，那么我们的模型为：$f(x_1, x_2)=w_0+w_1x_1+w_2x_2$。

为了表述方便，我们将引入更多线性代数的语言来对多元线性回归问题进行阐述。我们可以将第 i 个训练样本的所有特征变量称为 $x^{(i)}$：

$$x^{(i)}=\begin{bmatrix} x_0^{(i)} \\ \vdots \\ x_m^{(i)} \end{bmatrix}$$

其中，$x_0^{(i)}$ 对应的是常数项，因此它的值是 1。剩下的 $x_1^{(i)}$ 到 $x_m^{(i)}$ 对应模型中的特征变量。以股票收益率为例，

$$x^{(1)}=\begin{bmatrix} ax_0^{(1)}=1 \\ bx_1^{(1)}=44.18 \\ cx_2^{(1)}=0.248 \\ dx_3^{(1)}=0.047 \end{bmatrix}\begin{matrix} \longleftarrow \text{常数项} \\ \longleftarrow \text{股价} \\ \longleftarrow \text{净市率} \\ \longleftarrow \text{资产收益率} \end{matrix}$$

也可以用 w 向量来囊括所有 w_j 参数：

$$w=\begin{bmatrix} w_0 \\ \vdots \\ w_m \end{bmatrix}$$

利用以上的 x 与 w 向量，我们可以将模型函数 $f(x)$ 表达为：

$$f(x)=w^{\mathrm{T}}x \tag{3.4}$$

同样，我们可以用 $J(w)$ 表示损失函数。在一元线性回归中，我们用“梯度下降”来迭代更新 w_0 与 w_1。在多元线性回归中，我们同时更新 w 向量（该向量中有 $m+1$ 个参数）。

(1) 赋予 w_j 初始值（可以用随机变量来给这些变量赋值）。

(2) 重复以下步骤，逐步更新 w_j，直至收敛：

$$w_0 :=w_0-\alpha \frac{1}{n}\sum_{i=1}^{n}(f(x^{(i)})-y^{(i)})$$

$$w_1 := w_1 - \alpha \frac{1}{n}\sum_{i=1}^{n}(f(x^{(i)}) - y^{(i)})x_1^{(i)}$$

$$\vdots$$

$$w_m := w_m - \alpha \frac{1}{n}\sum_{i=1}^{n}(f(x^{(i)}) - y^{(i)})x_m^{(i)}$$

运用多元线性回归时的注意事项

（1）在多元线性回归中，每个特征变量的值的范围可能相差非常大（比如净市率在我们的训练数据中处于 0.019 和 30.5 之间，而股价则处于 1.64 和 6 310 之间）。为了让梯度下降速度更加一致，我们可以采用特征变量缩放的做法，让它们的范围更加统一。比如，我们可以让$x_j := \frac{x_j - \mu_j}{s_j}$（其中 μ_j 是 x_j 的均值，而 s_j 是 x_j 的范围，即 x_j 的最大值减去最小值，也可将 s_j 设为该变量的标准差）。

（2）由于我们要用到许多特征变量，所以这些变量之间的相关性最好不要过强。如果有两个特征变量的相关系数接近 1，则应该酌情去掉其中一个变量。

（3）模型中不宜使用太多的特征变量（一般特征变量数要远小于数据量）。否则，我们需要对模型进行正则化（在以后的章节中我们会讨论如何正则化模型）。

（4）如果我们认为 y 与某个特征变量之间的关系不是线性的，那么我们可以将该特征变量进行变形转换处理。①

3.2.5　回归参数与推断

线性回归方法有诸多优点。该方法模型简单，同时也具有很高的可靠性。线性回归方法的另一个优点是模型的可解释性强。在之前的预测工作中，我们需要对模型中的参数进行估计，但是我们并不在意这些参数的意义。然而，这些参数也含有非常重要的信息，可以帮助我们推断特征变量与目标变量之间的关系。因此，在经济金融研究中，我们会关注参数的方向与大小。这些参数的意义在传统的计量经济学教材中都有较大篇幅的介绍。在本书中，我们只对推断进行直观而实用的介绍，而不过多探讨推断的理论基础。

参数中的信息

我们通过模型训练后得到的参数 w 含有大量的信息。因此，我们经常需要认真分析参数 w，从而得知特征变量 x 与目标变量 y 之间的关系。首先，按照我们的线性模型，w_j 表示在其他变量不变的情况下，随着特征变量 x_j 增加 1，y 的均值会产生 w_i 的变化。如果 $w_j > 0$，说明 y 会随着 x_j 的增加而增加；反之，如果 $w_j < 0$，则说明 y 会随着 x_j 的增加而减小。

① 例如，我们可以将公司市值代入对数函数，使其更接近正态分布。

有时候，我们会将变量进行转换。例如，我们经常会将目标变量和特征变量都进行对数转换。例如，如果 $y=\ln(\text{GDP})$，$x_j=\ln(\text{人口})$，那么 GDP 与人口之间的关系则可以被理解成人口增加 1%的时候 GDP 会变化 w%。

统计显著性

除了参数的大小与方向之外，我们还需要关注参数的显著性。显著性在经典统计理论中有着非常明确的定义。在线性回归中，统计显著性通常用 t 值表示。t 值的计算公式如下：

$$t_j=\frac{w_j-\omega_j}{se_j} \tag{3.5}$$

其中，w_j 是我们通过训练得到的参数，ω_j 是一个常数，se_j 是对应系数 w_j 的标准误差。[①] t 值测量模型中的参数 w_j 与常数 ω_j 的差是否显著。t 值越接近 0，则 w_j 与 ω_j 的差相对越小，因此统计显著性也会越低。相反，t 值与 0 相差越远，则说明 w_j 与 ω_j 值的区别越大。标准误差 se_j 可以测量我们对 w_j 的估算的准确性。当数据量增加时，se_j 会下降，表明我们对 w_j 的测量的精确度上升。因此，当数据量很大时，我们更有可能得到较大的 t 值。同时，如果 w_j 与 ω_j 的差增大，则我们也会得到更大的 t 值。

我们可以通过 t 值来推断 w_j 与 ω_j 的差是否显著。通常，我们可以通过 t 值来计算 p 值，而 p 值可以非常直接地表示出统计显著性。p 值越接近 0，对应的显著性也越高。一般来说，在经济金融研究中，$p<0.05$ 表示该系数具有统计显著性，而 $p<0.01$ 则表示该系数具有高的统计显著性。

在实际应用中，我们经常将 ω_j 设为 0，于是 t 值可以告诉我们 w_j 是否显著大于或小于 0，或者说，第 j 个特征变量 x_j 是否与目标变量 y 有显著的正向或负向关系。如果 w_j 与 0 不具有统计上显著的区别，则可能表示 x_j 与 y 变量没有显著的关系。

3.3 知识拓展：线性回归方法的其他应用

线性回归在经济金融中有着广泛的应用。在本章中，我们主要以预测每股收益作为例子来探讨如何使用线性回归。接下来，我们介绍另一个可以使用线性回归的例子来说明线性回归的广泛用途。

为了得到超额收益，投资者需要预测未来股票的涨跌。成功的投资者往往可以及时购入未来收益率较高的股票并置换出未来收益率较低的股票。历史上成功的投资大师经常给我们一些具体的建议。比如，巴菲特的导师、价值投资理论的创建者本杰明·格雷厄姆教授建议购入估值较低的股票。然而，一些技术分析流派的投资者则建议购入近期

---

① 其计算方法可以用 $[\sigma^2(X^{\mathrm{T}}X)_{jj}^{-1}]^{1/2}$ 来表示，其中 σ 对应的是残差的标准差。对于某些时间序列数据或面板数据，我们需要对该公式进行适当调整。感兴趣的读者可以阅读计量经济学的相关教材以了解这些调整。

表现较好的股票，因为他们认为这样能获得超额收益。如果你是一位基金经理，那么你是否有可能利用搜集到的信息获得超额收益？哪些信息可以帮助你更好地预测未来的股票收益率呢？

该问题涵盖本章中讨论的两个重要概念：预测与推断。我们需要知道能否使用线性模型来很好地预测未来的股票收益率，并且推断哪些信息对于预测有着较为重要的作用。

在股票收益率预测的案例中，我们需要对下期股票收益率做预测。因此，我们的目标变量是未来股票收益率。我们可以尝试根据股票的特点来对股票收益率进行预测。比如，我们可以用价值投资理论和动量投资理论来做一些简单的分析。

设 y 是该股票的月度收益率，x_1 和 x_2 是该公司在股票收益率前一月的特征变量。比如，x_1 代表该公司的估值比（比如市净率），x_2 代表该公司的动量（如在过去 12 个月的收益率）。①

但是，要得知哪个特征变量可以显著预测未来股票收益率，就需要对简单的线性回归模型稍作修改。通常，我们需要在模型中加入一系列哑变量。例如，如果我们使用月度股票收益率数据，那么我们需要为每个月度加入一个哑变量。如果股票收益率的日期与该哑变量所属的日期相同，那么哑变量的值为 1，否则哑变量的值为 0。

这一改变主要是为了让标准差更为准确，因为标准差的准确性对统计显著性的计算至关重要。关于如何使用准确的标准差，计量经济学中有着广泛的讨论。但是，如果我们的目标主要是预测而不是推断，那么标准差则不是我们主要关心的问题。这也反映出机器学习与计量经济学这两门学科的侧重点不同。因此在本书中，我们不对这一主题作过多讨论。

3.4 程序

在之前的章节中，我们介绍了如何用梯度下降方法来估算模型参数 w_j。在实际应用中，我们可以直接调用程序库来对参数进行估计。这些程序模块已经能很好地处理之前我们讨论的梯度下降等一系列工作，因此我们不需要自己再编写这一程序。

在本书中，我们使用的编程语言是 Python。围绕着 Python 语言，人们已经开发了一套非常成熟的机器学习系统，因此 Python 语言有很多可以运行回归分析的工具。我们主要使用 statsmodels② 的 api 模块以及 sklearn③ 的 linear_model 模块。

这两个模块都能胜任线性回归分析的任务，但是这两个模块的侧重点非常不同。statsmodels 的 api 模块的侧重点在于统计推断。我们可以用该模块对系数进行估算以及对系数的统计显著性进行分析。这在经济金融领域有着非常重要的作用。

sklearn 的全称为 Scikit-learn，其初衷是有效地进行机器学习。因此，sklearn 的

---

① 在实际操作中，可以将每个指标标准化，这样可以减轻极端值对结果的影响。

② statsmodels 是一个用于统计建模和计量经济学的 Python 库。

③ sklearn 是 Python 中的机器学习库。

linear _ model 模块的侧重点在于预测与拟合数据，而不是统计推断。虽然该模块无法得到用于判断统计显著性的 t 值与 p 值，但是该模块在之后的机器学习中有着更强大的应用。

接下来，我们先用 statsmodels 来进行模型训练，并说明如何对系数进行统计推断。然后，我们会介绍如何使用 sklearn 进行同样的工作，并将两者的结果进行对比。

3.4.1 使用 statsmodels 进行回归分析

导入库

使用 Pandas 存储数据；

导入 statsmodels 的 api 模块用于线性回归分析；

导入 statsmodels. tools. eval _ measures 中的 mse 函数，用于计算均方误差。

```
import pandas as pd
import statsmodels. api as sm
from statsmodels. tools. eval_measures import mse
```

数据读取及处理

读取名为 ols _ training. csv 的 CSV 文件中的数据，并将其存储在 df 变量中；

定义一个特征变量列表，其中包含三个名称分别为 pps、bm、roa 的特征变量；

使用 statsmodels 的 add_constant 方法对 df 中的特征变量列（不包括常数列）添加常数列，并返回一个包含常数列的新 DataFrame。

```
df=pd. read_csv('ols_training. csv')
features=['pps','bm','roa']
X=sm. add_constant(df[features])
```

进行回归分析

创建一个 OLS 模型对象，使用 sm. OLS 函数，其中目标变量为 df 中的 eps_basic 列，特征变量为 X；

使用 fit 方法对模型进行拟合，并将结果存储在 result 中。

```
model=sm. OLS(df['eps_basic'] ,X)
result=model. fit()
```

打印 result 的摘要信息，包括各个参数的值和统计量等。

```
print(result. summary())
```

```
                       OLS Regression Results
==============================================================================
Dep. Variable:              eps_basic   R-squared:                       0.368
Model:                            OLS   Adj. R-squared:                  0.368
Method:                 Least Squares   F-statistic:                     1593.
Date:                Fri, 01 Dec 2023   Prob (F-statistic):               0.00
Time:                        11:03:14   Log-Likelihood:                -7174.5
No. Observations:                8202   AIC:                         1.436e+04
Df Residuals:                    8198   BIC:                         1.439e+04
Df Model:                           3
Covariance Type:            nonrobust
==============================================================================
                 coef    std err          t      P>|t|      [0.025      0.975]
------------------------------------------------------------------------------
const          0.0843      0.009      9.234      0.000       0.066       0.102
pps            0.0188      0.000     66.227      0.000       0.018       0.019
bm             0.0310      0.005      5.695      0.000       0.020       0.042
roa            0.8522      0.148      5.776      0.000       0.563       1.141
==============================================================================
Omnibus:                     7759.339   Durbin-Watson:                   1.605
Prob(Omnibus):                  0.000   Jarque-Bera (JB):          1194269.810
Skew:                           4.101   Prob(JB):                         0.00
Kurtosis:                      61.543   Cond. No.                         693.
==============================================================================
Notes:
[1] Standard Errors assume that the covariance matrix of the errors is correctly specified.
```

通过 t 值以及 p 值，我们可以推断系数的显著性。因为三个系数的 t 值都较大，因此其对应的 p 值非常接近 0。这说明在这个回归分析中，三个特征变量都能显著预测公司未来的每股收益（EPS）。同时，因为三个系数都为正，因此三个特征变量增大都会使我们模型预测的 EPS 上升。

以股价（PPS）为例，我们得到的系数为 0.018 8。这说明股价上升 1 元，模型预测的下期的每股收益上升 1.88 分。

模型拟合

接下来检测我们训练的模型与数据的拟合程度。

首先，使用 predict 方法预测 X 对应的因变量值，并赋值给 ypred 变量；
将预测的结果添加到 df 中的 eps_basic_pred 列；
打印 df 的前五行以查看添加的预测列。

```
ypred=result. predict(X)
df["eps_basic_pred"]=ypred
print(df. head())
```

	stkcd	date	pps	bm	roa	eps_basic	eps_basic_pred
0	733	6/1/00	20. 17	0. 358231	0. 014727	0. 136	0. 487034
1	600089	6/1/00	19. 80	0. 219879	0. 036147	0. 270	0. 494293
2	600219	6/1/00	14. 40	0. 295807	0. 045742	0. 156	0. 403082
3	600741	6/1/00	10. 09	0. 290462	0. 036432	0. 206	0. 313977
4	733	9/1/00	17. 90	0. 300046	0. 024189	0. 136	0. 450628

使用 mse 函数计算实际因变量和预测因变量之间的均方误差。

```
mse_ols=mse(df['eps_basic'] , ypred)
```

显示均方误差。

```
print("MSE:",mse_ols)
```

```
MSE:0. 33674576635864206
```

导入库

使用 Pandas 存储数据；
导入 sklearn 的 linear _ model 模块，用于线性回归分析；
导入 statsmodels 的 api 模块，用于线性回归分析；
导入 sklearn 的 StandardScaler 模块，用于对数据进行标准化处理。

```
import pandas as pd
from sklearn import linear_model
import statsmodels. api as sm
from sklearn. preprocessing import StandardScaler
```

数据读取及处理

接下来进行数据读取及处理：
读取名为 ols_training. csv 的 CSV 文件中的数据，并将其存储在 df 变量中；

定义一个特征变量列表，其中包含三个名称分别为 pps、bm、roa 的特征变量；

创建一个 StandardScaler 对象，用于对数据进行标准化处理。

接下来对 df 中的特征变量数据进行标准化处理（处理后的特征变量的均值皆为 0，标准差皆为 1）。将标准化处理后的数据 x 转化为 DataFrame 格式，并将结果存储在 x 中，同时定义列名为特征变量列表 features。使用 sklearn 中的模块必须首先进行这一预处理步骤。

```
df=pd.read_csv('ols_training.csv')
features=['pps','bm','roa']
scalar=StandardScaler()
scalar.fit(df[features])
x=scalar.transform(df[features])
x=pd.DataFrame(x, columns=features)
```

用 sklearn 进行线性回归分析

接下来创建一个 LinearRegression 对象，用于线性回归分析。

```
OLS=linear_model.LinearRegression()
```

使用 fit 方法对 x 和 df 中的eps_basic列进行线性回归分析，并将结果存储在 est1 中。

```
est1=OLS.fit(X=x,y=df['eps_basic'])
```

显示截距项 w_0。

```
print(est1.intercept_)
```

```
0.47474361131431364
```

显示斜率项 w_1，w_2，w_3，分别对应［'pps'，'bm'，'roa'］。

```
print(est1.coef_)
```

```
[0.43624294 0.03674872 0.03788112]
```

3.4.2 使用 statsmodels 进行比较

下面，我们使用 statsmodels 进行比较。我们先添加截距项（statsmodels 不会自动添加截距项）。

```
X_const=sm.add_constant(x)
```

创建一个 OLS 模型对象，使用 sm. OLS 函数，其中因变量为 df 中的 eps_basic 列，自变量为 X_const；

使用 fit 方法对模型进行拟合，并将结果存储在 result 中。

```
model=sm.OLS(df['eps_basic'], X_const)
result=model.fit()
```

打印 result 的摘要信息，包括各个参数的值和统计量等。

```
print(result.summary())
```

```
                            OLS Regression Results
==============================================================================
Dep. Variable:               eps_basic   R-squared:                       0.368
Model:                             OLS   Adj. R-squared:                  0.368
Method:                  Least Squares   F-statistic:                     1593.
Date:                 Fri, 01 Dec 2023   Prob (F-statistic):               0.00
Time:                         11:36:29   Log-Likelihood:                -7174.5
No. Observations:                 8202   AIC:                         1.436e+04
Df Residuals:                     8198   BIC:                         1.439e+04
Df Model:                            3
Covariance Type:             nonrobust
==============================================================================
                 coef    std err          t      P>|t|      [0.025      0.975]
------------------------------------------------------------------------------
const          0.4747      0.006     74.073      0.000       0.462       0.487
pps            0.4362      0.007     66.227      0.000       0.423       0.449
bm             0.0367      0.006      5.695      0.000       0.024       0.049
roa            0.0379      0.007      5.776      0.000       0.025       0.051
==============================================================================
Omnibus:                     7759.339   Durbin-Watson:                   1.605
Prob(Omnibus):                  0.000   Jarque-Bera (JB):          1194269.810
Skew:                           4.101   Prob(JB):                         0.00
Kurtosis:                      61.543   Cond. No.                         1.27
==============================================================================
Notes:
[1] Standard Errors assume that the covariance matrix of the errors is correctly specified.
```

通过对比我们发现，用两种方法得到的系数相同。值得注意的是，因为我们对特征变量进行过缩放，因此我们得到的系数与未经过特征变量缩放的系数有所不同。经过特征变量缩放后，系数的意义也有所改变。比如，对于股价，我们得到的系数是 0.436 2。这个系数不能解释为当股价上升 1 元时，每股收益会随之上升 43.6 分。如果我们将特征变量缩放到标准差为 1，那么我们可以说当股价上升 1 个标准差时，每股收益会上升 43.6 分。

习题

计算题

使用线性回归模型对下表中的数据进行拟合，$f(x)=w_0+w_1x$，当前 $w_0=0$，$w_1=0.5$。根据这些条件，请回答以下问题：

(1) 在当前参数下，损失函数 $J(w_0,w_1)$的值是多少？

(2) 请计算当前参数下 w_0 与 w_1 的梯度是多少？

(3) 如果学习速率 $\alpha=0.01$，那么再一次执行梯度下降算法对参数进行更新后，新的参数值是多少？

x	y
2.3	−1.2
4.5	0.0
6.7	3.4

程序操作

请使用每股收益数据训练线性回归模型。

(1) 将目标变量进行对数变换，同时，对股价也进行对数变换。使用变化后的数据作为目标变量，并用对数变换后的股价替代原来的股价作为特征变量来训练线性回归模型。对该模型的表现进行评价。

(2) 在模型中加入 pps^2、pps^3、pps^4 作为特征变量。这些新的特征变量是否有统计显著性？加入这些新的特征变量后，模型与数据的拟合度是否得到了提高？（提示：可以使用 MSE 作为拟合度的反向指标。）

发散思考

如果你可以获取一个新的变量来预测公司每股收益，那么什么样的变量可以帮助你更好地进行预测？

第4章

逻辑回归

学习目标

- 理解逻辑回归的使用场景，以及如何通过模型输出来解决分类问题
- 熟悉逻辑回归的函数形式，以及模型中参数（包括边际效应）的意义
- 熟悉梯度下降在逻辑回归训练中的应用
- 掌握逻辑回归程序的编写

4.1　案例：贷款违约预测

为个人或企业提供贷款是银行的重要功能。在审批过程中，银行需要预测贷款申请人的还款能力，从而控制贷款违约的风险。原则上，金融机构应尽量向有还款能力的申请人提供充足的贷款；而对于违约可能性较高的申请者，银行则应该拒绝其贷款申请。① 在金融科技迅猛发展的今天，贷款者的数据是贷款审批的重要依据。在本章中，我们将讨论如何用机器学习的方法来创建一个贷款违约预测系统。

我们可以从金融机构获得已经审批通过的贷款的违约数据，并将这些数据整理成表4.1的形式。

表 4.1　贷款数据

贷款编号	工作年限（年）	现有住房数量（套）	年收入（元）	负债收入比	贷款违约
3070	2	0	54 000	27.29	1
2838	8	0	60 000	24.72	0

① 或给予其较高利率的贷款，因为银行承担的风险较高。

续表

贷款编号	工作年限（年）	现有住房数量（套）	年收入（元）	负债收入比	贷款违约
1339	10	1	46 000	16.78	0
4082	10	0	150 000	5.86	0
708	3	0	125 000	28.73	0

为了保护贷款申请者的隐私，银行可以选择匿去其姓名，将每一笔贷款用一个贷款编号来区分。我们的模型需要对贷款违约变量进行预测，因此贷款违约是目标变量 y。该变量的值为 0 或 1，0 代表这笔贷款未曾违约（用 0 标记的分类通常被称为负类），1 代表该贷款已经违约（用 1 标记的分类被称为正类）。

在这个案例中，我们将使用四个特征变量：贷款申请者的工作年限、现有住房数量、年收入、负债收入比。我们可以先思考一下这几个变量为什么有作为预测信息的潜力。首先，申请者的年收入是对贷款申请者的还款能力最直接的描述。年收入高的申请者不太可能出现因现金流短缺而无法还款的情况。其次，工作年限可以代表申请者的工作稳定性。再次，负债收入比低的申请者还款压力较小，违约的可能性较低。最后，如果申请者已经购房，说明其经济状况良好，并且平时消费习惯也比较健康（否则无法购买现有住房）。

我们构建的模型所需要做的工作如图 4.1 所示，即要在得到某个贷款的四个特征变量的取值后，最终能输出其预测的分类为 0 或 1。

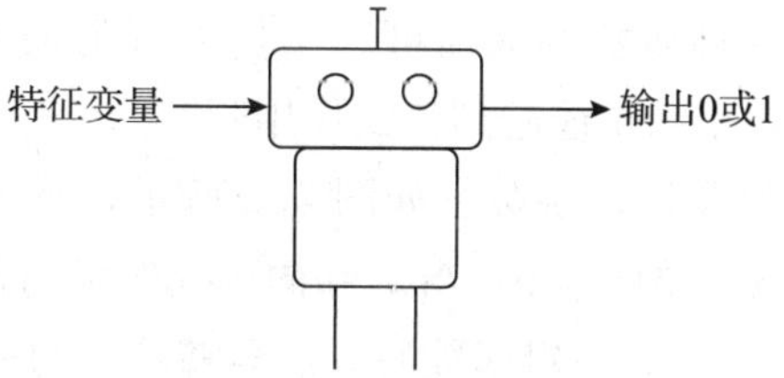

图 4.1　分类模型

4.2　逻辑回归方法

4.2.1　逻辑回归简介

在本节中，我们将介绍如何使用逻辑回归（Logistic Regression）来解决分类问题。在逻辑回归中，我们将分类问题转换为概率预测问题。比如在贷款违约问题中，我们将预测 p(若违约，则 $p=1$)，即贷款违约的概率。接下来我们将讨论：

(1) 逻辑回归函数；

(2) 如何估计逻辑回归模型中的参数；

(3) 逻辑回归中参数的意义；

(4) 在程序中如何执行逻辑回归。

逻辑回归模型

首先我们需要一个合适的表达概率的函数 $f(x)$，其输出为贷款违约概率。那么不违约的概率则是 $1-f(x)$。然后，我们用模型输出的概率来判断结果是正类还是负类。在前一章中，我们学习了线性回归，其函数形式为 $f(x)=w^{\mathrm{T}}x$。如果我们用线性函数作为模型的函数，那么我们极有可能会遇到 $f(x)>1$ 或 $f(x)<0$ 的情况。当然，我们可以对这些情况进行处理。比如，当 $f(x)>1$ 时，可以让函数的取值为 1。当 $f(x)<0$ 时，可以让函数的取值为 0。这些处理可以解决函数取值与概率不相符的问题，但是我们其实可以找到更适合表达概率预测的函数来构建这个模型。

在逻辑回归中，我们用逻辑函数（Logistic Function）来表达我们的模型①：

$$f(x)=\frac{e^{w^{\mathrm{T}}x}}{1+e^{w^{\mathrm{T}}x}} \tag{4.1}$$

其实，这个函数也可以用两个部分来表示，即：

$$f(x)=g(w^{\mathrm{T}}x)$$

$$g(z)=\frac{e^{z}}{1+e^{z}}$$

其中，$g(z)$ 是逻辑函数。$f(x)$ 将线性函数 $w^{\mathrm{T}}x$ 的结果输入逻辑函数 $g(z)$ 中。在之前的章节中，我们提到过线性函数的取值可以从负无穷到正无穷（即整条实数轴）。那么，逻辑函数的嵌套对于输出结果能起到什么作用呢?

图 4.2 展示了逻辑函数及线性函数。如图 4.2 所示，逻辑函数的值在 0 和 1 之间。当 z 趋向于无穷小时，$g(z)$ 趋向于 0；当 z 趋向于无穷大时，$g(z)$ 趋向于 1；当 z 取值为 0 时，$g(z)$ 刚好等于 0.5。逻辑函数的取值会随着 z 的取值的增大而单调递增。

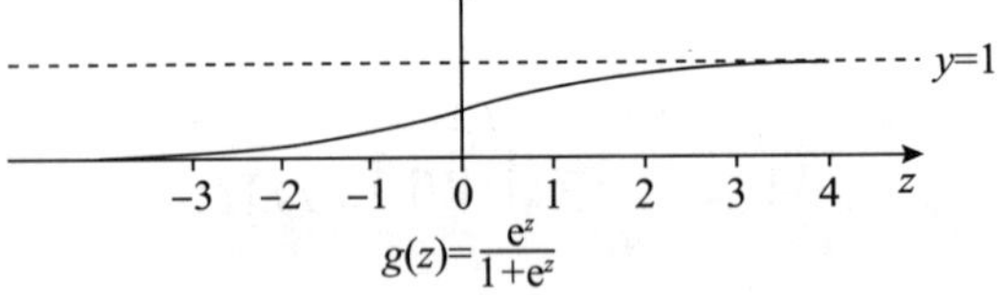

图 4.2　逻辑函数及线性函数

图 4.3 用一个简单的例子更直接地展示了线性函数 $w^{\mathrm{T}}x$ 和逻辑函数嵌套的 $g(w^{\mathrm{T}}x)$ 函数的值。图中线性函数为 $0.2+0.5x$。因为 x 的系数为正，所以线性函数会随着 x 的增加而单调递增。通过嵌套逻辑函数，我们可以保持线性函数上的单调性。因此，$f(x)$ 同样随着 x 的增加而单调递增，并且 $f(x)$ 的输出在 0 和 1 之间，可以表示概率。当 $x=-0.4$ 时，$0.2+0.5x=0$。因此，$f(0.4)=0.5$ 说明：当 $x=0.4$ 时，逻辑函数所输出的分类为正的概率正好是 50%。

---

① 准确地说，我们使用的是 Sigmoid 函数。Sigmoid 函数是逻辑函数的一个特例。

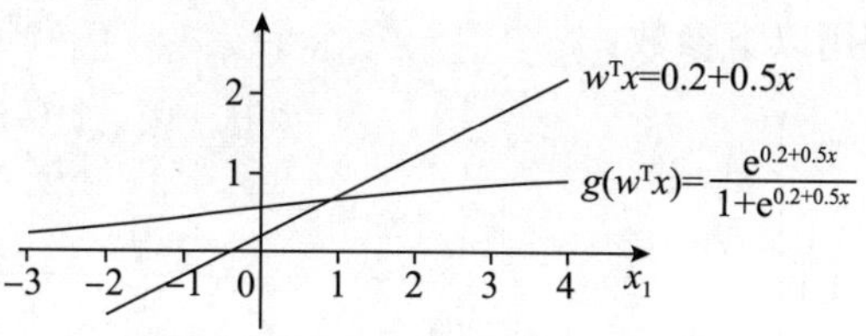

图 4.3 逻辑函数及线性函数举例

4.2.2 模型训练

代价函数

接下来，我们将阐述如何训练逻辑回归模型（即估计逻辑回归中的参数）。如同线性回归方法，我们首先需要定义一个代价函数 $J(w)$。代价函数表示的是模型输出与实际数据之间的差异。因此，我们在模型训练中应该选择参数，从而降低代价函数值。在线性函数中，$J(w)$ 等同于模型输出和目标变量的方差。但是由于数据性质的不同，在逻辑回归中，我们需要使用不同的代价函数。

首先，我们可以计算模型在每个样本上的损失。我们采用以下损失函数 C：

$$C(f(x),y)=\begin{cases}-\ln(f(x)), & \text{如果} \quad y=1 \\ -\ln(1-f(x)), & \text{如果} \quad y=0\end{cases} \tag{4.2}$$

如果模型预测准确，即当 $y=1$ 时，$f(x)$ 非常接近 1，那么 C 函数的取值将接近 0。同样，当 $y=0$ 时，$f(x)$ 非常接近 0，那么 C 函数也将非常接近 0。相反，如果我们的模型表现糟糕，例如，当 $y=1$ 时，模型输出值接近 0，那么 C 函数的取值将非常大。① 因此，在模型预测的概率与实际观测到的目标之间差距较大时，该函数将输出很大的值以惩罚该模型的表现。比如，若我们的模型输出值是 0.099，而该笔贷款并未违约，那么 C 函数的取值为 $-\ln(1-0.099)=0.104$，是一个相对接近 0 的值。相反，若该笔贷款是一笔已经违约的贷款，那么 C 函数的取值则为 $-\ln 0.099=2.23$。这说明：该模型在预测方面表现欠佳。

接下来，我们将以表 4.1 中的数据点作为实际例子，更详细地阐释代价函数。对应第一个数据点的 x 向量是②：

$$x^{(1)}=\begin{bmatrix} ax_0^{(1)}=1 \\ bx_1^{(1)}=0 \\ cx_2^{(1)}=54\,000 \\ dx_3^{(1)}=27.29 \\ ex_4^{(1)}=2 \end{bmatrix} \begin{matrix} \leftarrow \text{常数项} \\ \leftarrow \text{现有住房数量} \\ \leftarrow \text{年收入} \\ \leftarrow \text{负债收入比} \\ \leftarrow \text{工作年限} \end{matrix}$$

目标变量 $y^{(1)}$ 是 0，表示该笔贷款未违约。

---

① 另一种情况是当 $y=0$ 时，模型输出值接近 1。

② 在实际应用中，我们应该将 x 向量进行缩放，从而使梯度下降的效果更佳。请参见前文中对特征变量缩放的介绍。

如果我们的模型使用以下参数：

$$w=\begin{bmatrix} aw_0=8 \\ bw_1=-0.015 \\ cw_2=-0.0001 \\ dw_3=0.22 \\ ew_4=-0.02 \end{bmatrix}$$

那么线性函数 $w^{T}x$ 的输出值是 8.56，通过逻辑函数我们得到 $f(x)=0.999$，说明该模型预测这笔贷款非常可能违约。

因为 $y^{(1)}=0$，所以我们需要用 $-\ln(1-f(x))$ 来计算损失函数的值。该值为 6.9，是一个相当大的值，说明我们模型所预测的概率与实际情况相差太远。

实际上，损失函数可以用更简洁的方式来表示①：

$$C(f(x),y)=-y\ln f(x)-(1-y)\ln(1-f(x))$$

代价函数 $J(w)$ 则是对损失函数在所有 n 个训练样本上的取值的平均②：

$$J(w)=\frac{1}{n}\sum_{i=1}^{n}C(f(x^{(i)},y^{(i)})) \tag{4.3}$$

$$=-\frac{1}{n}\sum_{i=1}^{n}[y^{(i)}\ln f(x^{(i)})+(1-y^{(i)})\ln(1-f(x^{(i)}))] \tag{4.4}$$

梯度下降

估计模型参数 w 等同于选取能最小化 J 函数的 w 向量，也就是：

$$\min_{w} J(w)$$

在之前介绍线性函数的章节中，我们已经学习过如何通过梯度下降来估计模型中的参数。该方法对于逻辑回归同样适用。

（1）给 w_j 赋予初始值（可以用随机变量来给这两个变量赋值）；

（2）重复以下步骤，逐步更新 w_j，直至收敛：

$$w_j:=w_j-\alpha\frac{\partial}{\partial w_j}J(w)$$

$$:=w_j-\alpha\sum_{i=1}^{n}(f(x^{(i)})-y^{(i)})x_j^{(i)}$$

$$w_0:=w_0-\alpha\sum_{i=1}^{n}(f(x^{(i)})-y^{(i)})$$

该梯度下降算法跟线性回归的几乎完全一样！但是，不同于线性回归，我们无法得到 w 的闭合解。因此，梯度下降是估计逻辑回归参数的唯一方法。

---

① 读者可以自行验证以下函数是否能达到与式（4.2）同样的效果。

② 逻辑回归不能使用线性回归的方差作为损失函数，因为使用方差会导致代价函数变为非凸函数，进而导致程序无法找到全局最优解。

4.2.3　决策边界

我们也可以将逻辑回归的分类输出用决策边界来表示。对于一个输入值 $x^{(i)}$，我们可以通过模型来计算其对该数据为正类（即 $y^{(i)}=1$）的概率。一般来说，如果模型预测概率大于 50%，即：

$$f(x^{(i)})>0.5$$

则我们将该数据分类标记为 1，否则，我们将该数据分类标记为 0。

决策边界是模型产生正类与负类的边界，由满足 $f(x)=0.5$ 的 x 值组成。当我们使用逻辑回归时，$w^{\mathrm{T}}x=0$ 等同于 $f(x)=0.5$。因此，我们的决策边界为 $w^{\mathrm{T}}x=0$。该函数表示的是一个超平面。当特征变量较少时，我们可以很好地将决策边界用图像表现出来。

为了更好地展示决策边界，我们随机生成了 20 个数据点。这些数据的目标变量的值为 0 或 1。这些数据有两个特征变量，因此决策边界为 $w_0+w_1x_1+w_2x_2=0$，是一条直线。我们将这些数据以及决策边界展示在图 4.4 中。如图所示，决策边界将平面分成了两个部分：处于决策边界左上方的数据点的预测概率大于 0.5，因此我们将其分类标记为正；而处于决策边界右下方的数据点的预测概率小于 0.5，因此我们将其分类标记为负。

当我们考虑更多的特征变量时，决策边界具有更高的维度。例如，如果我们的模型中有三个特征变量，则决策边界是一个二维平面。如果我们有更多特征变量，则决策边界可以用三维线性组合表示。因此，只有在特征变量数量较少的时候我们才能用图像来很好地表示决策边界。

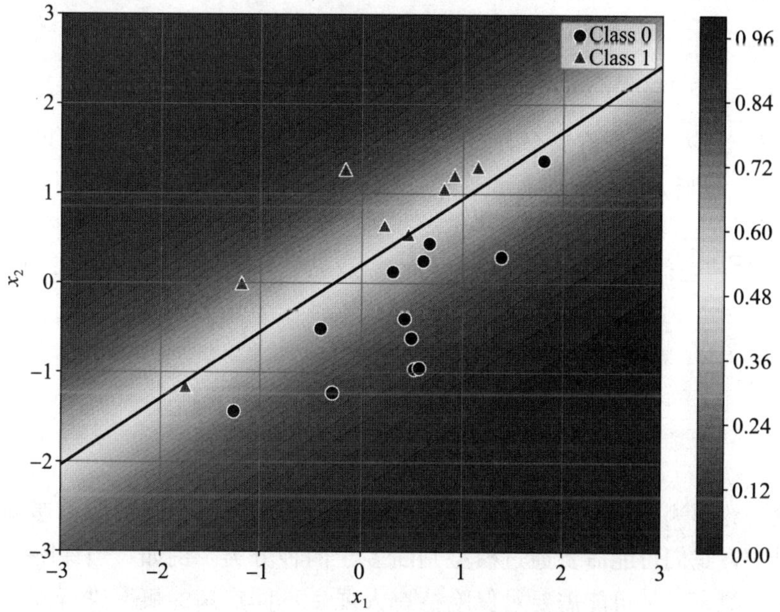

图 4.4　决策边界

4.2.4 系数的推断

如同线性回归一样，我们可以通过逻辑回归的系数来推断特征变量与分类为正的概率之间的关系。并且，我们也可以使用 t 值来判断某个特征变量是否与分类结果有着显著的关系。但是，系数与目标变量之间的关系相比线性回归更为复杂。首先，逻辑回归的输出值是分类为 1 的概率。因此，如果 w_j 为正，则说明分类为 1 的概率会随着特征变量 x_i 的值的增大而增大。

为了更好地理解特征变量与分类概率之间的关系，我们一般会运用边际效应（Marginal Effect，ME）来描述特征变量与分类概率之间的关系。边际效应展现了特征变量变化一个单位会如何影响出现某一结果的概率。在逻辑回归中，系数只能在对数概率尺度上进行解释。直接用我们习惯的线性方式来解释这些系数的大小十分困难。而边际效应可以将这些系数转化为我们更为熟悉的概率的变化。

简单来说，边际效应是一个特征变量增加 1 时，模型产生的分类概率的变化：

$$\text{ME}=\frac{\partial P(y=1)}{\partial x_j}=P(y=1|x_j=x+1)-P(y=1|x_j=x)$$

在逻辑回归中，特征变量 x_j 所对应的边际效应可以用如下关系表示：

$$\text{ME}=f(x)(1-f(x))w_j$$

值得注意的是，边际效应与 x 的取值有关。[①] 我们通常会汇报均值处的边际效应（ME）或平均边际效应（AME）。

均值处的边际效应 我们将 $\bar{x}$ 代入函数 $f(x)$。$\bar{x}$ 中的第 j 个元素为特征变量 x_j 的均值，即：

$$\text{ME}=f(\bar{x})(1-f(\bar{x}))w_j$$

平均边际效应 我们将每个数据 $x^{(i)}$ 代入函数 $f(x)$。这样，我们可以算出一个边际效应 $\text{ME}^{(i)}$。然后，我们对所有的 n 个样本计算平均边际效应：

$$\text{AME}=\sum_{i=1}^{n}\frac{f(x^{(i)})(1-f(x^{(i)}))w_j}{n}$$

4.3 知识拓展：多分类问题

在贷款违约预测问题中，我们将贷款的结果分为两类，即违约或不违约。在一些其他应用场景中，我们可能需要通过模型判断多于两种分类。例如，当保险公司需要预测医疗保险赔付概率时，可能需要对保险持有人罹患不同疾病的概率进行预测。因为一个

① 这是由于逻辑回归的函数相对于 x 有非线性关系。

病人可能同时患上多种疾病，因此这种多分类问题并不互相排斥。在这种情况下，我们需要做的是构建多个逻辑回归模型。每一个逻辑回归模型对一种疾病发生的概率进行预测。

另外一种情况是有些分类可能互相排斥。例如，一个风险投资机构在对一个初创公司进行投资前，需要预测该初创公司的命运。最好的结果是该公司表现优异，最终通过首次公开募股（IPO）上市。较好的结果是该公司最终被大公司并购。最差的结果是该公司经营失败，最后破产。这种分类是互相排斥的，因为该公司的结果只可能是三者之一。对于这种问题，我们可以使用多类别逻辑回归（也称 Softmax 回归）。Softmax 回归是逻辑回归的一般形式。当我们用 Softmax 回归处理分类 $K=2$ 的问题时，Softmax 回归等同于逻辑回归。

Softmax 回归模型的函数表达如下：

$$z_k = w_k^{\mathrm{T}} x$$

$$f^k(x) = \frac{\mathrm{e}^{z_k}}{\sum_{j=1}^{K} \mathrm{e}^{z_j}}$$

其中，$f^k(x)$ 输出的是该数据点为第 k 类的概率。

该回归的代价函数为：

$$J(w) = -\frac{1}{n} \sum_{i=1}^{n} \sum_{k=1}^{K} y_{ik} \ln(\widehat{p}_{ik})$$

其中，y_{ik} 是个取值为 0 或 1 的变量。如果第 i 个数据点的分类为 k，则 $y_{ik}=1$，否则其取值为 0。

4.4　程序

接下来，我们介绍如何编写逻辑回归程序。

导入库

使用 Pandas 存储数据；
导入 statsmodels 的 api 模块用于逻辑回归分析。

```
import pandas as pd
import statsmodels.api as sm
```

数据读取及处理

读取名为 train_sample_small.csv 的 CSV 文件中的数据，并将其存储在 train_sample 变量中；

定义一个特征变量列表 fea_cols，其中包含四个名称分别为 employmentYear、homeOwnership、annualIncome、dti 的特征变量。这四个特征分别代表工作年限、现有住房数量、年收入以及负债收入比。

```
train_sample=pd.read_csv('train_sample_small.csv')
fea_cols=['employmentYear','homeOwnership','annualIncome','dti']
```

从 train_sample 中选取 fea_cols 列作为特征变量，存储到 train_x 中，选取 isDefault 列作为目标变量，存储到对象 train_y 中。

```
train_x=train_sample[fea_cols]
train_y=train_sample['isDefault']
```

对 train_x 中的 dti 列和 employmentYear 列进行填充，使用每列数据的中位数填充缺失值。值得注意的是，大部分算法无法处理含有缺失值的数据，因此数据填充通常是非常重要的一步。在后面的章节中，我们会对如何填充缺失值进行更详细的介绍。

```
train_x['dti']=train_x['dti'].fillna(train_x['dti'].median())
train_x['employmentYear']=train_x['employmentYear'].fillna(train_x['employment-
Year'].median())
```

为特征变量列添加常数项，将结果存储到 train_x_sm 中。

```
train_x_sm=sm.add_constant(train_x)
```

使用 statsmodels 来训练逻辑回归模型

创建一个逻辑回归模型对象 est，其中因变量为 train_x，自变量为 train_y。

```
est=sm.Logit(train_y, train_x_sm)
```

使用 fit 方法训练样本对逻辑回归模型进行拟合，将结果存储到对象 est2 中。

```
est2=est.fit()
```

打印 est2 摘要信息，包括各个参数的值和统计量等。

```
print(est2.summary())
```

```
                         Logit Regression Results
==========================================================================
Dep. Variable:                 isDefault   No. Observations:          5000
Model:                             Logit   Df Residuals:              4995
```

Method:	MLE	Df Model:	4
Date:	Fri, 01 Dec 2023	Pseudo R-squ.:	0.01353
Time:	13:33:47	Log-Likelihood:	-2515.3
converged:	True	LL-Null:	-2549.8
Covariance Type:	nonrobust	LLR p-value:	3.711e-14

	coef	std err	z	P>|z|	[0.025	0.975]
const	-1.6698	0.135	-12.373	0.000	-1.934	-1.405
employmentYear	0.0045	0.010	0.452	0.651	-0.015	0.024
homeOwnership	0.1815	0.051	3.532	0.000	0.081	0.282
annualIncome	-2.828e-06	8.91e-07	-3.174	0.002	-4.57e-06	-1.08e-06
dti	0.0205	0.004	5.203	0.000	0.013	0.028

结果分析

在这四个特征变量中，employmentYear 不具有统计显著性，另外三个特征变量都与贷款是否违约相关。其中，年收入与贷款违约负相关，其他两个变量与贷款违约正相关。

使用 get_margeff 获取边际效应并打印其摘要信息。

```
est_me=est2.get_margeff()
print(est_me.summary())
```

Logit Marginal Effects

Dep. Variable:	isDefault
Method:	dydx
At:	overall

	dy/dx	std err	z	P>|z|	[0.025	0.975]
employmentYear	0.0007	0.002	0.452	0.651	-0.002	0.004
homeOwnership	0.0294	0.008	3.541	0.000	0.013	0.046
annualIncome	-4.578e-07	1.44e-07	-3.179	0.001	-7.4e-07	-1.76e-07
dti	0.0033	0.001	5.236	0.000	0.002	0.005

我们可以利用边际效应解读特征变化如何影响违约概率。例如，dti＝0.003 3，说明如果负债收入比增加 1，那么违约概率提高 0.33%。

接下来，我们使用 sklearn 中的 linear_model 模块进行逻辑回归，并将得出的结果与使用 statsmodels 的 api 模块得出的结果进行对比。值得注意的是，调用 sklearn 中的 linear_model 模块进行逻辑回归必须先对特征变量进行缩放。

导入库

使用 Pandas 存储数据；
导入 sklearn. linear_model 中的逻辑回归函数，用于逻辑回归分析；
导入 statsmodels 的 api 模块，用于逻辑回归分析；
导入 sklearn 库中的标准化处理模块，用于对数据进行标准化处理；
导入 sklearn 中的 metrics 模块，用于对模型表现进行评估。

```
import pandas as pd
from sklearn. linear_model import LogisticRegression
import statsmodels. api as sm
from sklearn. preprocessing import StandardScaler
from sklearn. metrics import log_loss
```

数据读取及处理

读取名为 train_sample_small. csv 的 CSV 文件中的数据，并将其存储在 train_sample 变量中。

定义一个特征变量列表 fea_cols，其中包含四个名称分别为 employmentYear、homeOwnership、annualIncome、dti 的特征变量。

```
train_sample=pd. read_csv('train_sample_small. csv')
fea_cols=['employmentYear','homeOwnership','annualIncome','dti']
```

从 train_sample 中选取 fea_cols 列作为特征变量，存储到 train_x 中，选取 isDefault 列作为目标变量，存储到对象 train_y 中。

```
train_x=train_sample[fea_cols]
train_y=train_sample['isDefault']
```

对 train_x 中的 dti 列和 employmentYear 列进行填充，使用每列数据的中位数填充缺失值。

```
train_x['dti']=train_x['dti'] . fillna(train_x['dti'] . median())
train_x['employmentYear']=train_x['employmentYear'] . fillna(t rain_x['employment-
Year'] . median())
```

创建一个 StandardScaler 对象，用于对数据进行标准化处理；

使用 scaler 的 fit 方法计算数据集 train_x 的均值和标准差；

使用 transform 方法对 train_x 中的特征变量数据进行标准化处理（处理后的特征变量均值都为 0，标准差都为 1）；

将标准化处理后的数据 train_x_standardized 转化为 DataFrame 格式，并将结果存储在 train_x_standardized 中。

```
scaler=StandardScaler()
scaler.fit(train_x)
train_x_standardized=scaler.transform(train_x)
train_x_standardized=pd.DataFrame(train_x_standardized, columns=train_x.columns)
```

使用 sklearn.linear_model 中的 LogisticRegression 函数建立逻辑回归模型；

创建一个逻辑回归模型对象 Logit，设置最大迭代次数为 10 000，设置正则化参数为 None。

```
Logit=LogisticRegression(max_iter=10000,penalty=None)
```

使用 fit 方法对 train_x_standardized 和 train_y 进行逻辑回归分析，将结果存储到 est_sk1 对象中。

```
est_sk1=Logit.fit(X=train_x_standardized, y=train_y)
```

显示截距项 w_0。

```
print(est_sk1.intercept_[0])
```

```
-1.3720608582249962
```

显示斜率项 w_1，…，w_4，分别对应 ['employmentYear', 'homeOwnership', 'annualIncome', 'dti']。

```
print(est_sk1.coef_[0])
```

```
[0.01616405  0.12436227  -0.40816872  0.22150217]
```

评估模型表现，并输出 logloss。我们首先要让模型输出正类概率。

如果我们想要直接得到正类或负类的预测，我们需要使用 predict（而不是 predict_proba）方法。

```
y_pred=est_sk1.predict_proba(train_x_standardized)
logloss=log_loss(train_y, y_pred)
print(logloss)
```

```
0. 5030558281307325
```

对比 statsmodels 的结果

使用另一种方法，即用 statsmodels 的 api 模块进行逻辑回归分析，并将得出的结果与上面的结果进行比较。

首先，我们添加截距项（statsmodels 不会自动添加截距项），将结果存储到 train_x_sm 中。

```
train_x_sm=sm.add_constant(train_x_standardized)
```

其次，创建一个逻辑回归模型对象 est，使用 sm. Logit 函数，其中因变量为 train x sm，自变量为 train_y。

最后，使用 fit 方法对模型进行拟合，并将结果存储在 est2 中。

```
est=sm.Logit(train_y, train_x_sm)
est2=est.fit()
```

打印 est2 的摘要信息，包括各个参数的值和统计量等。

```
print(est2.summary())
```

```
                          Logit Regression Results
==============================================================================
Dep. Variable:                isDefault   No. Observations:               5000
Model:                            Logit   Df Residuals:                   4995
Method:                             MLE   Df Model:                          4
Date:                  Sat, 03 Feb 2024   Pseudo R-squ.:               0.01353
Time:                          00:55:17   Log-Likelihood:              -2515.3
converged:                         True   LL-Null:                     -2549.8
Covariance Type:              nonrobust   LLR p-value:               3.711e-14
==============================================================================
                  coef    std err          z      P>|z|      [0.025      0.975]
------------------------------------------------------------------------------
const          -1.3721      0.036    -38.250      0.000      -1.442      -1.302
employment-
Year            0.0162      0.036      0.452      0.651      -0.054       0.086
homeOwner-
ship            0.1244      0.035      3.532      0.000       0.055       0.193
```

annualIn-come	−0.4082	0.129	−3.174	0.002	−0.660	−0.156
dti	0.2215	0.043	5.203	0.000	0.138	0.305

```
==========================================================
```

对比模型系数可知，两种逻辑回归程序得到了一致的结果。

习题

计算题

我们使用逻辑回归模型对下表中的数据进行拟合：

$$f(x)=g(w^{\mathrm{T}}x)$$

$$g(z)=\frac{\mathrm{e}^z}{1+\mathrm{e}^z}$$

x	y
−1.75	0
2.8	1
8.68	1

目前，w 向量为：

$$\begin{bmatrix}-0.77\\ 3.23\end{bmatrix}$$

(1) 请计算在当前参数下，$w^{\mathrm{T}}x$ 以及 $f(x)$ 的值。请用概率方法阐述 $f(x)$ 的值的意义。

(2) 如果我们使用 0.5 作为分界，哪个数据点会被当成正类？哪个数据点会被当成负类？

(3) 请计算代价函数在当前参数下的值。

(4) 假设学习速度为 0.01，请计算下一步梯度下降后得到的新参数 w。

程序操作

请使用贷款违约预测数据进行以下操作：

(1) 基于程序部分，输出模型对数据集中前五个数据点的预测，并比较概率预测与分类预测的结果。

(2) 将年收入（annualIncome）取对数值，并使用取对数之后的新变量取代原来的年收入变量作为特征变量来预测违约。

(3) 引入交叉项：将现有住房数量（homeOwnership）与负债收入比（dti）相乘，

生成一个新的变量。在模型中加入该变量进行预测。

请报告以上两个模型的参数值，并且汇报模型拟合表现。（提示：可以用 loglikelihood 作为拟合度的指标，因为该指标与我们的代价函数负相关。）

发散思考

- 请思考三个逻辑回归的使用场景。

第5章

其他基础监督学习方法

学习目标

- 理解样条模型的函数形式、使用场景，以及如何通过程序实现这一类模型
- 了解广义可加模型的函数形式
- 熟悉支持向量机的函数形式、使用范围，以及如何使用程序实现这一类模型
- 了解核技巧的使用方法
- 掌握 K 近邻分类器的实现方法、使用范围，并了解如何使用程序实现这一方法

5.1 其他基础监督学习方法简介

在之前的章节中，我们已经对两种基础监督学习方法进行了介绍。但是监督学习方法的种类繁多，我们在本章中还会简单介绍几种常见的基础监督学习方法。这些监督学习方法中，有许多是通过对之前两章中的方法进行一些改进而得出的。这些方法可能会相比之前的方法更为复杂，而增加的复杂度可以让我们更好地应对目标变量与特征变量中的非线性关系。这些学习方法都在经济金融领域有着广泛的应用。具体来说，读者可以考虑用以下方法解决前两章案例中提出的问题：

（1）样条模型；

（2）广义可加模型；

（3）支持向量机；

（4）K 近邻分类器。

5.2 样条模型

5.2.1 样条模型简介

无论是线性回归还是逻辑回归，都依赖线性关系。例如，线性回归中我们用的模型是 $f(x)=w^{\mathrm{T}}x$，而逻辑回归中我们用的是 $f(x)=g(w^{\mathrm{T}}x)$，其中 $w^{\mathrm{T}}x$ 部分说明模型的输出与特征变量的线性组合的结果。

但是在某些应用中，目标变量与特征变量之间可能呈现非线性关系。在介绍线性回归的章节中，我们介绍过可以通过转换特征变量来加入非线性关系。例如，对于某些特征变量，我们可以用对数转换 $\ln(x)$；对于其他特征变量，我们则可以使用多项式转换（如在模型中加入 x^2、x^3 等作为特征变量）。这样的转换能使 $f(x)$ 与特征变量 x 产生非线性关系。但是有的时候，目标变量 y 与 x 的关系会随着 x 值的变化而变化。最简单的例子是税前收入与税后收入之间的关系。具体来说，在累进税制下，当收入较低的时候，边际税率较低；当收入逐渐增加时，边际税率也会逐渐上升。如图 5.1 所示，税前收入与税后收入之间的关系需要用多个线性函数来表示。对于每一个边际税率区间，我们都需要一个线性函数来描述 x 与 y 的关系。样条模型则是处理这种目标变量与特征变量的关系会根据特征变量 x 的值的区域而变化的情况的一种模型。

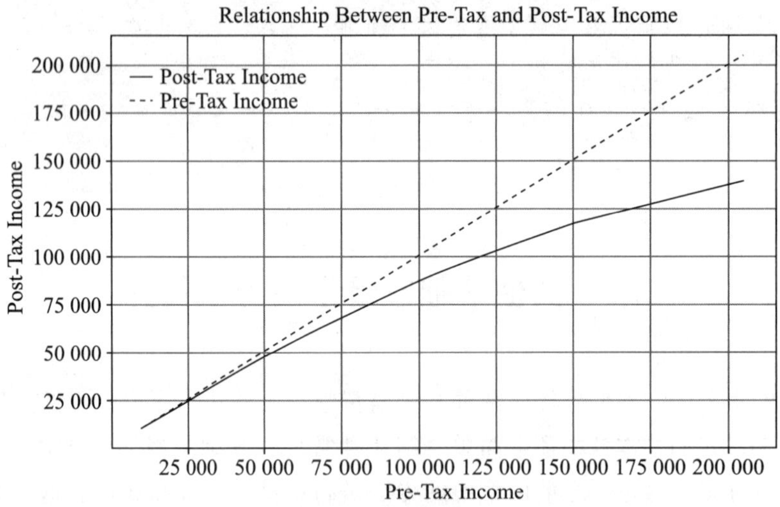

图 5.1 回归样条

在本节中，我们介绍一种更为灵活的方法来引入非线性关系。这种方法称为回归样条（Regression Spline）。虽然在税前/税后收入的例子中，在每一个边际税率区间中，税前收入都与税后收入呈现线性关系，但是回归样条实际上也可以处理在每个区间中呈现非线性关系的目标变量与特征变量。接下来，我们将介绍回归样条模型。另外，我们也会介绍更为复杂的平滑样条模型。虽然这一类模型也可以用于解决分类问题，但是为了简化我们的讨论，接下来我们着重介绍目标变量为连续变量的模型。

5.2.2　回归样条模型

首先，我们需要介绍样条回归中的一个重要概念，即节点（knot）。简单来说，节点是模型的函数形式发生变化的点。例如，在税前/税后收入的例子中，每当收入进入更高的税率区间时，我们就需要改变目标变量与特征变量之间的关系，因此每个税率区间的起点就是一个节点。

一个简单的回归样条模型可以由两个线性模型组合而成：

$$f(x)=\begin{cases}w_{01}+w_{11}x, & \text{如果 } x\leqslant c\\ w_{02}+w_{12}x, & \text{如果 } x>c\end{cases}$$

在该模型中，c 是节点，x 位于大于 c 与小于 c 的区域中，系数 w_0 与 w_1 都有所变化。在回归样条模型中，我们经常使用更复杂的多项式函数形式，例如：

$$f(x)=\begin{cases}w_{01}+w_{11}x+w_{21}x^2+w_{31}x^3, & \text{如果 } x\leqslant c\\ w_{02}+w_{12}x+w_{22}x^2+w_{32}x^3, & \text{如果 } x>c\end{cases}$$

当然，我们也可以增加更多的节点。而针对增加的节点，我们也需要增加更多的函数来对新产生的区间中 x 与 y 的关系进行描述。对于有 k 个节点的样条函数，我们需要 $k+1$ 个不同的函数。

回归样条模型的限制条件

如果我们仅仅在不同的区间中定义独特的函数，那么我们可能会遇到两个问题：第一，我们将会有大量参数需要估计；第二，函数在节点处可能出现不连续的情况。因此，当我们使用 d 阶多项式作为每一个区间中的函数时，我们一般希望这些函数的 0 到 $d-1$ 阶导数在节点 c 处连续。0 阶导数即函数本身。

因此，如果我们使用线性函数，那么我们仅要求函数本身在 c 点连续（图 5.1 中的函数满足这一要求）。如果我们使用二次函数，那么我们则要求整个函数在 c 点连续并且一阶可导。

在某些时候，我们也可以要求当 x 小于最小节点或是大于最大节点时 x 与 y 呈线性关系。如果我们加上这一条限制，那么这样的模型则被称为自然样条模型。这一要求主要是为了减少需要估计的模型参数。

节点的选择

值得注意的是，节点的数量以及节点的位置都是需要在模型训练之前就决定的。那么，我们怎样才能选择节点的数量与位置呢？如果在设定模型之前，我们就知道节点的数量以及位置（例如在之前的例子中，我们能得知何时税率会发生变化），那么我们可以利用这些信息来设定节点。但是，我们在使用这一类模型时，通常不会获得这一类非常明确的信息。在这种情况下，我们往往会将节点均匀地设置在特征变量的取值范围内。

例如，我们可以在特征变量的 25%、中位数以及 75%处各设置一个节点。

我们也可以使用后面所介绍的模型验证方法来设置最佳的节点位置。

5.2.3 平滑样条模型

另一种方法是采用平滑样条模型。在平滑样条模型中，我们试图最小化如下代价函数：

$$\frac{1}{n}\left[\sum_{i=1}^{n}(y^{(i)}-f(x^{(i)}))^2+\lambda\int f''(t)^2\mathrm{d}t\right]$$

其中，$f''(t)$ 是模型的二阶导数。二阶导数描述的是函数的斜率变化的速率。加上平方运算后，则是说明该函数在某一点上的非线性程度的高低。因此，这一代价函数是由两个部分组成的：第一部分描述模型与数据的平方差；第二部分则描述模型函数在定义域上的非线性程度。我们需要同时减小这两个量。

其实模型的非线性程度越高，与训练数据的拟合效果通常越好。但是，这样往往会导致模型的灵活度太大，因此我们需要有第二个“惩罚项”使得模型具有较为简单的函数形式。对于模型简洁程度的控制是通过调整 λ 参数来实现的。我们在模型训练之前设置 λ（因此其为超参数）。λ 越大，则我们对函数的简洁程度的要求越高。这一问题，我们在接下来的两章中都会有充分讨论，因此我们在此不进行赘述。

对于 $f(x)$ 中的每一个区间，我们均可以使用不同的多项式函数。最为常用的是三阶多项式。

节点的设置

与回归样条模型不同，平滑样条模型不需要我们提前设置节点，因为我们会在每一个样本的特征变量 x 的值上设置一个节点。如果我们有 n 个样本，这些样本的特征变量 $x^{(i)}$ 的值各不相同，那么我们会在 $x^{(1)}$，…，$x^{(n)}$ 上各设置一个节点。

5.3 广义可加模型

我们已经介绍了在模型中引入非线性关系的方法。那么接下来，我们将综合这一些方法介绍一种广义可加模型。广义可加模型可以视为多元线性回归的一种自然延伸。如果我们有 m 个特征变量，那么由这 m 个特征变量，我们可以生成如下广义可加模型：

$$f(x_1,x_2,\cdots,x_m)=w_0+f_1(x_1)+f_2(x_2)+\cdots+f_m(x_m)$$

在这个模型中，每个 $f_j(x_j)$ 都是一个线性或非线性函数。并且针对每个特征变量，我们都可以根据该特征变量设定适合该特征变量的函数形式。例如，如果 x_1 与 y 的关系较为线性，那么我们可以将 $f_1(x)$ 设置为线性函数。同时，如果 x_2 与 y 的关系会根据 x_2

的区间发生变化，那么我们可以考虑将 $f_2(x)$ 设为回归样条函数。因此，广义可加模型有着极大的灵活性。

但是，同时值得注意的是，虽然广义可加模型可以让每个特征变量 x_j 与目标变量 y 产生较为复杂的关联，但该模型无法使不同的特征变量之间产生互动。我们在下一部分中介绍的模型，例如树状模型和神经网络模型则可以达到这一效果。

5.4　支持向量机

支持向量机是一种应用广泛的监督学习算法。传统的支持向量机主要用于处理分类问题。我们也可以用类似的方法处理回归问题［我们将其称为支持向量回归（SVR）］。

回归（包括线性回归与逻辑回归）方法的总体思路是减少模型与实际数据的平均误差，而支持向量机的总体思路是让模型不计算误差较小的数据点中的误差。简单来说就是设定一个边界，小于这个边界的误差不会被计入模型总误差之内，而大于这个边界的误差则会被计入模型总误差之内。

从某种意义上说，支持向量机是使用另一种损失函数的逻辑回归，而支持向量回归则是使用另一种损失函数的线性回归。接下来，我们将主要介绍解决分类问题的支持向量机。

5.4.1　代价函数

在逻辑回归中，我们使用的损失函数是交叉熵。而在支持向量机中，我们使用的损失函数是合页损失（Hinge Loss）函数。如图 5.2 所示，合页损失函数与逻辑回归中的损失函数（简称逻辑损失函数）有许多相似之处。例如，如果 $y=1$，那么损失函数会随着 $w^{\mathrm{T}}x$ 的增加而递减。当这个值足够大（大于 1）时，合页损失函数会将该损失直接计为 0，而逻辑损失函数仍然会计算出一个小的正误差。可见相较于使用逻辑损失的支持向量机，使用合页损失的支持向量机只会考虑离分类边界较近的数据点。

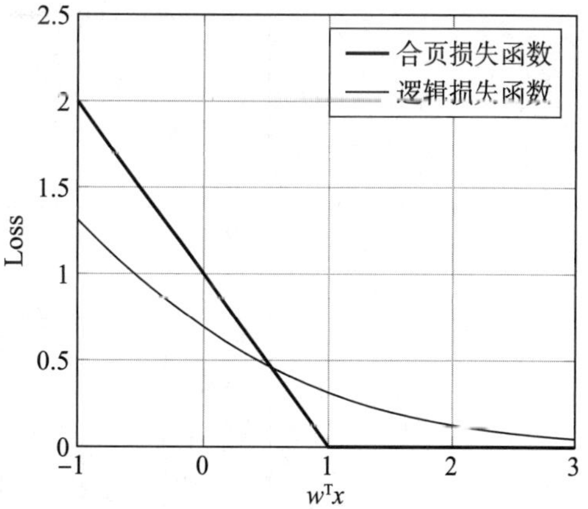

图 5.2　合页损失函数与逻辑损失函数

根据合页损失函数，我们可以将支持向量机的代价函数表示成如下形式：

$$J(w)=\sum_{i=1}^{n}\frac{\max(0,1-y^{(i)}f(x^{(i)}))}{n} \tag{5.1}$$

如同之前，我们对这个代价函数使用通过梯度下降寻求最小值的方法，从而对模型参数进行估计。

以上表述针对的是最简单的线性支持向量机，即 $f(x^{(i)})=w^{\mathrm{T}}x^{(i)}$。但是，人们在使用支持向量机时，也往往会考虑更灵活的变量组合方式。

5.4.2 核技巧

核技巧是支持向量机方法的一个重要组成部分。但是值得注意的是，虽然核技巧主要是在支持向量机中应用，但这个技巧也可以在其他许多机器学习中应用。那么什么是核技巧呢?

在线性支持向量机的分类方法中，我们使用根据不同特征变量的线性组合画出的超平面来对数据进行分类，即看 $w^{\mathrm{T}}x$ 是否大于 0。如果我们想要根据非线性的决策边界来进行分类呢？第一种方法是引入更多的特征变量，如 x_i^2、x_ix_j 等高阶项，但是这样可能会极大地增加计算的复杂度。

核技巧可以帮助我们使用高维特征变量空间，同时免于估计大量的参数。简单来说，核技巧将低维特征变量投射到更高维空间中。我们以图 5.3 为例。该图上半部分中，我们展示的是一个分类数据，该数据有一个特征变量 x。分类为正的数据集中于 $0\leqslant x<1$ 的区域，而分类为负的数据则分布在该区域两边。如果我们使用线性决策边界来进行分类，

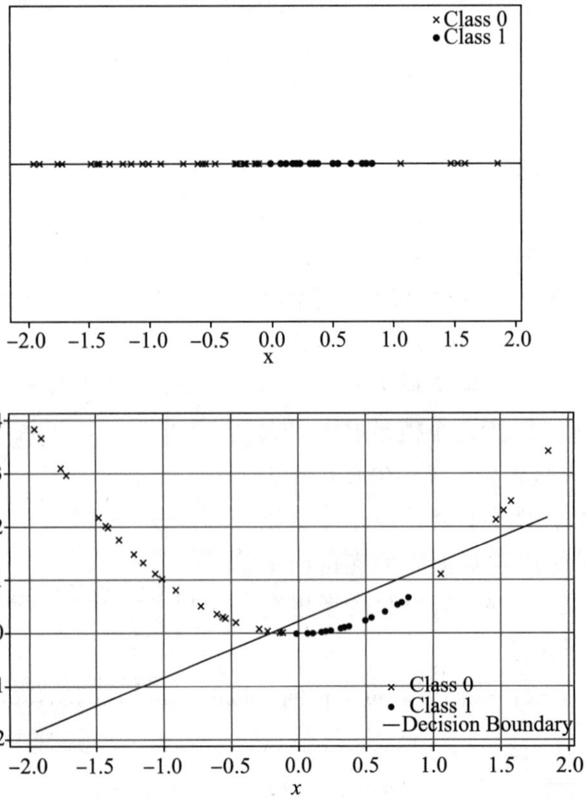

图 5.3 核技巧说明

那么我们的分类边界为 x 轴上的一个点。① 显而易见的是，在这个图的上半部分中，我们无法在 x 轴上找到一个很好的点来对该数据进行分类。在这个图的下半部分中，我们将这组数据投射到 x 与 x^2 的二维空间中。在这个二维空间中，我们能找到一个较好的线性决策边界对数据进行分类。核技巧帮助我们将低维数据向高维空间投射，并在高维空间中找到分类边界。并且，我们并不需要直接在分析中引入更多的特征变量。我们在此只介绍几种常用的核函数，而不对核技巧的细节进行过多阐述。有兴趣的读者可以阅读 *Introduction to Statistical Learning* 一书中的相关章节。

核技巧的表述如下：我们之前使用的线性支持向量机的函数为 $w^{\mathrm{T}}x^{(i)}$。研究发现，w^{T} 其实可以写成：

$$w^{\mathrm{T}}=a^{\mathrm{T}}X$$

其中，a 是一个向量，其长度等于 m，即数据中的数据量。也就是说，我们的 w 参数可以用数据点 $x^{(i)}$ 的线性组合来表示。

因此，$w^{\mathrm{T}}x^{(i)}$ 可以表述 $a^{\mathrm{T}}Xx^{(i)}$。如果我们增加特征变量的数量（例如加入已有特征变量的高阶项），那么 X 的宽度会增加，$x^{(i)}$ 的长度也会增加，但是 $Xx^{(i)}$ 的维度却不会改变。因此，我们可以将问题转化为怎样转化 $Xx^{(i)}$，从而可以考虑特征变量高阶项的影响。

因为 X 矩阵是由 $x^{(i)}$ 组成的，因此实际上考虑 $Xx^{(i)}$ 就等同于考虑 $x^{(i)}\cdot x^{(j)}$，即代表两个数据点的特征变量向量的点乘积。在核技巧中，我们使用核函数 $K(x^{(i)}, x^{(j)})$ 来引入高维特征变量。

常用核函数

如果 $x^{(i)}$ 是一个 n 维向量（包括常数项），那么我们可以用表 5.1 来表示核函数公式以及它们所对应的维度。

表 5.1 核函数及其特点

核函数	核函数公式	维度
线性	$K(x^{(i)},x^{(j)})=x^{(i)}\cdot x^{(j)}$	$n-1$
多项式	$K(x^{(i)},x^{(j)})=(c+x^{(i)}\cdot x^{(j)})^d$	$\binom{n+d-1}{d}=\frac{(n+d-1)!}{d!\ (n-1)!}$
径向基函数	$K(x^{(i)},x^{(j)})=\exp(-\gamma\parallel x^{(i)}-x^{(j)}\parallel^2)$	无穷

在这个表中，我们看到几个重要的超参数。多项式中包括 c 与 d，d 是多项式的最高项。当 d 增加时，核函数的复杂度提高。当使用径向基函数（Radical Basis Function，RBF）作为核函数的时候，可以将它看作在一个无穷维空间的投射，而 γ 控制模型的复杂度。当 γ 增加时，模型的复杂度也会随之提高。在之后的章节中，我们会讨论模型复杂度如何影响模型的表现，以及如何选择这些超参数。

值得注意的是，如果我们使用核技巧，那么我们训练时需要估计的参数是 a，而不是 w。

① 因为我们只有一个特征变量，所以决策边界是 0 维超平面，也就是数轴上的一个常数点。

5.5 *K* 近邻分类器

K 近邻分类器是一种简单的非参数方法。与之前的方法不同，我们不需要一个固定的模型函数。对于任何一个数据 $x^{(i)}$，我们可以找到与该数据最近的 k 个数据，并用这 k 个数据的目标变量 y 的均值作为模型对 $x^{(i)}$ 的预测。该方法的核心思想是如果两个数据点有相似的特征变量 x，那么它们的目标变量 y 也会类似。

对两个数据点 i 与 j 之间的距离可以有多种定义方法。我们可以用欧几里得距离或是曼哈顿距离等。

$$\text{欧几里得距离} = \| x^{(i)} - x^{(j)} \|_2 = \sqrt{\sum_{k=1}^{n} (x_k^{(i)} - x_k^{(j)})^2} \tag{5.2}$$

$$\text{曼哈顿距离} = \| x^{(i)} - x^{(j)} \|_1 = \sum_{k=1}^{n} | x_k^{(i)} - x_k^{(j)} | \tag{5.3}$$

当然，我们需要选择 k 参数。如果 k 太小，例如 $k=1$，那么我们的预测结果可能会有太多噪声；如果 k 太大，那么可能会得到不准确的分类。

5.6 程序

在本章中，我们介绍了许多新的监督学习方法。在以下讨论中，我们着重介绍其中三种模型在程序中具体如何实现。

在平滑样条模型的程序中，我们先生成一个数据，该数据中 x 与 y 的关系是非线性的。然后我们展示平滑样条模型拟合的结果。

接下来，我们借助贷款违约数据来介绍如何使用支持向量机以及 *K* 近邻分类器。

5.6.1 平滑样条模型

导入库

(1) 导入 np，用于生成数据；
(2) 导入 scipy. stats，用于生成随机数；
(3) 导入 scipy. interpolate，用于平滑样条拟合；
(4) 导入 matplotlib. pyplot，用于结果的可视化。

```
import np
from scipy. stats import norm
from scipy. interpolate import UnivariateSpline
import matplotlib. pyplot as plt
```

数据生成

生成一个以 $y=\sin(x)$ + 噪声为基础的数据。

```
np. random. seed(42)
x_synthetic=np. linspace(0, 10, 100)
y_synthetic=np. sin(x_ synthetic) + norm. rvs(0, 0.2, size=x_synthetic. size)
```

数据拟合

可以通过调整平滑参数 s 来调整拟合函数的平滑度。s 越大，平滑度越高。提高平滑度可能会降低与数据的拟合度。

```
spline_synthetic=UnivariateSpline(x_synthetic,y_ synthetic,s=0.5)
```

展示拟合结果

图 5.4 展示了拟合结果。

```
plt. figure(figsize=(10, 6))
plt. scatter(x_synthetic,y_synthetic, label='Synthetic Data points', color='navy', s=3)
plt. plot(x_synthetic, spline_synthetic(x_synthetic) , label='Smoothing Spline', color
='orange')
plt. xlabel('x')
plt. ylabel('y')
plt. title('Smoothing Spline Fit to Synthetic Data')
plt. legend()
plt. show()
```

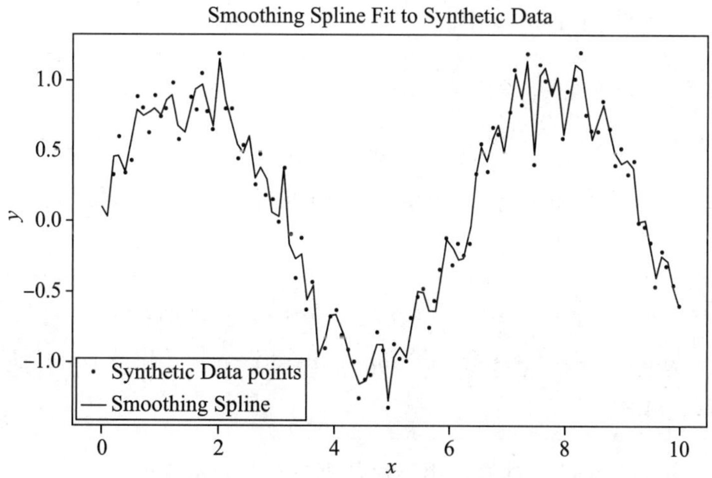

图 5.4　拟合结果

5.6.2 支持向量机与 *K* 近邻分类器

导入库

(1) 使用 Pandas 存储数据；
(2) 导入 sklearn. svm 中的支持向量机的分类模块（SVC）；
(3) 导入 sklearn. neighbors 中的 *K* 近邻分类器模块；
(4) 导入 sklearn 库中的 Standard Scaler 模块，用于对数据进行标准化处理；
(5) 导入 sklearn 库中的 metrics 模块，用于对模型表现进行评估。

```
import pandas as pd
from sklearn. svm import SVC
from sklearn. neighbors import KNeighborsClassifier
from sklearn. preprocessing import StandardScaler
from sklearn. metrics import accuracy_score
```

数据读取及处理

读取名为 train_sample_small. csv 的 CSV 文件中的数据，并将其存储在 train_sample 变量中。

定义一个特征变量列表 fea_cols，其中包含四个名称分别为 employmentYear、homeOwnership、annualIncome、dti 的特征变量。

```
train_sample=pd. read_csv('train_sample_small. csv')
fea_cols=['employmentYear','homeOwnership','annualIncome','dti']
```

从 train_sample 中选取 fea_cols 列作为特征变量，存储到 train_x 中，选取 isDefault 列作为目标变量，存储到 train_y 中。

```
train_x=train_sample[fea_cols]
train_y=train_sample['isDefault']
```

对 train_x 中的 dti 列和 employmentYear 列进行填充，使用每列数据的中位数填充缺失值。

```
train_x ['dti']=train_x ['dti']. fillna (train_x ['dti'] . median ())
train_x ['employmentYear']=train_x['employmentYear'] . fillna(train_x['employment-
Year'] . median())
```

创建一个 StandardScaler 对象，用于对数据进行标准化处理；
使用 scaler 的 fit 方法计算数据集 train_x 的均值和标准差；

使用 transform 方法对 train_x 中的特征变量数据进行标准化处理（处理后的特征变量的均值皆为 0、标准差皆为 1）；

将标准化处理后的数据 train_x_standardized 转化为 DataFrame 格式，并将结果存储在 train_x_standardized 中。

```
scaler=StandardScaler()
scaler.fit(train_x)
train_x_standardized=scaler.transform(train_x)
train_x_standardized=pd.DataFrame(train_x_standardized, columns=train_x.columns)
```

训练支持向量机分类器

使用 skl 技 earn. svm 中的 SVC 模块创建一个支持向量机分类器对象 clf_svm。我们用的是线性核。

```
clf_svm=SVC(kernel='linear')
```

对模型进行训练。

```
clf_svm.fit(X=train_x_standardized, y=train_y)
```

评估模型表现。在此，我们直接输出模型的分类预测，并计算模型预测准确度。准确度是正确预测的样本数量除以所有样本量。

```
y_pred_svm=clf_svm.predict(train_x_standardized)
accuracy_svm=accuracy_score(train_y, y_pred_svm)
print(accuracy_svm)
```

```
0.793
```

训练 *K* 近邻分类器

建立一个 *K* 近邻分类器对象 knn_clf。我们考虑 5 个近邻(n_neighbors=5)。

```
clf_knn=KNeighborsClassifier(n_neighbors=5)
```

模型训练。

```
clf_knn.fit(train_x_standardized, train_y)
```

评估模型表现。在此，我们直接输出模型的分类预测，并计算模型预测准确度。

```
y_pred_knn=clf_knn.predict(train_x_standardized)
accuracy_knn=a ccuracy_score(train_y, y_pred_knn)
print(accuracy_knn)
```

```
0.8132
```

习题

程序操作

(1) 在平滑样条模型中，改变平滑参数 s，如将 s 分别设置为 1、5、10、20，并输出拟合结果。

(2) 在支持向量机程序中，我们使用了线性核。请使用 RBF 作为核函数重新训练模型，并试着将 γ 参数设为 1、5、10、20，并输出预测表现。

(3) 在 K 近邻分类器程序中，将近邻数量调整为 3、6、10，输出模型预测表现。

(4) K 近邻分类器默认使用的是欧几里得距离。请在 K 近邻分类器中使用曼哈顿距离，并检验得出的结果是否有所不同。（提示：可在 K 近邻分类器中使用 distance='cityblock'来调用曼哈顿距离。）

发散思考

请思考在什么具体场景中需要用到广义可加模型。

第6章

模型验证

学习目标

- 掌握三种模型验证方法，并且会使用程序实现这些方法
- 理解过拟合与欠拟合问题的表现，以及导致这些问题的原因
- 了解评价模型表现的几种指标，以及如何使用程序计算这些指标

6.1 模型验证简介

在之前的章节中，我们讨论了几种常见的机器学习方法。在采用这些机器学习方法时，我们都需要利用一些数据对模型进行训练。训练好的模型往往能与用于训练的数据实现非常好的拟合。但是这些训练好的模型能否在没参与训练的数据集中达到良好的效果呢？模型验证可以帮助解答这个问题。

本章中讨论的方法同样适用于针对连续变量的回归问题以及针对离散变量的分类问题。无论我们使用何种机器学习模型（甚至后面章节中我们将讨论的更高阶的机器学习模型），我们都需要进行模型验证，以确保模型在实际应用中具有良好的表现。同时，我们也会讨论模型在训练集中与训练集外的数据上出现表现差异的原因。

在本章中，我们将着重以线性回归为例，讨论如何进行模型验证。以下是本章中讨论的几个知识点：

（1）模型验证方法；

（2）过拟合与欠拟合问题；

（3）对模型表现的评估方法。

6.2 如何进行模型验证

模型验证的基本方法是将训练数据与验证数据分开。在模型训练（以及参数估计）时，我们只用到训练集中的数据。之后，我们将训练好的模型放到验证数据中检验其输出值能否得到良好的拟合。我们将介绍三种常见的模型验证方法。这三种方法虽然在具体执行上有所区别，但是基本逻辑是相同的。

在接下来的讨论中，我们用样本量为 100 的数据来说明模型验证方法。

6.2.1 验证集法

验证集法是最简单的模型验证方法。如图 6.1 所示，验证集法是将全部数据分成两个部分。我们可以先将数据随机排序。第一部分数据（前 50 个样本）为训练集。我们先用该训练集中的数据对模型进行训练。训练集一般为全部数据的一半。①接下来，我们将训练好的模型 $f(x)$ 代入验证集中的数据进行拟合。具体来说，我们会将 $x^{(51)} \sim x^{(100)}$ 代入 $f(x)$，得到相应的预测值。我们将这些输出值与 $y^{(50)} \sim y^{(100)}$ 进行比较，并计算模型在验证集上的代价函数 $J_{\mathrm{CV}}(w)$。训练集计算的代价函数值可以帮助我们独立验证模型对之前未使用过的数据的预测效果。

在金融研究中，有时我们会按照时间点将数据划分为训练集和验证集。例如，如果我们的数据年份是 2004—2020 年，那么我们也可以考虑用早期（例如 2004—2012 年）的数据作为训练集，将后期（例如 2013—2020 年）的数据作为验证集。这样的划分方式类似于我们的模型使用流程，即用历史数据训练模型，并用训练好的模型对未来的数据点进行判断。

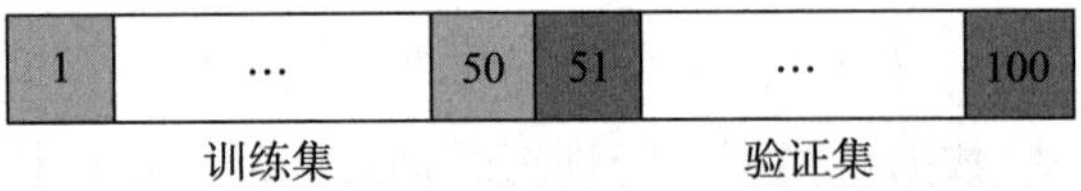

图 6.1 验证集法

6.2.2 留一法

采用留一法时，我们将进行多次模型训练以及模型验证。每个训练—验证循环，我们都选取一个样本作为验证集，选取其他数据作为训练集。比如，在 100 个数据点中，我们每次选取 1 个样本作为验证集，选取 99 个样本作为训练集，计算 $J_{\mathrm{CV}}^{(i)}(w^{(i)})$。接下来，我们将重复这个步骤 100 次，直至所有数据点都被用过。通过上述步骤，我们将得到 100 个 $J_{\mathrm{CV},i}^{(i)}(w^{(i)})$，并对其取均值。

---

① 也可以将三分之二的数据作为训练数据，将剩下三分之一的数据作为验证数据。甚至可以将 80%的数据作为训练数据，将 20%的数据作为验证数据。

（1）重复以下步骤 n 次（n 为样本量）：

在第 i 个循环中取第 i 个样本作为验证样本；

在验证样本之外的 $n-1$ 个样本上进行训练，并取得模型参数 $w^{(i)}$；

在验证样本上算出 $J_{CV}^{(i)}$。

（2）算出 n 个 $J_{CV}^{(i)}$ 的均值。

留一法的好处是在对模型进行训练时用到了几乎所有数据，因此理论上我们可以取得更好的训练效果。在实际执行中，我们也不需要决定将哪些数据放入训练集，将哪些数据放入验证集。这样就减小了结果的随机性。但是，因为需要对模型进行多次估计，所以计算量会随着数据量的增大而成倍增加。当数据量是 100 时，我们需要进行 100 次模型训练。当我们用复杂的模型对大数据进行训练时，这个过程可能会有巨大的计算量。

6.2.3　*k* 折交叉验证法

还有一种模型验证方法叫 k 折交叉验证法。这种方法是留一法与验证集法的折中。该方法的具体步骤如下：

（1）将训练集分为 k 个子集（每个子集中有 n/k 个样本）。

（2）重复以下步骤 k 次：

每次取一个不同的子集作为验证集；

在验证集之外的 $k-1$ 个子集上进行训练；

在验证集上算出 $J_{CV}^{(i)}$。

（3）算出 k 个 $J_{CV}^{(i)}$ 的均值。

图 6.2 显示的是 5 折交叉验证的第二个循环。在本循环中第 21～40 个数据点是验证集，其他数据都在训练集中。

图 6.2　*k* 折交叉验证

在实践应用中，k 的常用取值为 10、5 或 3。即使我们使用 $k=10$，也仅需要进行 10 次模型训练。因此，该方法的计算量相比留一法要少很多。

6.2.4　模型验证与数据预处理

在训练模型的过程中，我们经常会先对数据进行预处理，以达到更好的训练效果。常见的数据预处理方法包括将特征变量缩放。我们通常将特征变量 x_j 转换为均值为 0、标准差为 1 的变量。在此过程中，我们需要在训练集中先计算该变量的均值与标准差。另外，我们也经常会用训练数据中的均值或者中位数来填补缺失的数据。

当我们用训练好的模型进行预测（或进行模型验证）时，我们将用到训练集之外的数据。但是，我们需要按照与训练时对数据进行预处理的方法相同的方法对数据进行处理。值得注意的是，在对验证集进行特征变量缩放时，我们一定要用训练数据的均值与标准差对验证集的数据进行缩放。同样，如果我们需要填补验证集中的缺失数据，我们同样需要用训练集而不是验证集的特征变量均值或是中位数。

为什么我们需要进行这些操作呢？假设我们的训练集中包括所有 2010 年及之前的数据，这些数据可以帮助我们训练模型。而我们的目标是用训练好的模型来预测 2010 年之后的每股收益（即 2011 年及之后的数据构成验证集）。当我们在 2011 年对 2012 年的每股收益进行预测时，理论上我们并不拥有 2012—2020 年间的任何数据。因此，我们无法准确计算验证集的标准差或均值。此时，如果我们使用验证集的标准差/均值来进行特征变量缩放或填补缺失数据，那么很容易出现模型验证的结果夸大模型预测表现的情况。

6.3 过拟合及欠拟合问题

上一部分阐述了如何对训练好的模型进行验证，从而得知模型在训练集之外的数据上的表现。如果我们发现模型在训练集上的表现与在训练集之外的数据上的表现有很大的差别，那么说明我们的模型训练或是我们选择的模型存在不少问题。下面我们介绍如何诊断可能发生的问题。

6.3.1 偏差与方差

首先，我们模型中使用的函数与数据生成过程的函数可能存在区别。① 面对一个现实问题，模型的函数形式很有可能比数据中存在的关系更为简单。这种简化会导致我们使用的模型给出的输出值与真实函数之间存在差别。这种差别被称为“偏差”。并且，在模型训练的过程中，对于同一个模型函数，如果使用不同的训练数据，那么我们也会得到不同的参数。如果这些参数在不同训练数据中差异太大，那么模型预测的稳定性会受到影响。在机器学习中，这种不稳定性被称为方差。具体来说，我们可以用以下公式来表示偏差与方差对模型表现的影响：

$$\text{预期模型误差} = \text{模型偏差}^2 + \text{模型方差} + \text{噪声方差} \tag{6.1}$$

噪声方差是无法减少的误差，任何预期模型误差都不可能小于数据中的噪声方差。模型的选择可能会影响模型偏差与模型方差。②

---

① 目标变量数据生成过程是由真实模型加上噪声得到的，即 $y=\widetilde{f}(x)+\varepsilon$。由于我们无法得知真实函数 $\widetilde{f}(x)$，所以我们只能用函数 $f(x)$ 来取得近似的结果。

② 预期模型误差更严谨的数学表达式为：

$$E\{[y-f(x)]^2\}=\{E[f(x)]-\widetilde{f}(x)\}^2+E\{\{f(x)-E[f(x)]\}^2\}+\sigma^2$$

其中，$y=\widehat{f}(x)+\varepsilon$。$\widehat{f}(x)$ 可以被称为真实函数。如果可以得知这个函数的形式及参数，那么我们会得到最完美的预测结果。如果我们使用真实函数来进行预测，那么该模型的 MSE 为 σ^2。$f(x)$ 是通过训练得到的 $\widetilde{f}(x)$ 的近似模型。

偏差与方差同样会对模型在实际应用中的误差产生影响。图 6.3 说明了偏差与方差对模型误差的影响。对于同一个问题，复杂的模型偏差相对较小，但是方差很大，这就是接下来我们会详细谈到的过拟合问题。简单的模型虽然方差较小，但是偏差往往较大。这被称为欠拟合。因此，我们的模型需要在偏差与方差中取得较好的平衡。如图 6.3 所示，最好的模型能在偏差与方差的平衡中找到一个最低点（即平衡点）。

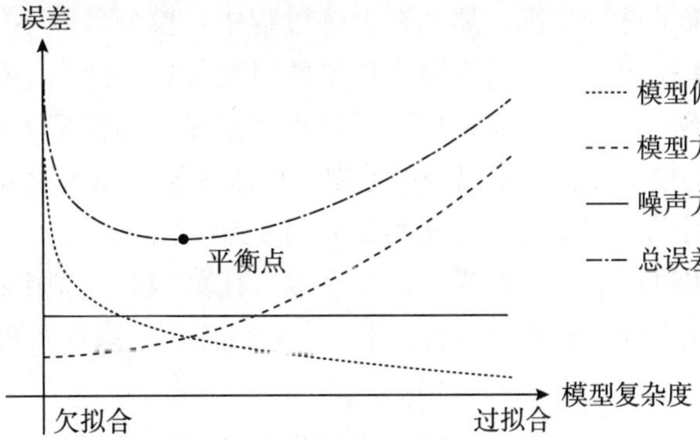

图 6.3　偏差与方差

值得注意的是，因为在实际应用中，我们无法得知真实的 $\tilde{f}(x)$，因此我们无法直接计算偏差与方差。但是，偏差与方差的平衡可以指导我们思考什么样的模型是合适的模型。接下来，我们将用一组模拟数据来更具体地讨论过拟合问题和欠拟合问题。我们的数据是用以下函数生成的：

$$y=-0.4x^2+0.56x-0.196+\varepsilon$$

其中，ε 是正态分布的噪声项。也就是说，$\tilde{f}(x)=-0.4x^2+0.56x-0.196$。

接下来我们考虑三个不同的模型：

$$f(x)=w_0+w_1x$$

$$f(x)=w_0+w_1x+w_2x^2$$

$$f(x)=w_0+w_1x+w_2x^2+w_3x^3+w_4x^4+w_5x^5+w_6x^6$$

随着特征变量的增加，模型中的参数也随之增加，因此模型的复杂度也随之提高。

我们将用以上三种不同的基于 x 的模型来对以上函数生成的七个数据点进行拟合，并用训练好的模型对验证集中的数据点进行预测。图 6.4 上半部分的三个图为模型对训练集中的数据的拟合结果，下半部分的三个图为模型对验证集中的数据的拟合结果。

6.3.2　过拟合问题

过拟合是机器学习中非常常见的问题。我们可以通过图 6.4 来直观地理解过拟合问题。对于有限的训练数据，我们可以通过增加特征变量数量来提高与训练集的拟合程度，甚至可以通过添加已有变量的幂函数（比如 x、x^2、x^3 等）实现与训练集的完全拟合（如图 6.4 中最右侧的图所示，包含 x 到 x^6 的复杂模型与训练数据完全拟合，因此在训练数据上代价函数 J 的值为 0)。① 但是，与训练集完全拟合并不意味着该模型在验证集上必定会有良好的表现。如图 6.4 最右侧下方的图所示，该模型在验证集上的表现不尽如人意。

为什么过拟合的模型在验证集上不会有同样良好的表现呢？主要原因是：训练数据中既含有大量信息，也有一些噪声（噪声来自 ε 项)。如果我们的模型有大量的特征变量，并在较小的训练集上进行训练，那么在训练过程中，模型参数不但会拟合数据中的信息，也会拟合训练集中的噪声。因为噪声项是随机变量，因此训练数据中的噪声与验证数据中的噪声会很不一样。这就导致可以拟合训练集噪声的模型无法拟合训练集之外的数据，从而过拟合的模型在训练集以外的数据上的表现不尽如人意（$J_{\text{Train}} << J_{\text{CV}}$)。

如果遇到过拟合问题，那么应该考虑增加训练集中样本的数量。② 如果我们无法增加训练数据量，那么也可以适当降低模型的复杂度（比如减少模型中特征变量的数量)。我们也可以通过正则化来处理过拟合问题。下一章将讨论这一系列问题。

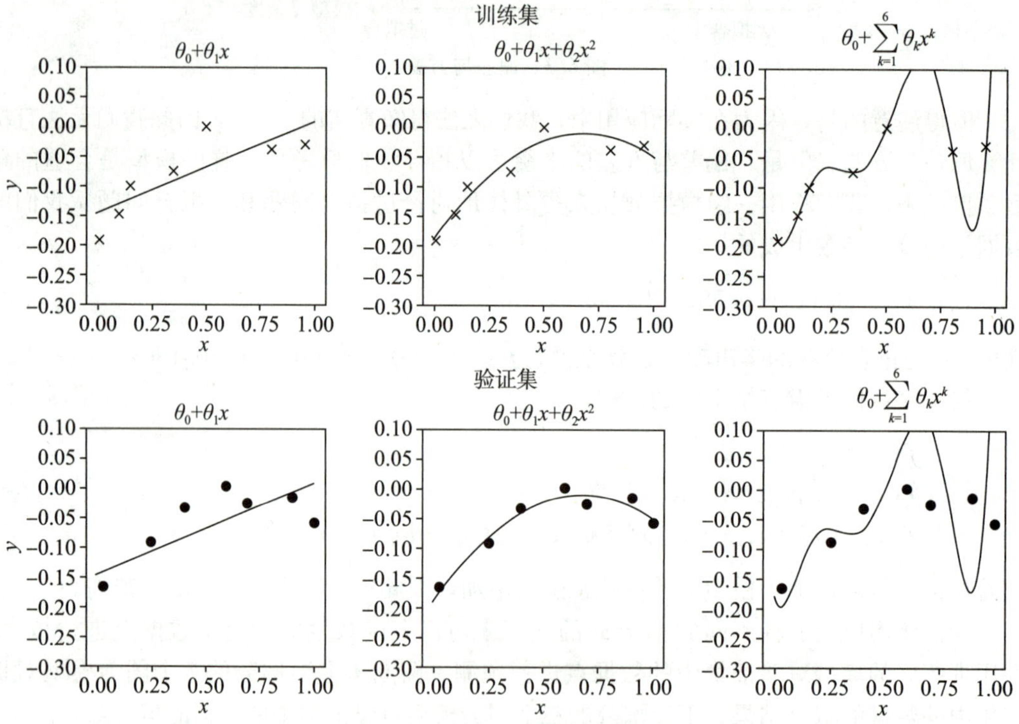

图 6.4 模型复杂度与预测表现

6.3.3 欠拟合问题

与过拟合问题相反的是欠拟合问题。如果我们用太简单的模型进行拟合，那么我们

---

① 在训练集中，添加新的特征变量一定会导致拟合程度更高。

② 由于每一个样本中都含有相同的真实关系 $\tilde{f}(x)$的信息，同时每个数据中的噪声 ε 都不一样，因此，如果有更多的训练数据，那么模型可以学到更准确的 $\tilde{f}(x)$，并摒除噪声的影响。

得到的模型无法对训练集以及验证集的数据进行很好的拟合。欠拟合的模型的方差往往较小，但是偏差太大导致模型总体表现不佳。如果训练集与验证集上的代价函数值非常接近，那么我们的模型有可能是欠拟合的。

如图 6.4 中最左边的图所示，当我们用最简单的模型来对数据进行拟合时，对训练集与验证集中的数据的拟合程度都欠佳。解决欠拟合问题主要是靠提高模型的复杂度，比如加入更多的特征变量使模型与数据更好地拟合，或者加入现有特征变量的二次或三次方项（如 x_1^2、x_2^2、x_1^3、x_2^3）或它们的交叉项（如 x_1x_2）。如果加入这些新增特征变量可以降低训练集上的拟合误差而又没有显著增加验证集上的拟合误差，那么说明我们减轻了模型的欠拟合问题。

在我们的示例中，如图 6.4 中间的图所示，当我们加入 x^2 作为特征变量时，模型对训练集以及验证集中的数据的拟合程度都得到了提升。

6.4　模型验证指标

在回归问题中，我们用的 $J(w)$ 函数等同于均方误差（MSE）。① 但是我们也可以用其他指标来验证模型。例如，我们可以对 MSE 稍作修改，将它变为平方根均方误差（RMSE）：

$$\mathrm{RMSE}=\sqrt{\frac{1}{n}\sum_{i=1}^{n}(y^{(i)}-f(x^{(i)}))^2} \tag{6.2}$$

也可以使用平均绝对误差（MAE）作为模型验证指标。平均绝对误差的表达式是：

$$\mathrm{MAE}=\frac{1}{n}|y^{(i)}-f(x^{(i)})| \tag{6.3}$$

与均方误差不同的是，平均绝对误差中我们用目标变量与预测值之差的绝对值来表述模型预测的误差。总体来说，在回归问题中不同误差度量都只是对 MSE 稍作修改。

针对模型在分类问题上的表现，我们需要进行更为多样和复杂的度量。例如，在训练逻辑回归时，我们使用的代价函数 J 是交叉熵函数。但是，该函数不具有很强的可解释性，因此我们可以同时使用其他指标来验证分类模型的表现。

6.4.1　混淆矩阵

对于分类问题，我们可以直接检验模型对于每个样本的分类，然后再将所有样本进行综合。这一分类标准可以用混淆矩阵来表示（见表 6.1）。

① 我们实际上用的 J 函数是均方误差除以 2。

表 6.1 混淆矩阵

	预测结果为正	预测结果为负
实际为正	真正例（TP）	假负例（FN）
实际为负	假正例（FP）	真负例（TN）

混淆矩阵中不同行表示实际分类（正为 1，负为 0），不同列表示模型给出的分类。因此，在混淆矩阵中左上角以及右下角的两个格表示模型给出正确分类的样本数量，而其他两个格表示模型给出错误分类的样本数量。根据混淆矩阵，我们可以算出以下几个常用的验证指标：

- 准确率（Accuracy）：

$$准确率=\frac{真正例+真负例}{真正例+真负例+假正例+假负例} \tag{6.4}$$

- 精确度（Precision）：

$$精确度=\frac{真正例}{真正例+假正例} \tag{6.5}$$

- 召回率（Recall），又称真正例率（True Positive Rate，TPR）：

$$召回率=\frac{真正例}{真正例+假负例} \tag{6.6}$$

- 特异性（Specificity）：

$$特异性=\frac{真负例}{真负例+假正例} \tag{6.7}$$

- F1 分数（F1 Score）：

$$F1\ 分数=2\times\frac{精确度\times召回率}{精确度+召回率} \tag{6.8}$$

- 假正例率（False Positive Rate，FPR）：

$$假正例率=\frac{假正例}{假正例+真负例} \tag{6.9}$$

其中，F1 分数是经常使用的对模型进行总体评价的一种指标。在许多应用场景中，精确度和召回率之间的平衡非常重要。F1 分数作为精确度和召回率的调和平均数，能够平衡这两者。对于同时关注假正例和假负例的数量的场景，这一点尤为重要。同时，在类别不平衡的情况下，准确率可能会误导我们对模型表现的判断。例如，对于一个有 95%负例的数据集，模型仅需对所有样本都输出负例可能会达到 95%的准确率。但在这种情况下，F1 分数将为模型提供更有用的性能度量。F1 分数结合了精确度和召回率，提供了一种容易理解的方式来评估模型的性能。

6.4.2　接收者操作特性曲线

接收者操作特性（ROC）曲线是一种图形化的表示，用于展示二元分类器在其判别阈值变化时的能力。该曲线是通过在不同阈值设置下绘制真正例率与假正例率来创建的。[①] 当我们降低分类阈值时，将有更多的样本被分类为正，因此会同时提高真正例率以及假正例率。因此，ROC 曲线是一条由左下至右上的曲线（见图 6.5）。

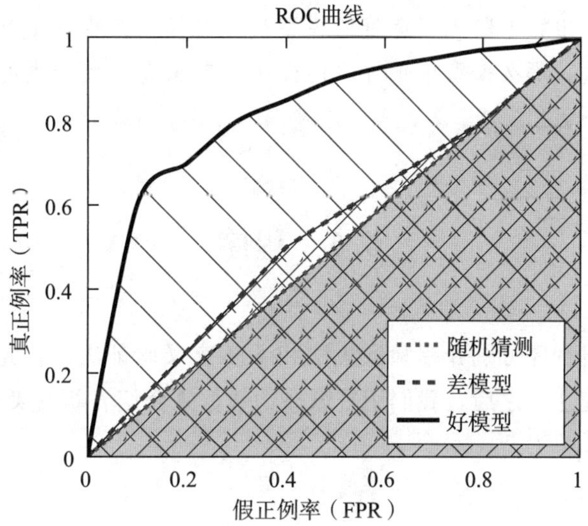

图 6.5　ROC 曲线及曲线下面积

曲线下面积（AUC）

曲线下面积是 ROC 曲线下的实际面积。它提供了对模型在所有可能的分类阈值下的性能的综合度量。AUC 可以解释如下：

- AUC=0.5：模型没有判别能力，相当于随机猜测。
- AUC>0.5：模型具有一定的判别能力，数值越高表明性能越好。
- AUC=1.0：模型具有完美的判别能力。

图 6.5 提供了 ROC 曲线以及曲线下面积的图例。如该图所示，灰色直线（虚线）显示的是对结果进行随机猜测的表现，该曲线下面积用灰色阴影表示，为 0.5。黑色曲线（虚线）是一个比随机猜测好但是表现较差的模型。黑色粗实线下的面积最大，说明该模型的表现最佳。

曲线下面积的重要性

曲线下面积具有明显的优势，因而成为被广泛使用的分类模型验证指标。这些优势

---

① 阈值为分类的临界值。一般来说，当模型预测概率超过 0.5 时，才将该样本分类为正。但是，我们也可以调整分类阈值，比如，我们可以这样设置：只有当模型预测概率超过 0.7 时，才分类为正，否则分类为负。

包括：

- 阈值不变性：与准确率等其他指标不同，曲线下面积不依赖于分类的特定阈值。虽然我们经常使用 0.5 作为分类问题的阈值，但是在有些应用中，我们也会改变这一阈值。当最佳阈值未知或可能改变时，曲线下面积可能非常有参考价值。
- 不平衡类别：在处理不平衡类别的情况下，当其中一个类别明显多于另一个类别时，曲线下面积可以给我们提供更为全面的信息。
- 排序解释：曲线下面积也可以告诉我们真实的正样本在模型中的排名是否比负样本更靠前。我们将一组数据输入训练好的模型后，对模型产生的正类预测进行排序。如果一个模型非常有效，那么模型中正样本的概率会普遍高于负样本的概率。这样的模型也会有更大的曲线下面积。

6.5 程序

以下我们用两段程序分别介绍验证集法和 k 折交叉验证法。首先，我们用股票收益率数据来介绍验证集法。之后，我们用贷款违约数据来介绍 k 折交叉验证法。

6.5.1 验证集法

导入库

使用 Pandas 存储数据；

导入 sklearn 库的标准化模块，用于对特征变量进行缩放；

导入 sklearn. linear_model 中的线性回归函数，用于线性回归分析；

导入 sklearn 库的 metrics 模块中的 mean_squared_error，用于计算模型的均方误差。

```
import pandas as pd
from sklearn. preprocessing import StandardScaler
from sklearn. linear_model import LinearRegression
from sklearn. metrics import mean_squared_error
```

数据读取及处理

读取名为 ols _ training. csv 的 CSV 文件中的数据（该数据为训练集），并将其存储在 training_data 变量中；

读取名为 ols_testing. csv 的 CSV 文件中的数据(该数据为验证集)，并将其存储在 testing_data 变量中；

显示数据集的前五行，以了解其结构。

```
training_data=pd.read_csv("ols_training.csv")
testing_data=pd.read_csv("ols_testing.csv")
print(training_data.head())
print(testing_data.head())
```

	stkcd	date	pps	bm	roa	eps_basic
0	733	6/1/00	20.17	0.358231	0.014727	0.136
1	600089	6/1/00	19.80	0.219879	0.036447	0.270
2	600219	6/1/00	14.40	0.295807	0.045742	0.156
3	600741	6/1/00	10.09	0.290462	0.036432	0.206
4	733	9/1/00	17.90	0.300046	0.024189	0.136
	stkcd	date	pps	bm	roa	eps_basic
0	1	3/1/18	12.05	1.166190	0.002142	0.6800
1	2	3/1/18	32.70	0.809062	0.005074	0.6600
2	63	3/1/18	32.24	0.754200	0.012012	0.5500
3	69	3/1/18	8.51	0.843704	0.017284	0.2113
4	100	3/1/18	3.75	1.135011	0.008475	0.0846

删除建立回归模型不需要的数据，包括 date、stkcd。

```
training_data=training_data.drop(columns=['date','stkcd'])
testing_data=testing_data.drop(columns=['date','stkcd'] )
```

分割数据集中的特征变量和目标变量；

在 X_train 和 X_test 数据集中删除目标变量 eps_basic；

提取 X_train 和 X_test 数据集中的目标变量 eps_basic，并分别保存在 y_train 和 y_test 中。

```
x_train=training_data.drop('eps_basic', axis=1)
y_train-training_data ['eps_basic']
x_test=testing_data.drop('eps_basic', axis=1)
y_test=testing_data['eps_basic']
```

创建一个 StandardScaler 对象，用于对特征变量进行缩放处理。StandardScaler 将特征变量进行标准化。标准化后特征变量的均值为 0，标准差为 1。

使用 scaler 的 fit_transform 方法计算数据集 X_train 的均值和标准差，并对数据进行标准化处理，之后将标准化后的结果存储在 X_train_scaled 中。

值得注意的是，我们在 fit_transform 这一步中将训练数据的均值和标准差都保存了下来。这些信息在接下来标准化验证数据的过程中也会用到。

接下来，使用 transform 方法对 X_test 中的特征变量数据进行标准化处理，在这一标准化过程中，我们使用的均值/标准差来自训练集。(注意：我们不能使用验证数据的均值/标准差来标准化训练数据。)之后将标准化后的结果存储在 X_test_scaled 中。

```
scaler_X=StandardScaler()
X_train_scaled=scaler_X. fit_transform(X_ train)
X_test_scaled=scaler_X. transform(X_ test)
```

模型训练

接下来创建一个 LinearRegression 对象 ols_model，用于进行线性回归分析。

```
ols_model=LinearRegression()
```

使用 fit 方法对 X_train_scaled 和 y_train 进行线性回归分析。

```
ols_model. fit(X_train_scaled, y_train)
```

使用 predict 方法对训练集的特征变量数据进行预测。

```
train_predictions=ols_model. predict(X_ train_scaled)
```

计算均方误差。

```
train_mse=mean_squared_error(y_train, train_predictions)
```

模型验证

使用 predict 方法对训练集的特征变量数据进行预测。

```
test_predictions=ols_model. predict (X_test_scaled)
```

计算均方误差。

```
test_mse=mean_squared_error(y_test, test_predictions)
```

分别打印训练数据和测试数据的均方误差。

```
print("Training MSE:", train_mse)
print("Test MSE:", test_mse)
```

```
Training MSE: 0. 33674576636105724
Test MSE: 1. 8235277546617767
```

结果分析

虽然 OLS 模型在训练数据中取得了非常好的成绩，但是在测试数据中表现一般。这有可能说明模型存在过拟合问题。

6.5.2 *k* 折交叉验证法

导入库

使用 Pandas 存储数据；

导入 sklearn 库的 impute 模块中的 SimpleImputer，用于填充数据集中的缺失值；

导入 sklearn 库的标准化模块，用于对数据进行标准化处理；

导入 sklearn. linear_model 中的逻辑回归函数，用于逻辑回归分析；

导入 sklearn 库的 model_selection 模块中的 StratifiedKFold，用于进行交叉验证；

导入 sklearn 库的 metrics 模块中的 roc_auc_score 和 roc_curve，分别用于计算 ROC 曲线下的面积以及绘制 ROC 曲线。

```
import pandas as pd
from sklearn. impute import SimpleImputer
from sklearn. preprocessing import StandardScaler
from sklearn. linear_model import LogisticRegression
from sklearn. model_selection import StratifiedKFold
from sklearn. metrics import roc_auc_score, roc_curve, log_loss
import numpy as np
import matplotlib. pyplot as plt
```

数据读取及处理

读取名为 test _ sample _ small. csv 的 CSV 文件中的数据，并将其存储在 data 变量中；

定义一个特征变量列表 X，其中包含四个名称分别为 employmentYear、homeOwnership、annualIncome、dti 的特征变量；

从 data 中选择 isDefault 列的值，并将其存储在 y 中。

```
data=pd. read_csv ("test_sample_small. csv")
X=data[['employmentYear','homeOwnership','annualIncome','dti']]. values
y=data['isDefault']. values
```

模型训练与验证

使用 sklearn. linear_model 中的 LogisticRegression 函数建立逻辑回归模型；

创建一个逻辑回归模型对象 logreg，并将优化器设置为适合处理大规模数据集和二分类问题的 liblinear。

```
logreg=LogisticRegression(solver='liblinear')
```

使用 StratifiedKFold 创建一个分层 k 折交叉验证对象（cv），并设置 n_splits=3（即 $k=3$），表示划分为 3 个部分进行交叉验证。

```
cv=StratifiedKFold(n_splits=3)
```

创建空列表 train_log_loss，用于存储训练集的逻辑回归损失；

创建一个空列表 cv_log_loss，用于存储交叉验证集的逻辑回归损失。

```
train_log_loss=[]
cv_log_loss=[]
```

创建 ROC-AUC 作为模型验证度量

创建一个新的窗口，大小为 10×8。

对 cv 的每个数据进行分割，然后进行循环处理，具体步骤包括：

（1）将交叉验证生成的训练集和测试集从原始数据中提取出来；

（2）从原始数据中提取出训练集和测试集对应的标签；

（3）创建一个简单的数据填充器 imputer，使用中位数策略来填充缺失值；

（4）使用 imputer 对训练数据进行填充，将缺失值替换为对应特征变量的中位数；

（5）使用 imputer 对测试数据进行填充，将缺失值替换为对应特征变量的中位数；

（6）创建一个标准化数据处理对象 scaler（处理后的特征变量均值都为 0，标准差都为 1）；

（7）使用 scaler 对训练集的 X 值进行标准化处理，结果存储在 X_train_scaled 中；

（8）使用 scaler 对测试集的 X 值进行标准化处理，结果存储在 X_test_scaled 中；

（9）使用 fit 方法建立逻辑回归模型，其中因变量为 X_train_scaled，自变量为 y_train，并将结果存储在 y_test_proba 中；

（10）使用 predict_proba 方法对训练集进行预测，并将结果存储在 y_train_proba 中；

（11）使用 predict_proba 方法对测试集进行预测，并将结果存储在 y_test_proba 中；

（12）计算训练集的逻辑回归对数损失，并添加到 train_log_loss 列表中；

（13）计算交叉验证集的逻辑回归对数损失，并添加到 cv_log_loss 列表中；

（14）绘制 ROC 曲线

（15）计算真正例率（TPR）和假正例率（FPR）。

绘制随机分类器的 ROC 曲线，在 ROC 曲线上添加 x 轴和 y 轴的标签，并添加图例（见图 6.6）。

```
plt.figure(figsize=(10, 8))
for i , (train_index, test_index) in enumerate(cv.split(X, y), start=1):
    X_train, X_test=X[train_index] , X[test_index]
    y_train, y_test=y[train_index] , y[test_index]
```

```
imputer=SimpleImputer(strategy ='median')
X_train_imputed=imputer. fit_transform(X_ train)
X_test_imputed=imputer. transform(X_ test)
scaler=StandardScaler()
X_train_scaled=scaler. fit_transform(X_train_imputed)
X_test_scaled=scaler. transform(X_ test_imputed)
logreg. fit(X_ train_scaled, y_train)
y_train_proba=logreg. predict_proba(X_ train_scaled)[:, 1]
y_ test_proba=logreg. predict_proba(X_ test_scaled)[:, 1]
train_log_loss. append(log_loss(y_train, y_train_proba))
cv_log_loss. append(log_loss(y_test, y_test_proba))
fpr, tpr,_=roc_curve(y_test, y_test_proba)
plt. plot(fpr, tpr, label=f'Fold {i} (AUC={roc_auc_score(y_test, y_test_proba):. 2f}')
plt. plot([0, 1] , [0, 1] , color='navy', linestyle=' - - ' , label='Random classifier')
plt. xlabel ('False Positive Rate')
plt . ylabel('True Positive Rate')
plt. title('Receiver Operating Characteristic (ROC)')
plt. legend(loc="lower right")
plt. show()
```

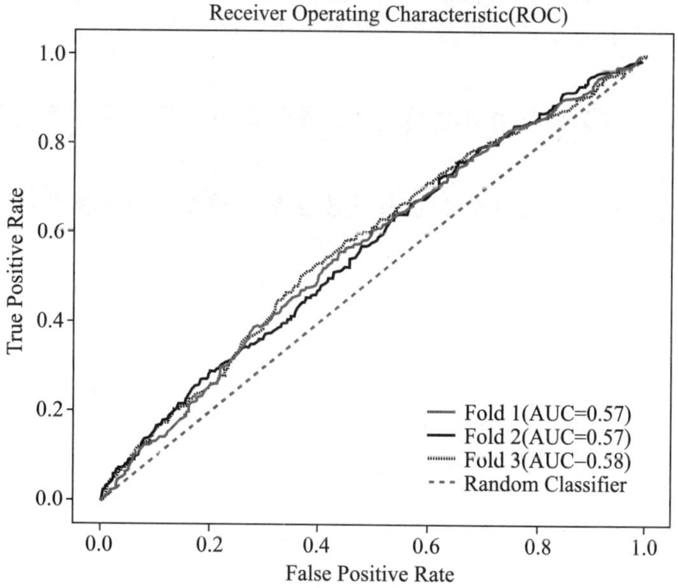

图 6.6　ROC 曲线

分别计算训练集和交叉验证集的逻辑回归损失的均值。

```
average_train_log_loss=np. mean(train_log_loss)
average_cv_log_loss=np. mean(cv_log_loss)
```

打印平均训练对数损失和平均交叉验证对数损失。

```
print(f'Average log loss for training data：{average_train_log_loss}')
print(f'Average log loss for cv data：{average_cv_log_loss}')
```

```
Average log loss for training data: 0.4926426535251822
Average log loss for cv data: 0.49378481222995213
```

结果分析 训练结果与交叉验证结果较为相似，说明过拟合问题不严重，可以考虑适当提高模型复杂度。

习题

知识理解

我们有如下线性回归模型：

$$f(x)=w_0+w_1x_1+w_2x_2+w_3x_3+w_4x_4+w_5x_5$$

如果训练损失 J_{Train} 远远小于模型验证损失 J_{CV}，请回答以下问题：

(1) 这种情况属于过拟合还是欠拟合?

(2) 如果发生这种情况，我们应该主要减小偏差还是方差?

(3) 如果发生这种情况，我们应该如何修改模型?

(4) 取得更多数据用于训练模型是否有利于改善这种情况?

程序操作

(1) 请使用验证集法验证贷款违约模型。根据模型结果，请阐述模型是否存在过拟合问题。

(2) 请使用3折交叉验证法来验证每股收益预测模型。根据模型结果，请阐述模型是否存在过拟合问题。

第7章

模型选择与正则化

学习目标

- 理解为什么需要进行模型选择与正则化
- 了解模型选择的方法
- 掌握正则化的几种方法，以及如何使用程序进行正则化

7.1　模型选择与正则化简介

前一章提到，当模型过于复杂的时候，我们得到一个过拟合的模型。过拟合的模型方差很大，因而难以得到准确的预测。在这一章中，我们主要介绍两种方法来减轻过拟合问题。这两种方法分别是：

（1）模型选择；

（2）正则化。

模型选择的主要思路是找到与目标变量关系最强的特征变量，并放弃与目标变量关系较弱的特征变量以达到降低模型复杂度的效果。正则化则是通过将模型参数压缩，以获得更强的稳定性。

在实际中，这两种方法都有广泛的应用并且各有优劣。

7.2　模型选择

在进行模型训练之前，我们首先需要决定在模型中使用哪些特征变量。比如在预测股票收益率的案例中，我们选择了三个特征变量，但是其实我们也可以搜集到更多变量

来作为可选的模型特征变量。但是，就算只考虑现有数据中的三个变量，我们也可以通过不同的排列组合生成许多个模型：

（1）$f(x)=w_0+w_1$ 股价

（2）$f(x)=w_0+w_1$ 股价 $+w_2$ 净市率

（3）$f(x)=w_0+w_1$ 股价 $+w_2$ 净市率 $+w_3$ 资产收益率

（4）$f(x)=w_0+w_1$ 净市率

（5）$f(x)=w_0+w_1$ 市盈率 $+w_2$ 资产收益率

⋮

实际上，如果数据中有 m 个可选变量，那么我们可以构建出 2^m 个不同变量的排列组合。如何从这么多不同的排列组合中选取最好的模型呢？我们介绍以下两种方法。

7.2.1 最佳子集选择法

最简单的是最佳子集选择法。这种方法的步骤如下：

（1）$M^{(0)}$ 为只含有常数项的模型。

（2）如果我们总共考虑 m 个可选特征变量，那么我们需要对以下步骤从 1 到 m 进行循环。在第 i 个循环中，

a. 我们训练所有含有 i 个特征变量的模型；

b. 选取其中表现最好的模型（该模型在本循环中有最小的代价），并称该模型为 $M^{(i)}$。

（3）用模型验证的方法算出 $M^{(0)}$，…，$M^{(m)}$ 的表现，并将表现最好的模型选出。

采用这种模型选择方法时，计算量会非常大。如果我们有 m 个可选特征变量，那么我们可选的模型有 2^m 个。当 $m=10$ 的时候，我们得进行 $2^{10}=1\ 024$ 个模型训练。

7.2.2 前向分步算法

为了减少计算量，我们可以将上述算法做简单改进。简单而言，我们每次都考虑在上一步得到的最佳模型中增加什么特征变量。具体步骤如下：

（1）$M^{(0)}$ 为只含有常数项的模型。

（2）如果我们总共考虑 m 个可选特征变量，那么我们需要对以下步骤从 1 到 m 进行循环。在第 i 个循环中，

a. 我们在 $M^{(i-1)}$ 模型的基础之上增加一个模型中没有的特征变量（总共有 $m-i+1$ 个模型）；

b. 选取其中表现最好的模型（该模型在本循环中有最小的代价），并称该模型为 $M^{(i)}$。

（3）用模型验证的方法算出 $M^{(0)}$，…，$M^{(m)}$ 的表现，并将表现最好的模型选出。

这一算法极大地减小了我们的计算量。例如，当 $m=10$ 的时候，我们只需要进行 56 次模型训练。

7.3　正则化

另一种减少过拟合的方法是正则化（Regularization）。正则化的总体思想是通过使参数向0收缩来达到减小点估计量方差的目的。当然，这样带来的负面影响是会增加点估计量的偏误，但只要减少的方差相对于增加的偏误的平方更大，就依然可以减小估计量的总均方误差，提高模型的精准程度。与模型选择方法相比，正则化方法不需要反复训练模型。下面我们介绍三种常见的正则化方法。这三种正则化方法同时适用于线性回归与逻辑回归。我们先主要通过线性回归对这三种正则化方法进行介绍，然后介绍这些正则化方法在逻辑回归中的应用。

7.3.1　岭回归

岭回归（Ridge Regression）是一种常见的正则化方法。该方法对回归的代价函数J进行了修改。修改后的代价函数如下：

$$J(w)=\frac{1}{2n}\Big[\sum_{i=1}^{n}\underbrace{(f(x^{(i)})-y^{(i)})^2}_{\text{线性回归损失函数}}+\underbrace{\lambda\sum_{j=1}^{n}w_j^2}_{\text{正则化项}}\Big] \tag{7.1}$$

方括号中的公式由两个部分组成：第一个部分为线性回归的损失函数，即平方误差。第二个部分为新加入的正则化项。对于有 m 个特征变量的回归，我们加入 m 个 λw_j^2 项。要注意的是，我们不需要加入 λw_0^2，因为 w_0 对应的是常数项，而正则化只针对与特征变量对应的系数。

λ 为正则化参数，可以取大于或等于0的值。我们在模型训练开始之前就需要决定 λ 的取值。因为 λ 不在模型训练过程中决定，因此 λ 是一个超参数。在模型训练过程中，我们的目标是降低 J 函数的值。因为 $\lambda\geqslant 0$，所以 λ 的值越大，对于同一个线性回归问题，我们得到的 w_j 就会越接近0。从另一个角度说，如果我们将 λ 设为0，那么岭回归就等同于普通的线性回归。①

如图7.1所示，对于一元线性回归问题，我们将 λ 的值设为0～10 000。图中虚线为线性回归系数，实线为岭回归系数。当 λ 变大时，实线相较于虚线的值更接近0。这说明，当 λ 变得更大时，我们的线性关系也变得更弱（即 w^2 变得更小）。同样，我们可以将岭回归运用到多元线性回归问题上。与一元线性回归不同的是：当 λ 变大时，多元线性回归中的某些 w_i 系数的数值可能会变得更大。但是，大部分系数的取值还是会变得更小。因此，$\sum_{j=1}^{n}w_j^2$ 还是会随着 λ 的增大而减小。当 λ 趋向无穷大时，所有的系数都会趋向0。

① 值得注意的是，不同程序模块中的 λ 可能有所不同。例如，有的程序模块会在 λ 前面乘以0.5。因此，λ 参数的选择可能也会因为程序模块的设计不同而有所不同。但是，最终我们都能达到同样的效果。

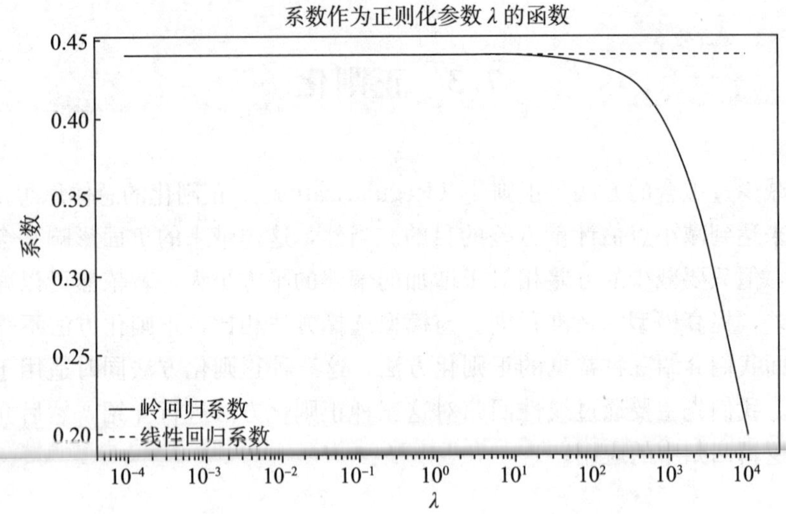

图 7.1 岭回归系数与正则化参数 λ 的关系

7.3.2 套索回归

套索回归（Lasso Regression）是另一种常用的正则化方法。其思路与岭回归非常相似。具体来说，套索回归的代价函数 J 有如下形式：

$$J(w)=\frac{1}{2n}\left[\sum_{i=1}^{n}\underbrace{(f(x^{(i)})-y^{(i)})^2}_{\text{线性回归损失函数}}+\underbrace{2\lambda\sum_{j=1}^{m}|w_j|}_{\text{正则化项}}\right] \tag{7.2}$$

该函数与岭回归的代价函数［见式（7.1）］类似：前一部分为线性回归中的损失函数，后一部分为正则化项。同样，$\lambda\geqslant 0$ 也是超参数。不同之处是：正则化项的形式不同。在岭回归中，正则化项是 w_j^2，而在套索回归中，正则化项是 $|w_j|$。① 因此，与套索回归类似，正则化项会随着 w_j 的绝对值的增大而增大。在训练过程中，因为我们的算法需要降低 $J(w)$，所以当 λ 的数值增加时，训练中的系数 w_i 会更加趋向 0。

岭回归与套索回归的异同

套索回归与岭回归在形式上有很多相似之处，因此二者在很多方面也能达到相似的效果。如之前所述，两种回归都通过超参数 λ 来控制正则化。并且，随着 λ 的增大，线性模型中的 w_j 参数会随之趋向 0。但是，二者对参数 w_j 的影响也有不同之处。图 7.2 展示了岭回归与套索回归对系数产生的影响。如该图所示，随着 λ 的增大，若干 w_j 参数迅速降为 0。在岭回归中，虽然参数会趋向 0，但是并不会有任何参数变为 0。在套索回归中，随着正则化参数的增大，较小的参数将迅速向 0 收缩，并最终变为 0。因为套索回归会让某些参数变为 0，因此使用套索回归可以达到特征变量选择的目的。该方法可以使某些较为不重要的特征变量在模型中的影响被完全消除。在有些论述中，这一效果被

---

① 套索回归的正则化项也被称为 $L1$ 范数。与之相对应的岭回归的重整项则被称为 $L2$ 范数。

称为模型稀疏性。这跟之前我们介绍的模型选择有异曲同工之妙。因为我们在套索回归中只需进行一次模型训练，因此，与模型选择相比，套索回归的计算量显然更小。

因为套索回归可以达到与模型选择类似的效果，所以在有的应用中，人们会先用套索回归来判断哪些变量应该留在模型中，接下来再用系数非 0 的变量作为被选出的特征变量。这是因为：加入正则化项后，回归模型的系数会受到影响。这些影响会削弱回归系数的经济学意义。如果我们需要理解回归系数的意义，那么我们可以通过套索来选择模型，再利用没有正则化的回归得到解释性较强的系数。

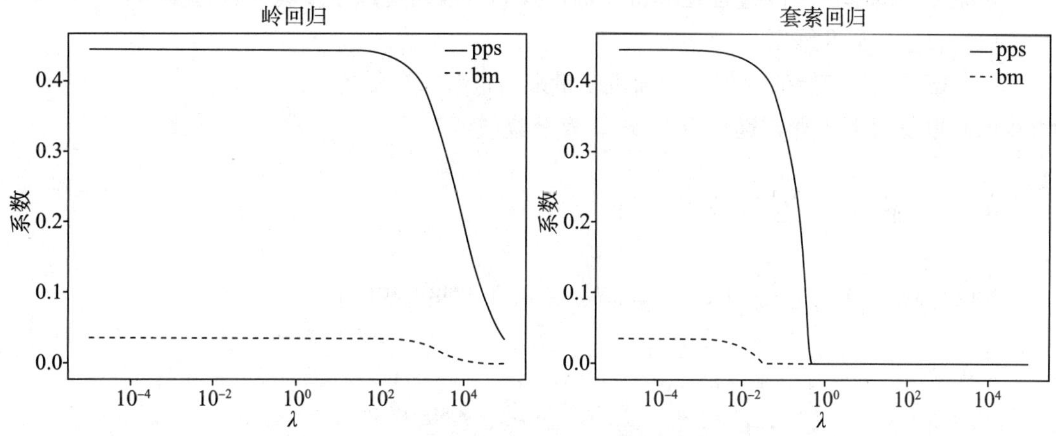

图 7.2 岭回归与套索回归对系数的影响

弹性网络

我们也可以同时使用岭回归与套索回归，这样就能结合两种正则化方法的优势。这种正则化方法被称为弹性网络（Elastic Net）。在弹性网络中，我们加入两组正则化项：

$$J(w)=\frac{1}{2n}\Big[\underbrace{\sum_{i=1}^{n}(f(x^{(i)})-y^{(i)})^2}_{\text{线性回归损失函数}}+\underbrace{\lambda_1\sum_{j=1}^{m}w_j^2}_{\text{岭回归正则化项}}+\underbrace{2\lambda_2\sum_{j=1}^{m}|w_j|}_{\text{套索回归正则化项}}\Big] \tag{7.3}$$

因为该方法与岭回归和套索回归都有诸多类似的地方，所以我们对此仅作简单介绍而不进行深入讨论。

模型训练

对于以上正则化模型，我们都可以用梯度下降的方法进行训练。具体来说，岭回归的梯度下降可以采用以下步骤来操作①：

（1）设置正则化参数 λ。

（2）赋予 w_j 初始值（可以用随机变量来给这些参数赋值）。

（3）重复以下步骤，逐步更新 w_j，直至收敛：

---

① 对于弹性网络方法，只需要将下面两套步骤稍作结合，故我们在此不赘述。

$$w_0 := w_0 - \alpha \frac{1}{n}\sum_{i=1}^{n}(f(x^{(i)}) - y^{(i)})$$

$$w_1 := w_1 - \alpha \frac{1}{n}\left[\sum_{i=1}^{n}(f(x^{(i)}) - y^{(i)})x_1^{(i)} + \lambda w_1\right]$$

$$\vdots$$

$$w_m := w_m - \alpha \frac{1}{n}\left[\sum_{i=1}^{n}(f(x^{(i)}) - y^{(i)})x_n^{(i)} + \lambda w_n\right]$$

套索回归的梯度下降过程也非常类似，我们可以通过以下步骤来进行操作：

（1）设置正则化参数 λ。

（2）赋予 w_j 初始值（可以用随机变量来给这些参数赋值）。

（3）重复以下步骤，逐步更新 w_j，直至收敛：

$$w_0 := w_0 - \alpha \frac{1}{n}\sum_{i=1}^{n}(f(x^{(i)}) - y^{(i)})$$

$$w_1 := w_1 - \alpha \frac{1}{n}\left[\sum_{i=1}^{n}(f(x^{(i)}) - y^{(i)})x_1^{(i)} + \lambda\,\mathrm{sign}(w_1)\right]$$

$$\vdots$$

$$w_m := w_m - \alpha \frac{1}{n}\left[\sum_{i=1}^{n}(f(x^{(i)}) - y^{(i)})x_m^{(i)} + \lambda\,\mathrm{sign}(w_m)\right]$$

如果 w_j 取值为正，则这里的 sign 函数的值为 1，反之则该函数的值为 -1。

7.3.3 如何设置超参数

无论是岭回归还是套索回归，我们都要在对模型进行训练之前设置超参数 λ。那么我们怎样才能更好地设置这个参数呢？我们往往需要对不同的 λ 值进行实验。通过改变 λ 的取值，我们对模型进行训练。随后，我们把验证集中的数据代入到训练好的模型中，以测试相应模型的具体表现。我们将选择在验证数据集上表现最好的 λ。

值得注意的是，如果我们用验证集中的数据来选择超参数 λ，那么这个步骤也有可能会造成过拟合问题。因此，我们最好能留出一部分数据。这部分数据我们既不在模型训练的过程中使用，也不用于进行超参数选择。这部分数据可以对超参数选择之后的最终模型进行验证。

7.3.4 使用正则化方法时的注意事项

值得注意的是，在线性回归模型中，对特征变量进行缩放不会对模型最后的预测结果产生影响。比如，如果我们将原来的 x_1 放大至原来的两倍，即新特征变量 $x_1' = 2x_1$，那么与之对应的新参数 x_1' 会是原来参数 w_1 的二分之一。无论我们用 x_1 还是缩放过的 x_1'，训练好的模型都具有 $w_1 x_1 = x_1' x_1'$ 的特点。

但是，正则化之后的模型不具有这样的特点。如果我们将一个变量进行缩放，那么这会对我们模型最后的结果产生影响。因此，我们建议在正则化模型中，先将模型的变量进行缩放。缩放后的变量应该具有相似的标准差。具体操作步骤请参见第 3 章。

7.3.5　逻辑回归

我们之前介绍的正则化步骤主要针对线性回归。同样，正则化也可以用于解决分类问题的逻辑回归。由于思路类似，我们不在此对其原理进行过多的解释。以下部分我们将简单介绍加入正则化项的逻辑回归代价函数。

岭回归

我们需要将逻辑回归的代价函数进行简单修改并加入正则化项。修改后的函数如下：

$$J(w)=-\frac{1}{n}\sum_{i=1}^{n}\left[y^{(i)}\ln f(x^{(i)})+(1-y^{(i)})\ln(1-f(x^{(i)}))+\frac{\lambda}{2}\sum_{j=1}^{m}w_j^2\right] \tag{7.4}$$

我们可以使用岭回归的梯度下降方法来对模型进行训练。唯一需要修改的地方是模型的假设函数 $f(x)$ 是以下逻辑函数：

$$f(x)=\frac{e^{w^{T}x}}{1+e^{w^{T}x}}$$

套索回归

类似于应用于线性回归中的套索回归，我们同样需要调整逻辑回归的代价函数。调整后的代价函数如下：

$$J(w)=-\frac{1}{n}\sum_{i=1}^{n}\left[y^{(i)}\ln f(x^{(i)})+(1-y^{(i)})\ln(1-f(x^{(i)}))+\lambda\sum_{j=1}^{m}|w_j|\right] \tag{7.5}$$

我们可以使用套索回归的梯度下降方法来对模型进行训练。

7.4　程序

导入库

使用 Pandas 存储数据；
导入 sklearn 库的 StandardScaler 模块，用于对数据进行标准化处理；
导入 sklearn 库中的 Ridge，用于岭回归分析；
导入 sklearn 库的 metrics 模块中的 mean_squared_error，用于计算模型的均方误差。

```
import pandas as pd
from sklearn. preprocessing import StandardScaler
from sklearn. linear_model import Ridge
from sklearn. metrics import mean_squared_error
```

数据读取及处理

读取名为 ols_training. csv 的 CSV 文件中的数据，并将其存储在 training_data 变量中；

读取名为 ols_testing. csv 的 CSV 文件中的数据，并将其存储在 testing_data 变量中；

显示数据集的前五行，以了解其结构。

```
training_data=pd. read_csv("ols_training. csv")
testing_data=pd. read_csv("ols_testing. csv")
print(training_data. head())
print(testing_data. head())
```

	stkcd	date	pps	bm	roa	eps_basic
0	733	6/1/00	20. 17	0. 358231	0. 014727	0. 136
1	600089	6/1/00	19. 80	0. 219879	0. 036447	0. 270
2	600219	6/1/00	14. 40	0. 295807	0. 045742	0. 156
3	600741	6/1/00	10. 09	0. 290462	0. 036432	0. 206
4	733	9/1/00	17. 90	0. 300046	0. 024189	0. 136

	stkcd	date	pps	bm	roa	eps_basic
0	1	3/1/18	12. 05	1. 166190	0. 002142	0. 6800
1	2	3/1/18	32. 70	0. 809062	0. 005074	0. 6600
2	63	3/1/18	32. 24	0. 754200	0. 012012	0. 5500
3	69	3/1/18	8. 51	0. 843704	0. 017284	0. 2113
4	100	3/1/18	3. 75	1. 135011	0. 008475	0. 0846

删除建立回归模型不需要的列。

```
training_data=training_data. drop(columns=['date','stkcd'])
testing_data=testing_data. drop(columns=['date','stkcd'])
```

分割数据集中的特征变量和目标变量；

在 X_train 和 X_test 数据集中删除目标变量 eps_basic；

提取 X_train 和 X_test 数据集中的目标变量 eps_basic，并分别保存在 y_train 和 y_test 中。

```
X_train=training_data. drop('eps_basic', axis=1)
y_train=training_data['eps_basic']
X_test=testing_data. drop('eps_basic', axis=1)
y_test=testing_data['eps_basic']
```

创建一个 StandardScaler 对象，用于对数据进行标准化处理；

使用 scaler 的 fit_transform 方法计算数据集 X_train 的均值和标准差，并对数据进行标准化处理，之后将标准化后的结果存储在 X_train_scaled 中；

使用 transform 方法并使用与 X_train 同样的标准化标准，即 X_train 的均值和标准差，对 X_test 中的特征变量数据进行标准化处理，之后将标准化后的结果存储在 X_test_scaled 中。

```
scaler_X=StandardScaler()
X_train_scaled=scaler_X. fit_transform(X_train)
X_test_scaled=scaler_X. transform(X_ test)
```

使用岭回归模型

创建一个 Ridge 对象，用于进行岭回归分析，其中 alpha 参数为正则化强度。alpha 相当于书中的 λ 超参数。为了说明岭回归，我们设置一个较大的值，这里我们设定为 10 000。

```
ridge_model=Ridge(alpha=10000)
```

使用 fit 方法对 X_train_scaled 和 y_train 进行岭回归模型训练。

```
ridge_model. fit(X_train_scaled, y_train)
```

使用 predict 方法对训练数据进行预测。

```
train_predictions=ridge_model. predict(X_ train_scaled)
```

使用 mean _ squared _ error 方法计算均方误差。

```
train_mse=mean_squared_error(y_ train, train_predictions)
```

使用 predict 方法对验证数据进行预测。

```
test_predictions=ridge_model. predict(X_ test_scaled)
```

使用 mean_squared_error 方法计算均方误差。

```
test_mse=mean_squared_error(y_test, test_predictions)
```

打印训练数据的预测 MSE 和测试数据的预测 MSE，评估模型的性能。

```
print("Training MSE:", train_mse)
print("Test MSE:", test_mse)
```

```
Training MSE: 0.39422333659747816
Test MSE: 1.3139425173360488
```

结果比较

相比上一章中我们使用的 OLS 方法，岭回归方法的训练损失变大了（从 0.336 变成了 0.394）。但是在测试数据中，我们的损失从 1.823 下降到了 1.314。相比 OLS，使用正则化方法会使训练误差变大，但是如果存在过拟合问题，则正则化方法可以帮助我们减少模型在训练数据之外的数据上的误差。

习题

知识理解

1. 哪种正则化方法能达到类似于模型选择方法的效果？

2. 提高正则化超参数 λ 的值对于模型拟合中的哪种问题有帮助？

3. 阐述 λ 值对模型参数 w 的影响。$\lambda>0$ 会如何影响 w 的解释力？

程序操作

请使用每股收益预测数据进行模型训练。在训练模型时，使用套索回归进行正则化。

1. 将 λ 值设为 0.1、1、10 以及 20。观察在 λ 取这些值时，哪些特征变量被从模型中移除，哪些特征变量仍然被保留。

2. 将训练好的模型用于验证集，测试模型在训练集中的表现。

第 3 部分

监督学习进阶

第 8 章

决策树

学习目标

- 理解树的基本概念
- 掌握如何使用决策树进行回归以及分类
- 熟悉决策树的训练方法
- 掌握如何使用程序训练以及使用决策树模型

8.1　决策树简介

另一类监督学习方法是基于树的方法，其中比较简单的主要是决策树（Decision Tree）方法。这一类方法的思路与之前介绍的方法有显著差别：在之前的方法中，我们往往希望能用较为简单的函数形式来表示目标变量 y 以及特征变量 x 之间的关系；而在决策树方法中，我们的思路则是找到一套规则来将样本进行细分，从而使同一个细分样本中的数据看起来更为相似。

在本章中，我们将介绍以下内容：

（1）关于树的一些基本概念；

（2）针对回归问题，如何训练以及使用回归树；

（3）针对分类问题，如何训练以及使用分类树。

8.1.1　树

为了更好地介绍决策树方法，我们需要先理解关于树的一些基本概念。

我们首先需要了解什么是树。树是一种表现节点与节点之间的层次关系的抽象的结构。我们可以用图 8.1 来简单介绍一些关于树的概念。

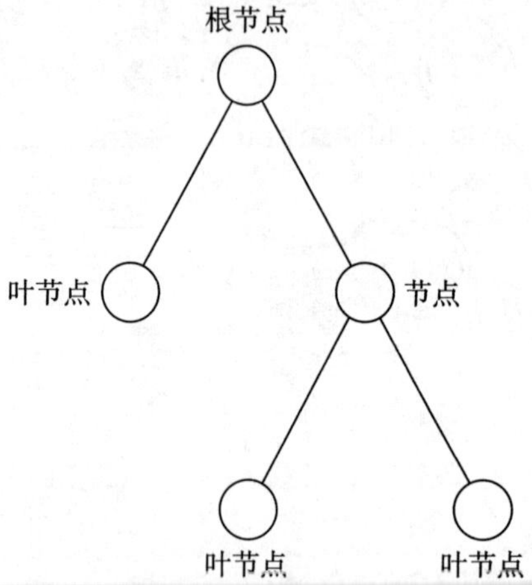

图 8.1 树结构

树的基本结构是节点。最上层的节点只有一个，称为根节点。如同自然界中生长的树，在树根之上会有分支，分支上会长树叶，图 8.1 中的根节点有两个分支，分别连接到下层的节点。左侧的节点由于没有其他分支，因此被称为叶节点。右侧的节点继续分支，下层有两个没有分支的叶节点。节点与节点之间的连接也称为边。

深度是对树的结构的一个重要描述性指标。其定义是从叶节点到根节点最多需要经过多少条边。一般来说，深度越大，树的结构也就越复杂。以图 8.1 为例，从右侧任意叶节点到根节点需要经过两条边（而从左侧的叶节点到根节点只需要经过一条边）。因此该树的深度是 2。

8.1.2 决策树

决策树是一种应用广泛的机器学习方法。在决策树方法中，节点代表的是分割样本的规则。以信用违约数据为例，我们根据数据的特征变量可以形成决策树。

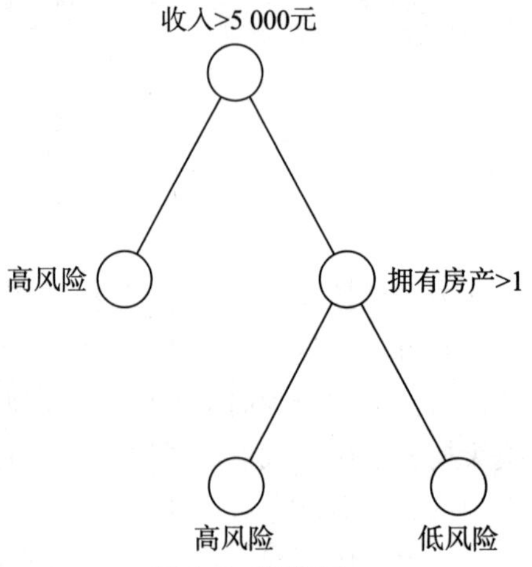

图 8.2 决策树

在图 8.2 中决策树的根节点上，我们对所有数据进行分类。如果申请人的月收入低于 5 000 元，那么这笔贷款被分类为高风险贷款。如果申请人的月收入高于 5 000 元，那么我们按照该申请人是否拥有房产对贷款进行分类：如果该申请人没有房产，那么该笔贷款被分类为高风险贷款，否则该笔贷款被分类为低风险贷款。

由此可见，决策树是对预定的样本进行细分。我们根据细分样本对结果进行判定。我们可以清晰地观察模型如何生成预测。因此决策树有很强的解释力（即我们可以简单地通过分析决策树的分类条件来判定哪些特征变量会影响最终的分类结果）。另外，决策树因为不要求特征变量与目标变量保持线性关系，因此有很大的灵活性。

另外，决策树既可以用于回归问题也可以用于分类问题。通常，我们将用于回归问题的决策树称为回归树，将用于分类问题的决策树称为分类树。

接下来，我们将介绍：

（1）如何训练回归树；

（2）如何训练分类树。

8.2 回归树模型训练

回归树模型训练是为了寻找最好的树状结构来实现对数据的细分。我们需要达到的目的是最小化模型的预测误差。在回归问题中，我们可以沿用线性回归的代价函数：

$$J(w)=\frac{1}{2n}\sum_{i=1}^{n}(f(x^{(i)})-y^{(i)})^2 \tag{8.1}$$

当然，我们也可以直接使用残差平方和作为代价函数。①

$$\mathrm{RSS}=\sum_{i=1}^{n}(f(x^{(i)})-y^{(i)})^2 \tag{8.2}$$

回归树在每一步决定如何对样本进行二分，从而达到总体上最小化 RSS 的目的。在这里，RSS 也被称为不纯度（Impurity）。

为了达到这一效果，理论上我们需要尝试各种不同的样本细分方法，但是样本细分方法有无穷多种排列组合。因此，我们不可能测试穷尽所有可能性的决策树，并选出其中效果最优的，因为这种办法对于算力的要求过高。

在实际训练中，我们需要使用“贪心法”来构造决策树。“贪心法”的意思是：我们不考虑全局最优的决策树，而是在每一步对样本进行细分时，争取让该细分步骤能最大限度地提高模型与数据的拟合程度。但是，由于我们每次决定对样本进行二分之后只需考虑该次操作之后如何继续对样本进行细分，因此这样可以极大地降低对计算的要求。

8.2.1 二分方法

每次分支之前，我们均应该检验所有叶节点。在每个叶节点上，我们用 m 个特征变量对叶节点进行二分。对于每个特征变量，我们需要找到分界点 s_j。如果 $x_j^{(i)}<s_j$，那么数据点 i 被放到左分支 R_1，如果 $x_j^{(i)}\geqslant s_j$ 那么数据点 i 被放到右分支 R_2。我们计算以下函数的值：

$$\Delta\mathrm{RSS}_{j,s_j}=\underbrace{\sum_{i\in R_1\cup R_2}(y^{(i)}-\bar{y})^2}_{\text{分裂前的RSS}}-\underbrace{\left[\sum_{i\in R_1}(y^{(i)}-\bar{y}_{R_1})^2+\sum_{i\in R_2}(y^{(i)}-\bar{y}_{R_2})^2\right]}_{\text{分裂后的RSS}} \tag{8.3}$$

其中，$\bar{y}$ 是分裂前该节点上训练数据的目标变量均值。$\bar{y}_{R_1}$ 与 $\bar{y}_{R_2}$ 是左分支节点与右分支节点上的 $y^{(i)}$ 的均值。对于每个叶节点，我们选取特征变量 j，以及特征变量 j 的分割点 s_j，以达到最大限度地减小 RSS 的效果。最后，我们对产生最大的 $\Delta\mathrm{RSS}_{j,s_j}$ 的节点

① 在具体操作过程中，有多种可供使用的代价函数。最常用的代价函数是均方误差（MSE）。均方误差的效果等同于式（8.1）中的函数，但是用 RSS 函数可以让我们阐述时更加方便，因此我们在以下阐述中将使用 RSS 函数对回归树进行介绍。

进行二分。[1]

我们使用图 8.3 来解释具体如何对一个节点中的样本进行分割。在这个例子中，我们等待分割的节点上有五个样本。我们首先选取一个特征变量（我们将这个特征变量称为 x），并按照这一特征变量从小到大的顺序对五个样本进行排序。图 8.3 展示了五个样本的特征变量 x 的值。

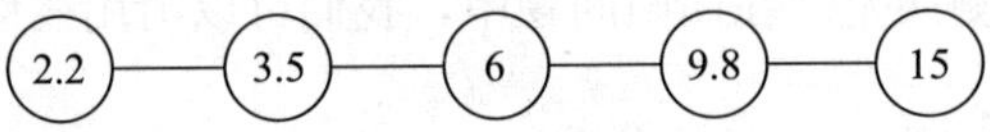

图 8.3　样本分割

因为该节点上有五个样本，我们有四种分割样本的方案（例如，可以将第一个样本放在一个分支，剩下四个样本放在另一个分支；也可以将前两个样本放在一个分支，剩下三个样本放在另一个分支等）。[2]我们对于四种分割样本的方案分别计算 $\Delta \mathrm{RSS}_{j,s_j}$ 的值，并选取 $\Delta \mathrm{RSS}_{j,s_j}$ 最大的节点作为分割该节点的条件。

接下来，我们用图 8.4 来说明以上样本分割方案所达到的效果。我们首先生成了一个样本，该样本中的目标变量 y 与特征变量 x 有着非线性关系。该图以散点图的形式对样本进行了展示。接下来，我们使用上述二分方法将样本通过 x 的值分成了两个子集。得到的样本分割条件如下：进入左侧分支的样本的条件是 $x \leqslant 0.2341$，不满足该条件的样本被放到右侧分支。采用该二分方法得到的效果是：左边样本的均值明显低于右边样本的均值。同时，通过将样本二分，子样本的均值能更好地描述子样本中数据的目标变量 y 的值。

如果我们不使用上述二分方法，而是随机对样本进行分割，那么我们会达到图 8.4 中下半部分的效果。随机分割点虽然也能产生两个子样本，但是如果我们用子样本的均值对子样本中的数据的目标变量值进行预测，那么我们得到的误差相较于算法得出的分割点会有更大的误差。具体来说，当我们使用左分支的均值来预测左分支中的样本的目标变量值时，会产生较大的误差。

我们将重复这一步骤，直到满足结束条件。[3] 此时，我们就完成了决策树的构建。常用的结束分裂的条件包括（括号中是结束条件所对应的参数）：

- 每个子节点上的样本量都已经小于可以继续细分的样本量（我们需要在程序中预设最小可细分的样本量）；
- 树的深度达到预设深度（我们需要预设树的最大深度）；
- 下一次分裂带来的 RSS 减小量少于我们设定的数值（我们需要预设 RSS 减小的最小数值）。

我们通常只需要在这几个条件中选取一个作为结束条件即可。而结束条件所对应的参数可以当作超参数来进行调节。

---

① 在回归树中，我们将一个节点上的 RSS 称为该节点的不纯度。稍后介绍分类树时，我们会介绍对其他节点的不纯度的测度方法。

② 通常来说，我们使用两个样本的特征变量的中间值来分割样本。例如，如果我们想要将第一个样本放入左分支，将其他样本放入右分支，那么我们分割该节点的值则是$(2.2+3.5)/2=2.85$。

③ 值得注意的是，此时我们只需要重新找到新产生的叶节点的 ΔRSS，因为我们在上一步中已经计算过其他叶节点的 ΔRSS。

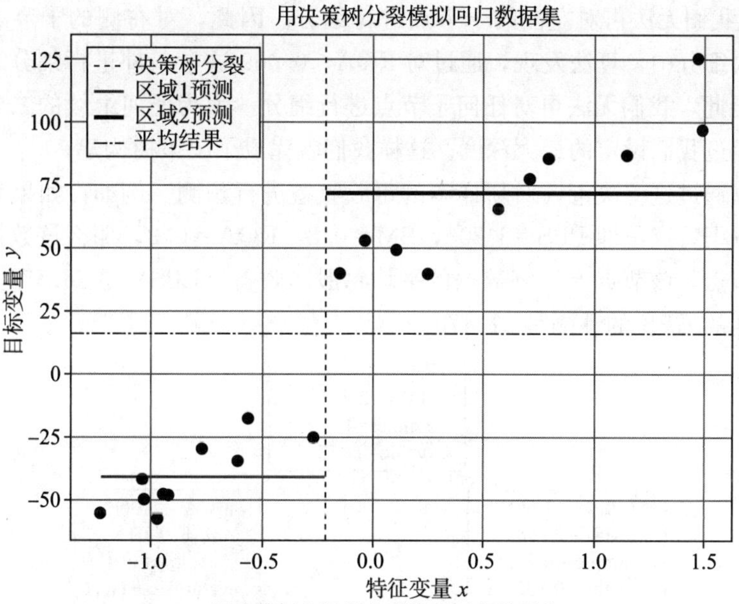

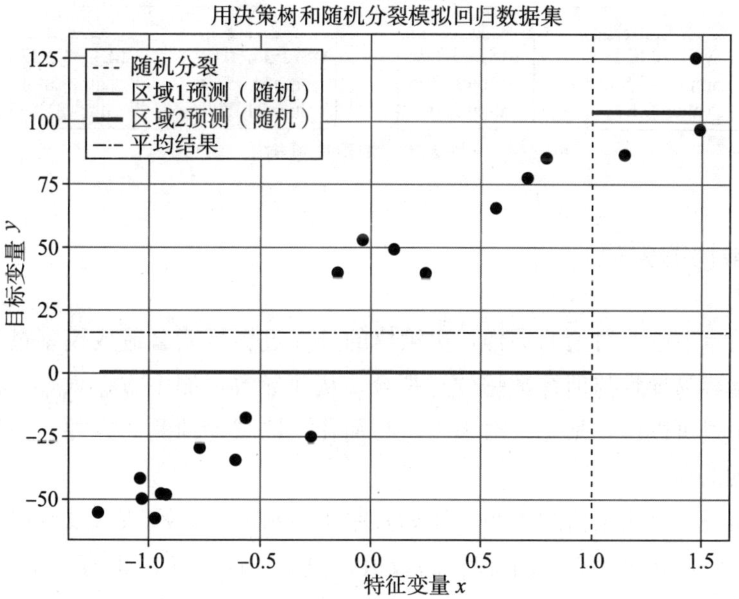

图 8.4　决策树二分方法

当完成决策树构建之后，我们就可以用其生成预测了。对于一个新的数据点，我们将通过决策树决定其属于哪个叶节点。这个叶节点上的 $\bar{y}$ 则是模型的输出值。

图 8.5 可以很好地展现一棵完整的决策树是怎么运行的。我们的目标是预测每股收益，特征变量是股价（PPS）、账面市值比（BM）、资产收益率（ROA）。我们预先设置的分裂结束条件是树的深度不超过 2。根据式（8.3）中的条件，我们先通过股价将样本分为两个部分。左分支的子样本的股价≤1 093，右分支的子样本的股价>1 093。接下来，程序会检测对左侧节点进行细分以及对右侧节点进行细分分别可以减小的 RSS 量。程序发现对左侧节点进行细分会对 RSS 造成更大的影响。因此，下一步，我们对左侧分支进行分裂。根据 PPS≤111.665，我们将样本进行二分。由于我们预先设定树的最大深

度为 2，因此我们无法再对左侧的子节点进行细分。因此，对右侧的子节点再进行一次细分。在这次细分中，算法发现，通过对 ROA≤0.069 这个条件进行细分能最大限度地减小 RSS。至此，我们无法再对任何子节点进行细分，因为任何继续的二分操作都会导致树的深度超过我们设定的最大深度。这样我们就完成了决策树构建。

我们可以通过这棵决策树对新样本的每股收益进行预测。例如，如果有一家新的公司，它具有以下特点，即 PPS=1 200，BM=0.8，ROA=0.2，那么该数据点属于右侧分支的右侧节点。该节点上训练数据的平均每股净收益（EPS）是 21.475。因此，我们对这个新数据的 *EPS* 的预测是 21.475。

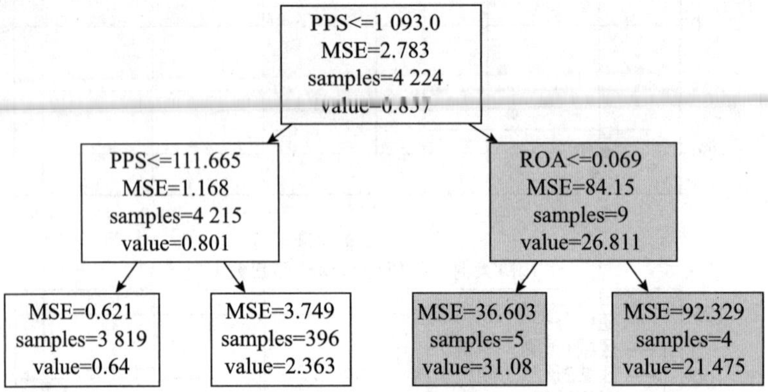

图 8.5 构建决策树

8.2.2 决策树的剪枝

如同之前章节中所讨论的那样，决策树的分支过多可能会造成模型过于复杂。而过于复杂的模型容易导致与训练数据的过拟合，从而导致预测中方差太大。在之前的章节中，我们讨论过可以用正则化来对模型进行简化，以减少预测的方差。同样的思路也可以用于决策树的训练中。

一种思路是限制决策树的大小，比如限制决策树的分裂次数，或者规定每次分裂减少预测误差的量应该要超过一个较大的数值。但是，这种算法也有一定的缺点。比如，有时后续的样本细分相比早期的样本细分可以更有效地降低 RSS。

另一种思路则是首先生成一棵较大的树，然后再对其进行剪枝（即去掉效果较差的分支）。剪枝之后的树被称为“子树”。我们的目标是通过剪枝找到效果较好的子树。一种常用的剪枝方法是最弱连接剪枝。采用这种剪枝方法时，需要找到一棵子树 T，这棵子树有 $|T|$ 个叶节点，可以达到减小如下代价的效果：

$$\sum_{i=1}^{n}(y^{(i)}-f(x^{(i)}))^2+\alpha|T| \tag{8.4}$$

上式中，α 是一个超参数，用于调整剪枝的强度。如同正则化时一样，α 的取值越大，我们越倾向于选取叶节点较少的子树，因此剪枝后的子树越小。我们可以使用训练数据得出不同 α 取值下表现最为优异的树。

与正则化中的算法类似，α 的值可以通过交叉验证得到。也就是说，我们使用验证数据来选取表现最好的 α 值以及与其对应的树。

8.3　分类树

分类树与回归树的算法非常相似，但是，我们不能用 RSS 来评估模型表现。因此，我们需要用其他方法来对模型的拟合程度进行评估。

首先，我们需要理解如何使用分类树。类似于回归树的原理，我们根据数据点的特征将其分配到对应的叶节点，并以该节点中占多数的类别作为最终的分类结果。在一个节点上有越多的数据属于同一个分类，这个节点的分类准确率越高。

对于分类准确率，有两种常用的测度。第一种是基尼系数（Gini Coefficient），其公式如下：

$$G=\sum_{k=1}^{K}\widehat{p}_k(1-\widehat{p}_k) \tag{8.5}$$

第二种是交叉熵，其公式如下：

$$D=-\sum_{k=1}^{K}\widehat{p}_k\ln\widehat{p}_k \tag{8.6}$$

式（8.5）和式（8.6）中的 $\widehat{p}_k$ 是数据中 k 分类的比例。

基尼系数介于 0 与 1 之间，交叉熵则为非负数。这两个数值都会随着样本纯度的增大而减小。我们以 $k=2$ 的情况（比如贷款是否违约）为例。如果在某个子样本中有 90%的训练样本都是未违约贷款，那么基尼系数为 $G=0.9\times0.1+0.1\times0.9=0.18$，交叉熵为 $D=-0.1\times\ln0.1-0.9\times\ln0.9=0.33$。如果有一半的样本是未违约贷款，那么基尼系数为 $G=0.5\times0.5+0.5\times0.5=0.5$，而交叉熵为 $D=-0.5\times\ln0.5-0.5\times\ln0.5=0.69$。

在回归树中，我们对节点二分的标准是选取 ΔRSS 最大的节点以及特征变量。在分类树中，我们使用的标准则是 Δ 不纯度。不纯度可以是基尼系数（G）或交叉熵（D）：

$$\Delta\text{不纯度}=N_t\times\text{母节点不纯度}-N_L\times\text{左分支不纯度}-N_R\times\text{右分支不纯度}$$

其中，N_L 是左分支上的样本数量，N_R 是右分支上的样本数量，N_t 是该节点上的样本总量，等同于 N_L+N_R。每一次二分操作中，我们都需要找到特征变量 j 对叶节点 j 进行二分。该二分操作需要最大限度地降低样本的不纯度。

对于节点不纯度，除了上述两种测度之外，还有另一种常用且直观的测度是分类错误率，其公式如下：

$$E=1-\max_k(\widehat{p}_k) \tag{8.7}$$

即该节点中除数据最多的分类之外的数据所占的比例。分类错误率不适合用作模型训练的指标，但是可以用作剪枝时的验证指标。

8.4 程序

导入库

使用 Pandas 存储数据；

导入 sklearn 库的 model_selection 模块中的 train_test_split，用于划分训练集和测试集；

导入 sklearn 库的 tree 模块中的 DecisionTreeRegressor，用于创建决策树回归模型；

导入 sklearn 库的 metrics 模块中的 mean_squared_error，用于计算模型的均方误差；

导入 Matplotlib 的 plt 模块用于绘图；

导入 sklearn 库的 tree 模块中的 plot_tree，用于绘制决策树。

```
import pandas as pd
from sklearn. model_selection import train_test_split
from sklearn. tree import DecisionTreeRegressor
from sklearn. metrics import mean_squared_error
import matplotlib. pyplot as plt
from sklearn. tree import plot_tree
```

数据读取及处理

读取名为 ols _ training. csv 的 CSV 文件中的数据，并将其存储在 data 中；

定义一个特征变量列表 X，其中包含三个名称分别为 PPS、BM、ROA 的特征变量；

从 data 中选择 eps _ basic 列作为目标变量，存储在 y 中。

```
data=pd. read_csv('ols_training. csv')
X=data[['PPS','BM','ROA']]
y=data #['eps_basic']
```

将数据随机分为训练数据和验证数据，使用 train_test_split 函数将数据划分为训练集和测试集，其中测试集占总数据的 20%，训练集占总数据的 80%。将随机种子设为 42，以使结果可重复（选定一个固定的随机种子，使得每次程序运行都会得到一样的结果）。

将用于训练的特征变量数据存储在 X_train 中，将用于测试的特征变量数据存储在 X_test 中；将用于训练的目标变量数据存储在 y_train 中，将用于测试的目标变量数据存储在 y_test 中。

```
X_train, X_ test, y_train, y_test=train_test_split(X, y, test_size=0.2, random_state=42)
```

模型训练

创建一个决策树回归模型对象 cart_regressor，设置最大深度为 2。

```
cart_regressor=DecisionTreeRegressor(max_depth=2)
```

使用 fit 方法对 X_train 和 y_train 进行决策树回归分析。

```
cart_regressor.fit(X_train, y_train)
```

使用训练好的模型对测试集目标变量进行预测，并将结果存储在 y_pred 中。

```
y_pred=cart_regressor.predict(X_test)
```

使用 mean_squared_error 函数计算测试数据和预测结果的均方误差，并将结果存储在 mse 中。

```
mse=mean_squared_error(y_test, y_pred)
```

打印均方误差。

```
print(mse)
```

```
0.4745993431877456
```

绘制决策树结构

使用 plot_tree 函数绘制决策树图，其中 filled=True 表示节点颜色代表的类别，plot_tree 的第二个参数 feature_names=X.columns 表示将特征变量列名作为节点名称显示在图中。

设置图形的标题为 Decision Tree for EPS Basic Prediction (Depth Limited to 2)。

```
plt.figure(figsize=(20,10))
plot_tree(cart_regressor, feature_names=X.columns, filled=True)
plt.title('Decision Tree for EPS Basic Prediction (Depth Limited to 2)')
plt.show()
```

输出结果请参见图 8.4。

习题

知识理解

我们可以使用决策树模型对一个数据集进行拟合。通过交叉验证，我们发现，模型在训练集中的损失远小于在验证集中的损失。对于这种情况，请回答如下问题：

1. 这个问题属于过拟合还是欠拟合？

2. 以下哪种方法可能会对解决这个问题有所帮助？为什么？

(a) 减少决策树的深度。

(b) 对现有决策树的叶节点进行分裂。

(c) 对决策树进行剪枝。

计算题

请用以下数据回答问题。我们用 ΔRSS 作为条件，构建决策树。该决策树的深度为 1。

x_1	x_2	y
1.76	1.87	−0.10
0.40	−0.98	0.41
0.98	0.95	0.14
0.24	−0.15	1.45

1. 如果我们使用 x_1 对样本进行一次分割，那么我们应该选取哪个分割点？所得到的 ΔRSS 是多少？

2. 如果我们使用 x_2 对样本进行一次分割，那么我们应该选取哪个分割点？所得到的 ΔRSS 是多少？

3. 我们应该用哪个变量对样本进行分割？

4. 请画出该决策树，并在每个节点上标记出分裂条件。

5. 如果我们有个新的数据点（$x_1=0.3$，$x_2=-0.4$），请用以上几步得到的模型对目标变量进行预测。

程序操作

1. 请使用分类树模型来训练贷款违约数据。请分别试着使用以下训练结束条件并评估模型表现：

- 深度不超过 3。
- 子节点数量不超过 5。

2. 请画出上面两棵决策树。

第9章

集成学习

学习目标

- 了解集成学习方法的概念以及该类方法的作用
- 掌握如何使用自助法生成独立样本
- 理解袋装法、随机森林以及提升法的使用
- 理解集成学习方法的训练过程
- 掌握如何使用程序实现集成学习

9.1 集成学习简介

之前提到的决策树有诸多优点，但是复杂的决策树模型很容易造成对数据的过拟合。在本章中，我们将介绍一类重要的机器学习方法：集成学习方法。很多集成学习方法可以将众多模型的预测进行综合，以达到减轻过拟合问题的目的。在决策树模型中，我们可以生成多棵决策树，然后根据多个树模型的预测进行综合。采用集成学习方法可以生成最后的预测。另一类集成学习方法（以提升法为代表）可以将许多弱模型结合起来，以达到提高模型表现的目的。该类模型可以有效解决欠拟合问题。

集成学习不限于决策树，但是在决策树这一类模型中有着最广泛的应用。因此，在本章中，我们将介绍如何在决策树中使用集成学习方法。集成学习方法包括三大类：

（1）袋装法；

（2）随机森林；

（3）提升法。

在本章中我们会对以上三种方法的基本思路、使用方法、训练方法以及程序实现方法作一介绍。

9.2 袋装法

袋装法（Bagging）是一种基于自助法（Bootstrap）的集成学习方法。该方法可叠加在各种机器学习模型（比如线性回归、逻辑回归等）之上。接下来，我们介绍如何使用袋装法来增强决策树模型的表现。

9.2.1 自助法简介

在理想的情况下，我们可以获取 B 个独立的样本。然后在独立的样本上，我们可以使用决策树方法得到 B 个不同的模型。最后我们取得这 B 个模型预测的均值作为模型的输出。由于我们有 B 个不同的训练数据来训练模型，所以可以有效解决过拟合样本中噪声所产生的方差过大的问题。

当然，这只是一种理想情况，并不符合实际。我们往往只能取得一个数据集，并且数据量也有限。因此，我们需要采用自助法来人工生成不同的样本。简单来说，如果我们原样本中有 M 个数据点，那么我们每次随机生成的样本是从原样本中也随机抽取 M 个数据点得到的。但是，为什么随机抽取的样本与原样本会有所不同呢？因为在抽取的过程中我们采取的是自助法。这种方法又称为替换抽样。具体执行时，在随机生成新样本的过程中，我们对原样本进行 M 次抽取，每次抽取一个数据点。因此，原样本的某些数据点可能会在新样本中出现多次，但是有些数据点可能根本不会出现。所以，我们 B 个随机生成的样本都有 M 个数据点，但是与原样本都会有所不同。图 9.1 可以说明采用自助法生成的随机样本的特点。在随机样本 1 中，原样本中的 4 并未出现，而 3 出现了两次。而在随机样本 3 中，1 和 5 都出现了两次，但是 2 和 4 都未出现。

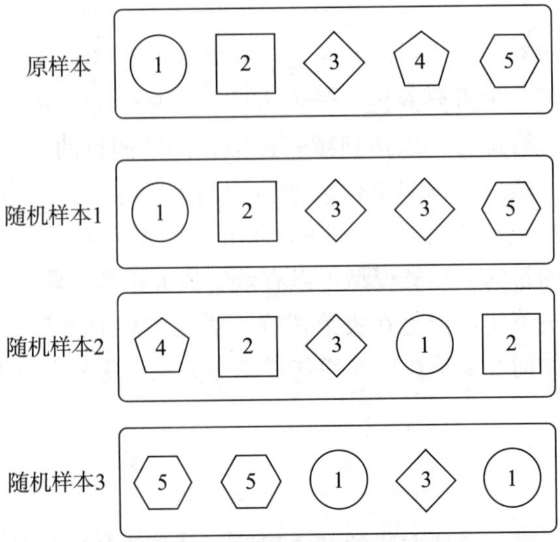

图 9.1 采用自助法生成的随机样本

9.2.2 袋装法

袋装法正是基于自助法的步骤。接下来，我们用 B 个随机生成的样本来训练决策树。由此，我们可以得到 B 个决策树模型 $f^{(1)}$，…，$f^{(B)}$。如果我们用回归树来预测连续变量，那么我们可以直接对这 B 个模型取平均数：

$$f_{bag}(x)=\frac{1}{B}\sum_{b=1}^{B}f^{(b)}(x) \tag{9.1}$$

如果我们面对的是分类问题，那么我们只需要取得每个模型的分类结果并采用“投票”机制。结果为 B 个模型的分类结果中票数最多的一类。

误差估计

袋装法的误差估计非常简单直接，甚至不需要用到交叉验证法。在采用自助法得到的每个随机样本中，我们平均用到原数据中 2/3 的数据点。因此，平均每个随机样本中会有 1/3 的原数据没有被用到。这些没有被用于训练的数据点被称为袋外数据。比如，随机样本 1 中，数据 4 为袋外数据。

接下来，我们在每个随机样本中训练模型，并用该模型来预测袋外数据。以图 9.1 所示的随机样本为例，我们可以用随机样本 1 来生成决策树，该随机样本中没有数据点 4。因此，数据点 4 被称为“袋外数据”。我们可以用训练好的决策树模型对袋外数据（数据点 4）进行预测，并评估模型的预测表现。我们对每个随机样本中的袋外数据进行预测，这样原数据中的每个数据点平均都会得到大约 $B/3$ 个模型的预测。最后，我们综合这 $B/3$ 个模型的预测表现（通过对回归树取均值或对分类树采用模型投票），可以对模型预测的准确性进行判断。这种方法相较于交叉验证法的优势是计算成本较低。

9.3 随机森林

随机森林是对袋装法进行了改进的一种方法。袋装法是通过自助法生成不同的随机样本，并在随机样本上训练决策树。随机森林则是在每次对树进行分裂的过程中，只选取一部分特征变量来进行分裂。一般来说，我们在每次分裂的过程中，在总共 m 个特征变量中，随机选取 k 个特征变量，并使用这 k 个特征变量来对树进行分裂。

在随机森林模型中，我们要求 $m>k$，所以有些特征变量并不会被用到。通常来说，我们随机选取的特征变量的数量 k 应该约等于我们所有特征变量的数量的平方根（即$k\approx\sqrt{m}$）。因此，我们每一步对树的分裂操作都只会用到一小部分特征变量。

随机森林相较于袋装法的优势在于该方法可以让每次生成的决策树更加多样，因而使它们的预测也更加多样。这样的多样性有助于减小模型预测的方差。k 越小，生成的决策树就越多样。如果 $k=m$，那么随机森林就等同于袋装法。

我们可以采用以下步骤来训练随机森林模型。

在第 i 个循环中，我们重复 B 次如下操作：

（1）从原始数据集 D 中随机采样一个自助数据集 D_i。

（2）使用 D_i 构建决策树 T_i，具体步骤如下：

（a）对于树的每一个节点，随机选择 k 个特征变量；

（b）使用所选特征变量，基于某一度量（例如，基尼系数、交叉熵）来确定最佳分裂点；

（c）使用最佳分裂点来分裂节点；

（d）递归地重复以上步骤来构建完整的树。

9.4 提升法

类似于袋装法，提升法（Boosting）同样可以叠加在不同的监督学习模型之上。提升法可以显著提升决策树模型的表现。提升法与袋装法的不同之处是：袋装法每次都在随机样本上生成一棵独立的决策树，而采用提升法每次生成的新的决策树都是基于之前决策树的表现。值得注意的是，提升法主要解决的问题不是过拟合问题，而是欠拟合问题。滥用提升法有可能会造成模型的过拟合。

提升法需要通过以下步骤来执行。

（1）首先作如下初始化：

（a）残差 $r^{(i)}:=y^{(i)}$，即在开始模型训练之前，残差等于目标变量本来的值；

（b）初始假设函数 $f(x)=0$。

（2）对以下步骤进行 B 个循环，在第 b 步，我们进行如下工作：

（a）用特征变量 x 与残差 r 来训练决策树模型，得到 $f^{(b)}$；

（b）将假设函数进行如下更新：

$$f(x):=f(x)+\lambda f^{(b)}(x)$$

（c）将残差进行如下更新：

$$r^{(i)}:=r^{(i)}-\lambda f^{(b)}(x^{(i)}))$$

首先，采用提升法不需要生成随机样本。其次，除了第一次生成的决策树外，之后每次生成的决策树都不是对原数据或随机样本数据的拟合，而是对原数据与模型拟合的残差进行拟合。也就是说，在每个循环中，我们都试图找到一棵新的决策树，以缩小之前模型预测与实际数据的差距。采用提升法时，要用到一个重要的参数 λ。该参数又叫收缩参数，用于控制学习的速率，一般被设为 0.1（但如同其他超参数一样，需要根据具体问题进行调整）。λ 越小，我们可能需要使用越多的树（即越大的 B 参数）来对模型进行拟合。

值得注意的是，如果我们处理的是分类问题，那么模型 $f(x)$ 输出的不是正类概率，而是对数赔率。这是因为用线性方式来叠加概率并不合适。我们可以使用逻辑函数将其转化为正类概率：$P(y^{(i)}=1)=\frac{1}{1+e^{-f(x^{(i)})}}$。具体操作比回归问题更为复杂，但是其原理一致。因此，我们在此也不赘述。

由于采用提升法能有效对数据进行拟合，因此我们也需要考虑该方法可能产生过拟合问题。在实际操作中，许多算法都加入了剪枝等操作来对提升法中所用到的决策树模型进行简化，从而达到减轻过拟合问题的效果。

常用的提升法

我们已经介绍了提升法的总体思路。在实际应用中，对机器学习的研究发现，有许多做法能对提升法进行优化。因此，现在也有一系列改进后的提升法可供选择。下面我们简单介绍经常用到的提升法，但是我们不会对其具体技术细节进行介绍。在之后的编程学习中，我们会用到其中的一些。

（1）AdaBoost（自适应提升算法）。

- 优点：简单易实现，能够处理高维数据和复杂的分类问题。
- 缺点：对噪声和异常值敏感，可能导致过拟合问题。

（2）XGBoost（极限梯度提升算法）。

- 优点：高效并且准确，具有自动处理缺失值的能力，支持并行处理。有防止过拟合机制。
- 缺点：对超参数敏感。

（3）LightGBM（轻量级梯度提升算法）。

- 优点：速度快，内存占用小，适用于大规模数据集，支持类别特征变量。
- 缺点：对数据中的噪声和异常值敏感。

（4）CatBoost（类别梯度提升算法）。

- 优点：对类别特征变量有良好的处理能力，不需要显式地进行特征变量转换。
- 缺点：训练时间可能较长，需要调整一些特定的超参数。

9.5　集成学习方法的优缺点

我们已经对集成学习方法有了一定的了解。许多集成学习方法可以有效降低模型过拟合的程度，从而产生良好的预测表现。另一些集成学习方法则主要可以减轻模型的欠拟合问题。这一类模型的使用范围广泛，经常会有很好的表现。但是，集成学习会使模型的可解释性丢失，让我们更加难以得知是何种因素让模型得到了其预测的结果。比如，在决策树中，我们可以直接通过对决策树节点上的样本分类条件进行分析得知哪些特征变量影响了模型对数据的分类结果。但是，如果我们使用集成学习方法，那么分类的结果是由多棵决策树得到的，而每棵决策树上的判断条件也有很大差异。因此，我们无法简单地判定哪些分类条件会影响最终的数据输出。这一问题不光出现在集成学习这一类方法上，在其他的复杂模型中也有所体现。我们在之后的章节中会讨论如何对复杂模型进行分析，以便得知特征变量如何影响预测结果。

9.6 程序

接下来，我们介绍两种应用广泛的集成学习程序。首先，我们使用随机森林来对每股收益进行预测。稍后，我们再介绍一种非常常用的提升法——XGBoost 算法——来对贷款违约进行预测。

导入库

使用 Pandas 存储数据；

导入 sklearn 库的 model_selection 模块的 train_test_split，用于划分训练集和测试集；

导入 sklearn 库的 ensemble 模块的 RandomForestRegressor，用于创建随机森林回归模型；

导入 sklearn 库的 metrics 模块的 mean_squared_error，用于计算模型的均方误差；

导入 xgboost 库的 XGBRegressor 类，用于创建 XGBoost 回归模型。

```
import pandas as pd
from sklearn.model_selection import train_test_split
from sklearn.ensemble import RandomForestRegressor
from sklearn.metrics import mean_squared_error
from xgboost import XGBRegressor
```

数据读取及处理

读取名为 ols_training.csv 的 CSV 文件中的数据，并将其存储在 data 变量中。

```
data=pd.read_csv("ols_training.csv")
```

接下来从清理后的数据中选择特征变量（包含三个名称分别为 pps、bm、roa 的特征变量），并将其保存在 X 中；

从清理后的数据中选择目标变量 eps_basic，并将其保存在 y 中。

```
X=data[['pps','bm','roa']]
y=data['eps_basic']
```

将数据集划分为训练集和测试集，测试集占总数据的 20%，训练集占总数据的 80%；将随机种子设为 42，以使结果可重复。

将用于训练的特征变量数据存储在 X_train 中，将用于测试的特征变量数据存储在 X_test 中；将用于训练的目标变量数据存储在 y_train 中，将用于测试的目标变量数据存储在 y_test 中。

```
X_train, X_test, y_train, y_test=train_test_split(X, y, test_size=0.2, random_state
=42)
```

使用随机森林模型进行预测

创建一个随机森林回归模型对象 rf_model，设置森林中树的数量为 100，节点分裂所需的最小样本数为 10，随机种子为 42，以使结果可重复。每次选取$\sqrt{m}$个特征变量来细分样本（max_feature='sqrt'）。

```
rf_model=RandomForestRegressor (n_estimators=100, min_samples_split=10, ran-
                              dom_state=42, max_features='sqrt')
```

使用 fit 方法对 X_train 和 y_train 进行随机森林回归分析。

```
rf_model.fit(X_ train, y_train)
```

使用训练好的模型对测试集特征变量进行预测，并将结果保存在 y_pred 中。

```
y_pred_rf=rf_model.predict(X_test)
```

计算测试数据和预测结果的均方误差，并将结果保存在 mse 中。

```
mse_rf=mean_squared_error(y_test, y_pred_rf)
```

打印均方误差。

```
print("Mean Squared Error:", mse_rf)
```

```
Mean Squared Error: 0.33777230363549576
```

使用 xgboost 算法

创建一个 XGBoost 回归模型对象 xgb_model，设置弱学习器数量为 100，学习率为 0.1，最大深度为 3，随机种子为 42，以使结果可重复。

```
xgb_model=XGBRegressor(n_estimators=100, learning_rate=0.1, max_depth=3,
random_state=42)
```

使用 fit 方法对 X_train 和 y_train 进行 XGBoost 回归分析。

```
xgb_model.fit(X_ train, y_train)
```

使用训练好的模型对测试数据进行预测，并将结果保存在 y_pred_xgb 中。

```
y_pred_xgb=xgb_model.predict(X_test)
```

计算测试数据和预测结果的均方误差，并将结果保存在 mse_xgb 中。

```
mse_xgb=mean_squared_error(y_test, y_pred_xgb)
```

```
print("Mean Squared Error:", mse_xgb)
```

```
Mean Squared Error: 0.314609705940678
```

结果分析

可见，集成算法在预测每股收益这个任务上有着非常好的表现。随机森林与 XGBoost 算法都在验证集上有较小的误差。相较于回归树算法，误差下降相当明显。这样的结果很好地说明了集成学习的优势。

习题

知识理解

1. 请阐述随机森林与袋装法的主要区别。
2. 请阐述随机森林与提升法的主要区别。
3. 请阐述如何通过改变随机森林每次选取的特征变量个数 k 来减轻过拟合问题。
4. 请阐述如何通过改变学习速率（λ）以及树的深度来减少采用提升法时遇到的过拟合问题。

程序操作

x_1	x_2	y
1.76	1.87	−0.10
0.40	−0.98	0.41
0.98	0.95	0.14
2.24	−0.15	1.45

1. 请用表中的数据，采用自助法生成三个随机样本。
2. 请使用随机森林来预测贷款违约情况。将森林中树的数量 n_estimator 分别调整至 2、10、50 并评估模型表现。将每次细分样本时使用的特征变量数量调整至 4（使用所有特征变量），并观察结果变化。
3. 请使用 XGBoost 算法来预测贷款违约情况。将学习速率 learning_rate 分别调整至 0.01、0.05、0.1，并观察模型表现。将树的最大深度 max_depth 分别调整至 1、3、5，并观察模型表现。

第10章

神经网络

学习目标

- 掌握神经网络的基本概念以及函数形式
- 理解如何使用神经网络进行预测分类以及回归
- 了解如何训练神经网络模型以及反向传播的概念
- 了解神经网络的正则化方法
- 熟悉如何使用程序训练以及调用神经网络模型

10.1 神经网络简介

人工神经网络（Artificial Neural Network，以下简称神经网络）是一种用途广泛的机器学习方法。其结构跟生物的神经结构有类似之处。虽然神经网络在 20 世纪 80 年代就被提出，但是直到十几年前，这种方法才重新得到重视。原因是：在过去的十几年中，我们的训练数据以及计算机算力都实现了飞跃，为训练复杂的神经网络提供了支持。在最近的机器学习研究中，神经网络展现了其强大的功能，在违约预测、图像识别、声音辨识、语言翻译等领域都可得到应用。甚至最新的大语言模型也依赖于神经网络方法。在本章中，我们将介绍基本的神经网络的结构及其应用。

10.2 神经网络的结构

图 10.1 展示了一个多层的神经网络。更具体地说，该神经网络是一个前馈神经网络（Feedforward Neural Network）。这种神经网络结构应用非常广泛，也是更复杂的神经网

络模型的基础。接下来我们会用这个图来解释神经网络的构成。

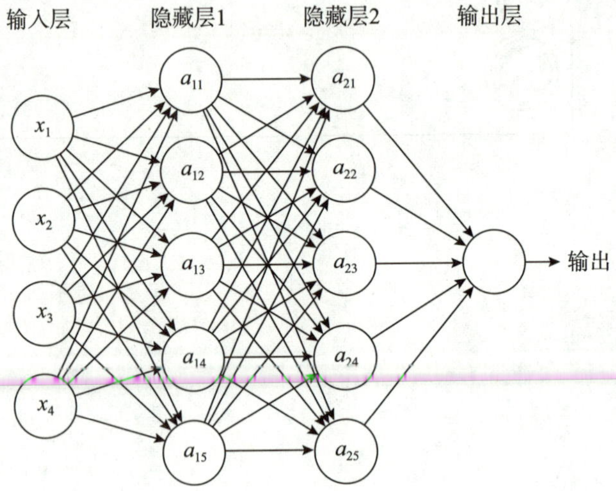

图 10.1　神经网络

前馈神经网络的基本结构单元是神经元（Neuron）。神经元被放置在神经网络的不同层。接下来，我们对神经网络的每个层的功能以及结构进行介绍。

10.2.1　输入层

输入层是神经网络的第一层。每一个输入单元代表模型的一个特征变量。因为在该层中我们并不进行任何运算，因此该层中的单元并不是严格意义上的神经元。

10.2.2　隐藏层

夹在输入层和输出层中间的为隐藏层。在图 10.1 中，有两个隐藏层。每一个隐藏层中都有五个神经元。神经元负责处理从上一层输入该神经元的数值，处理完毕后，再输出一个数值给下一层的神经元。由于这些神经元不负责最终的输出，因此我们将这些层称为“隐藏层”。我们可以根据实际情况增加隐藏层的层数以增加模型的复杂度。有的神经网络有十个甚至更多的隐藏层。当隐藏层增多的时候，神经网络的深度也随之增加。因此，层数较多的神经网络有时会被称为深度神经网络。这些模型也被称为深度学习模型。

每一个神经元实际代表的均是一个函数。该函数将输入的数据转换成输出值。每个神经元都将上一层的输出值作为输入值。以图 10.1 为例，隐藏层 1 中的神经元都连接到四个输入节点，而第二层的神经元都连接到五个处于隐藏层 1 的神经元。我们可以将每一层上的节点的值放到一个向量上。这些向量的第一个元素代表常数项，其他为上一层中得到的数据。例如，输入层为：

$$x=\begin{bmatrix}x_1\\x_2\\x_3\\x_4\end{bmatrix}$$

隐藏层 1 的输出值为以下向量：

$$a_1=\begin{bmatrix}a_{11}\\a_{12}\\a_{13}\\a_{14}\\a_{15}\end{bmatrix}$$

每个神经元都对应一个函数。该函数的输入值为上一层的输出值。例如，$a_{11}=f_{11}(x)$，而 $a_{21}=f_{21}(a_1)$。隐藏层 1 的神经元函数的形式如下：

$$\begin{aligned}a_{1k}&=f_{1k}(x)\\&=g(b_{1k}+w_{1k}^{\mathrm{T}}x)\end{aligned}$$

其中，b_{1k} 是一个标量，相当于回归中的常数项（等同于之前回归问题中的 w_0）。在神经网络中，这个系数经常被称为“偏置”。w_{1k} 是一个向量，存储对应输入信息的系数。w_{1k} 也被称为“权重”。因此，w_{1k} 是一个长度为 4 的向量。

隐藏层 2 的神经元则是以隐藏层 1 的结果 a_1 作为输入值：

$$\begin{aligned}a_{2k}&=h_{2k}(a_1)\\&=g(b_{2k}+w_{2k}^{\mathrm{T}}a_1)\end{aligned}$$

其中，g 函数被称为激活函数。激活函数可以有多种形式。早期的神经网络中，常用的激活函数是逻辑函数，即 $g(z)=\dfrac{e^z}{1+e^z}$。如图 10.2 所示，该函数的输出值在 0 和 1 之间。

最近常用的神经网络激活函数是整流线性函数（ReLU 函数）。ReLU 函数的形式如下：

$$g(z)=zI(z>0) \tag{10.1}$$

如果 $z>0$，则 I 取值为 1；如果 z 的数值不为正，则 $g(z)$ 输出 0。图 10.2 上也有 ReLU 函数。ReLU 函数的特点是：一旦 z 大于 0，那么该函数就相当于一个关于 x 或 a 的线性函数；反之，则输出 0。因此，该函数具有非线性的特点，只有输入值达到 0 的阈值，这个函数才会被“激活”，从而输出非零值。[①] 正是这种非线性的特点使整个神经网络变得强大，包括使我们的函数可以表示特征变量之间复杂的交互作用。[②]

---

① 在实际应用中，也会用到其他激活函数，比如 Leaky ReLU。我们在此不做讨论。

② 如果神经元使用的是线性函数，那么整个神经网络等同于一个简单的线性回归。

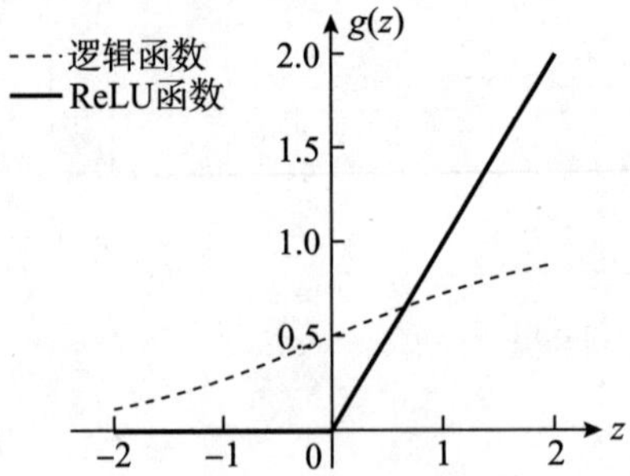

图 10.2 激活函数

10.2.3 输出层

最后一层是输出层。根据问题的需要，我们可以输出连续变量或输出分类。输出层的主要作用是收集隐藏层神经元所提供的信息，将这些信息进行汇总并根据我们的具体问题提供输出。根据问题的不同，输出层所使用的函数也会有所不同。我们用 $f_O(\cdot)$来表示输出层的函数。

如果我们要解决回归问题，那么输出函数可以是线性函数：

$$f_O(a_2)=b_O+w_O^{\mathrm{T}}a_2 \tag{10.2}$$

如果我们要解决分类问题，那么输出函数则可以用逻辑函数来输出一个分类概率：

$$f_O(a_2)=\frac{\mathrm{e}^{b_O+w_O^{\mathrm{T}}a_2}}{1+\mathrm{e}^{b_O+w_O^{\mathrm{T}}a_2}} \tag{10.3}$$

如果我们要解决多分类问题，那么也可以用软最大化（Softmax）函数作为输出函数。

10.2.4 网络结构的选择

神经网络是一类非常灵活的机器学习方法。在实际应用中，我们需要对具体使用的神经网络结构进行选择。除了输入数据的特征变量外，我们还需要选择隐藏层与输出层的激活函数。另外，我们也需要选择神经网络的层数，以及每一层中的神经元数量。值得注意的是，每一个隐藏层中的神经元数量不需要一致。

有研究发现，对于相同参数量的神经网络，深度的增加比宽度（即隐藏层中神经元的数量）的增加更有利于达到对数据进行拟合的效果。同时值得注意的是，由于神经网络的灵活性，使用神经网络时需要注意过拟合问题。尤其是当数据量较小时，采用深度神经网络模型很有可能会造成过拟合问题。因此，在实际使用过程中，需要根据数据的特性对神经网络结构进行最优化。

10.2.5 为什么使用神经网络

前面我们已经基本理解了神经网络的基本结构。不难发现，相较于之前所学习的很多模型，神经网络模型的结构相当复杂。我们现在了解的前馈神经网络不过是相对简单的一种神经网络模型。那么，我们为什么需要使用这种复杂的模型呢?

研究发现，即使较为简单的神经网络也可以很好地拟合相对复杂的函数。如图 10.3 的上图所示，该图中数据由一个三段线性函数组成。仅仅使用线性函数是无法对该数据进行很好的拟合的。但是，如图所示，我们只用含有一个隐藏层（三个隐藏神经元）的神经网络就很好地对数据进行了拟合。这是因为神经网络中的隐藏神经元使用的非线性函数以及对它们进行的排列组合使得模型具有极强的灵活性。

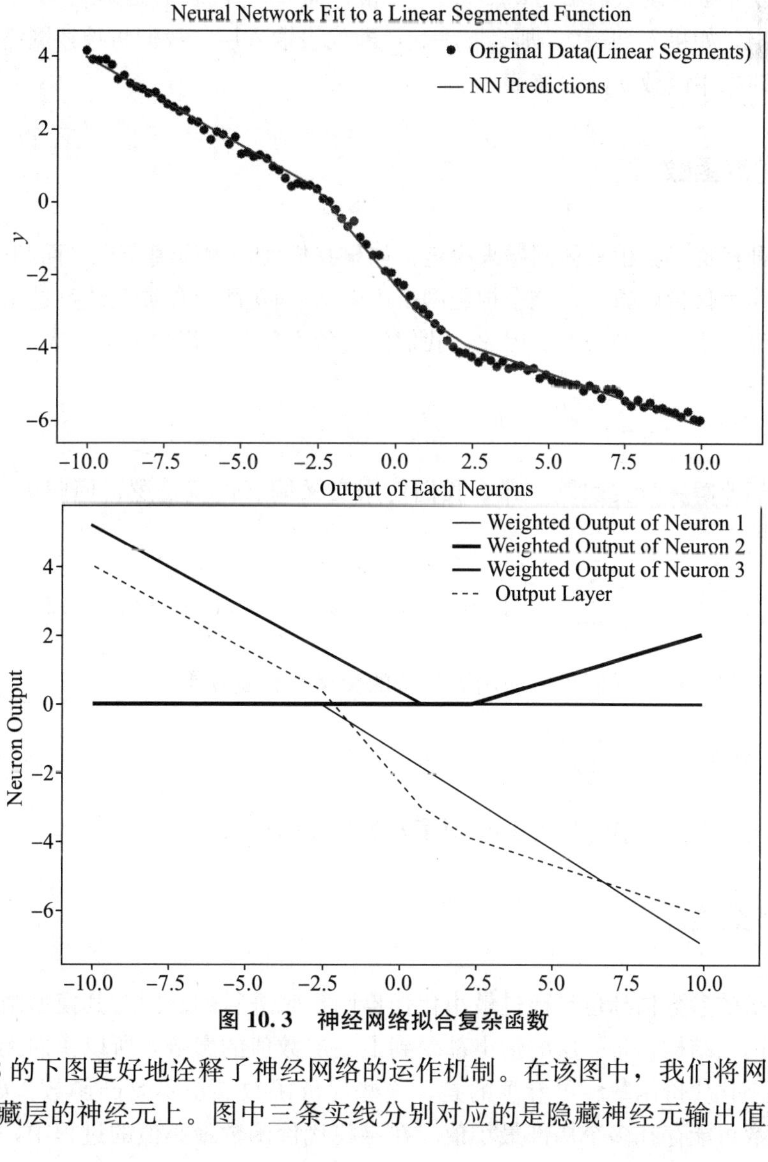

图 10.3 神经网络拟合复杂函数

图 10.3 的下图更好地诠释了神经网络的运作机制。在该图中，我们将网络的输出分解到三个隐藏层的神经元上。图中三条实线分别对应的是隐藏神经元输出值乘以对应的

输出层权重的数值（$a_{11}w_{O1}$，$a_{12}w_{O2}$，$a_{13}w_{O3}$）。因为这三个神经元都输出一个 ReLU 形式的非线性函数，因此，它们的值分别可以解释数据中一部分斜率的变化。最终得到的神经网络输出（用虚线表示）也呈现出几次斜率变化，正好能与数据拟合。

10.3 模型训练

神经网络的模型训练相比之前的线性回归以及逻辑回归更加复杂，但是其与之前的训练过程也有类似之处。比如，我们需要定义代价函数，也需要考虑梯度下降。为了方便讨论，我们先定义网络结构。我们需要训练的神经网络输入层有 m 个变量，有 L 个隐藏层，在第 l 个隐藏层有 S_l 个神经元。我们的训练数据中有 n 个数据点。第 l 个隐藏层的第 j 个神经元激活函数输出为 $a_{lk}=h_{lk}(a_{l-1})$，而 a_{l-1} 代表的是第 $l-1$ 个隐藏层所有神经元的输出。如果 $l-1=0$，那么 $a_0=x$，即代表输入层。我们将神经网络从输入 x 到输出的所有结果用函数 $f(x)$ 来表示。

10.3.1 代价函数

选用何种代价函数由具体问题来决定。如果我们要预测连续变量（回归问题），那么我们用方差作为代价函数。在这个神经网络中有 w 和 b 两个参数，调整这两个参数的取值将影响神经网络的预测误差。因此，我们的代价函数可以用以下形式表示：

$$J(w,b)=\frac{1}{2n}\sum_{i=1}^{n}(y^{(i)}-f(x^{(i)}))^2$$

如果我们要解决分类问题，那么我们使用交叉熵（也就是逻辑回归中的代价函数）作为代价函数：

$$J(w,b)=-\frac{1}{n}\sum_{i=1}^{n}[y^{(i)}\ln f(x^{(i)})+(1-y^{(i)})\ln(1-f(x^{(i)}))]$$

对于多分类问题，我们可以使用更复杂的交叉熵代价函数：

$$J(w,b)=-\frac{1}{n}\sum_{i=1}^{n}\sum_{k=1}^{K}[y_k^{(i)}\ln fk(x^{(i)})]$$

其中，K 为分类数量，而 fk 代表 h_θ 对第 k 类分类的输出。

10.3.2 参数估计

神经网络的参数估计也是通过最小化代价函数来进行的。因为其模型结构相对更复杂，并且是网络结构，每一层的输出都受到上一层数值的影响，所以我们无法采用简单的方法来最小化代价函数。更麻烦的是，这些代价函数甚至不是凸函数。如图 10.4 所示，非凸函数可能存在多个局部最小值。在寻找代价函数最小值的过程中，我们可能会遇到局部最小值而停止寻找。因为函数的复杂性，我们不一定能找到使代价函数最小化的参数，但是我们能试图找到一组参数来达到相对较好的局部最小值。

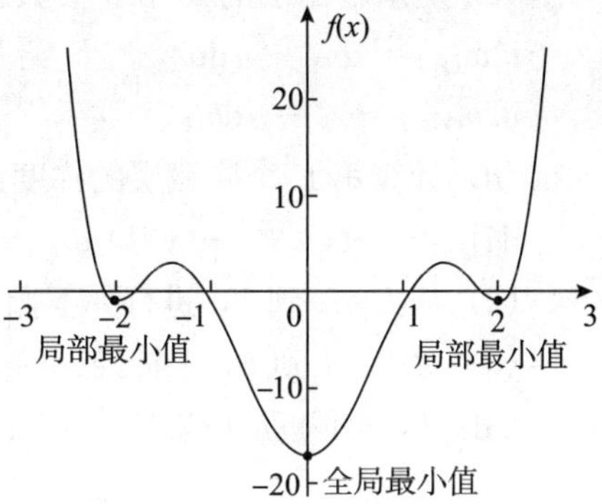

图 10.4　非凸函数

接下来，我们可以使用梯度下降方法来找到合适的 w 和 b 参数。这个过程主要包括三个步骤：

(1) 随机初始化模型系数 w 和 b。

(2) 反复进行以下两个步骤：

(a) 输入数据，并用神经网络进行前向传播，检测模型表现；

(b) 将模型输出与实际数据进行比较，用误差对梯度进行反向传播，并用梯度更新模型系数。

我们接下来具体介绍前向传播与反向传播的操作方法。

前向传播

在模型训练的过程中，我们需要反复检验当前模型输出与目标变量之间的距离。在神经网络中我们将取得 $f(x^{(i)})$的过程称为前向传播，因为在这个过程中，我们需要从输入层的数据开始一层一层地计算神经元的输出值，直到我们得到输出层的结果。

简单来说，对所有数据 $x^{(i)}$，$y^{(i)}$，我们进行如下操作：

(1) 对从 $l=1$ 到 L 层，进行如下操作（L 为隐藏层的层数）：

(a) 对该层 $k=1$ 到 S_l 的神经元的输出进行计算：

i. $z_{lk}^{(i)}:=b_{lk}+w_{lk}^{\mathrm{T}}a_{l-1}^{(i)}$。

ii. 神经元的输出值 $a_{lk}^{(i)}:=f_{lk}(a_{l-1}^{(i)})=g(z_{lk}^{(i)})$。

(2) 计算网络模型输出值：$f(x^{(i)})=f_O(a_L^{(i)})=g_O(b_O+w_O^{\mathrm{T}}a_L^{(i)})$。

反向传播

接下来，我们需要测试假设函数与数据拟合的表现，以更新模型的参数，具体做法是将梯度从输出层往输入层进行反向传播（Backpropagation）。我们用 $\mathrm{d}z$ 来标记对 z 变量的导数。$g'(z)$ 是激活函数的一阶导数。我们一般使用 ReLU 函数。该函数的一阶导数如下：如果 $z\geqslant 0$，那么 $g'(z)=1$，否则 $g'(z)=0$。α 为学习速率，是一个超参数。①

具体来说，操作步骤如下：

(1) 先计算输出层的梯度，梯度的表达式如下：

(a) $\mathrm{d}w_{Ok}:=\dfrac{1}{n}\sum_{i=1}^{n}(f(x^{(i)})-y^{(i)})a_{Lk}^{(i)}$。

(b) $\mathrm{d}b_O:=\dfrac{1}{n}\sum_{i=1}^{n}(f(x^{(i)})-y^{(i)})$。

---

① 实际上，反向传播依赖的是微积分求导中的链式法则。第 l 层中神经元参数的梯度取决于第 $l+1$ 层的梯度。

(c) 更新输出层的 w 和 b 参数：

i. $w_{Ok}:=w_{Ok}-\alpha\,\mathrm{d}w_{Ok}$。

ii. $b_{Ok}:=b_{Ok}-\alpha\,\mathrm{d}b_{Ok}$。

(d) 计算第 L 个隐藏层的梯度：

$\mathrm{d}a_{Lk}^{(i)}:=(f(x^{(i)})-y^{(i)})w_{Ok}$。

(2) 从 $l=L$ 到 1，进行如下操作（L 为隐藏层的层数）：

(a) 对 $k=1$ 到 S_L 个神经元的参数进行调整：

i. $\mathrm{d}z_{lk}^{(i)}:=\mathrm{d}a_{lk}^{(i)}g'(z_{lk}^{(i)})$。

ii. $\mathrm{d}w_{lk}:=\frac{1}{n}\sum_{i=1}^{n}\mathrm{d}z_{lk}^{(i)}a_{l-1k}^{(i)\mathrm{T}}$。

iii. $\mathrm{d}b_{lk}:=\frac{1}{n}\sum_{i=1}^{n}\mathrm{d}z_{lk}^{(i)}$。

iv. 更新 w 和 b 参数：

$w_{lk}:=w_{lk}-\alpha\,\mathrm{d}w_{lk}$。

$b_{lk}:=b_{lk}-\alpha\,\mathrm{d}b_{lk}$。

(b) 输出上一层 $\mathrm{d}a_{l-1}^{(i)}:=[w_{l1}^{\mathrm{T}},w_{l2}^{\mathrm{T}},\cdots,w_{lS_l}^{\mathrm{T}}]^{\mathrm{T}}\mathrm{d}z_l^{(i)}$。因为 w_{lk} 是 l 层 k 神经元的权重向量，所以 $\mathrm{d}a_{l-1}^{(i)}$ 是一个 S_{l-1} 维向量，每一个元素对应一个 S_{l-1} 层的神经元。

通过反复进行前向传播与反向传播，我们不断修正 w 和 b 参数，从而达到最小化代价函数的目的。以上步骤看上去十分复杂，但是在实际操作过程中，我们使用的机器学习软件包往往都已经对这些问题进行过处理和优化。因此，我们并不需要过多担心。

先进的梯度下降算法

由于深度神经网络的训练复杂度相比之前介绍的方法有了极大的提高，并且训练过程中我们经常需要使用海量的数据，因此我们通常会使用随机梯度下降。具体算法我们在此不做过多介绍，表 10.1 将梯度下降与随机梯度下降进行了简单对比。

表 10.1　梯度下降与随机梯度下降的对比

算法	梯度下降	随机梯度下降
数据使用	基于整个数据集进行更新	每次仅基于一个样本进行更新
优点	1. 参数更新具有确定性 2. 收敛路径明确 3. 可进行并行处理	1. 更新频繁 2. 适应大数据集 3. 更容易逃离局部最小值 4. 能根据样本特性调整更新方式
缺点	1. 计算成本高 2. 需要大量内存 3. 容易陷入鞍点 4. 更新方式单一	1. 更新具有高方差 2. 收敛较慢 3. 需要仔细调参 4. 小数据集上可能不够高效
常用场景	数据量适中且可完整加载时	大数据集或计算资源有限时，尤其是在深度学习时

如表 10.1 所示，研究显示随机梯度下降似乎可以帮助程序脱离局部最小值，从而达

到更好的代价函数最小化的效果。另一种更为先进的梯度下降方法被称为 Adam 算法。如果我们使用 Adam 算法，那么只需要设置初始学习速率。随后，这种算法会根据梯度下降的进度自动更新学习速率。

由于神经网络的结构可能非常复杂，因此我们更加需要仔细检查梯度下降的结果。神经网络的梯度下降过程很有可能不是随着训练的增加而呈现单调下降。为了更好地检验梯度下降的效果，我们可以构造一个损失曲线图（见图 10.5）。其中，横轴是我们训练的轮次，纵轴显示的是该训练轮次后，模型在训练数据上得到的损失函数值。从这个损失曲线图可以看出，随着训练轮次的增加，损失函数的取值逐渐减小，表明我们的训练达到了较好的效果。

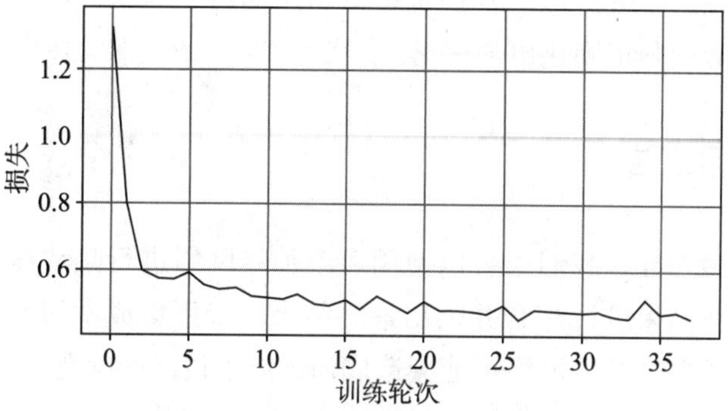

图 10.5　三层神经网络的损失曲线

10.4　神经网络正则化

随着神经网络深度的增加，模型的参数也会随之大量增加。因此，神经网络的复杂度往往非常高，所以很可能会存在过拟合问题。为了使模型达到更好的效果，我们需要对神经网络模型进行正则化，从而减小方差。以下简单介绍几种常用的神经网络正则化方法。

10.4.1　提前结束训练

一种简单的方法是提前结束训练。从理论上来说，我们应该反复进行正向传播以及反向传播，从而达到最小化代价函数的目的。但由于神经网络模型的灵活性，过多地进行正向传播及反向传播有可能造成过拟合问题。为了减小方差，我们可以考虑提前结束训练。这样我们的参数与训练数据的拟合程度会得到控制，因而可以减小模型的方差。

这种方法的好处是不需要对模型进行过多的修改，并且非常容易执行。简单来说，我们只要在训练之前指定训练次数即可。完成训练次数之后，就算梯度还可以继续下降，我们也终止对模型的训练。

10.4.2 范数正则化

如同在回归问题中一样，我们可以使用类似于岭回归的正则化项。以回归问题为例，我们可以将代价函数修改成如下形式：

$$J(w,b)=-\frac{1}{2n}\sum_{i=1}^{n}(y^{(i)}-f(x^{(i)}))^2+\lambda w_{kj}^2$$

采用这种方法时，我们需要找到一个合适的正则化参数 λ，这样做的好处是我们只需要对模型进行小幅的修改。虽然我们也可以利用类似于套索回归的范数正则化，但是在神经网络中利用岭回归正则化更加多见。

10.4.3 集成学习方法

如同决策树模型一样，我们也可以使用多个神经网络进行集成学习。最后，我们将多个神经网络的预测结果进行综合并输出最终结果。采用集成学习方法可以大大减轻过拟合问题。但是训练多个神经网络可能会造成训练成本过高的问题。

10.4.4 随机暂退法

随机暂退法（Dropout）是一种可应用于神经网络的正则化方法。我们可以设定一个暂退参数 φ。在每一层中，我们随机删除 $\varphi\times s_l$ [s_l 是第 l 层中神经元（或输入单元）的数量] 个神经元。对于每一个训练数据，我们都对网络进行随机暂退，同时对每一层的输出值我们也进行相应的缩放 [缩放比例为 $1/(1-\varphi)$]。

这种方法的思路与随机森林有相似之处，因为每次我们都会排除掉一部分信息。这种方法在减小方差的同时，不会过多增加计算量。

10.5 常用的神经网络结构

神经网络具有强大的功能，可以用于许多目标不同的工作中。但是，在使用神经网络时需要根据具体工作对其结构进行调整。接下来我们简单介绍几种常用的神经网络结构以及它们在经济金融领域的应用：

（1）前馈神经网络。前馈神经网络有着广泛的应用，也是很多其他种类的神经网络结构的基础。我们可以用这一类网络结构来预测连续变量（如股价变化）或分类变量（如贷款违约）。

（2）卷积神经网络。卷积神经网络主要针对图像识别。比如，我们可以根据输入的图片来判断其中的文字或物体。卷积神经网络的出现为经济金融研究提供了更多的数据源。在之后的章节中，我们将介绍如何将图像识别等技术应用到经济金融研究中，而卷积神经网络正是进行这些工作的强有力的工具。

（3）循环神经网络。循环神经网络既可以被用来分析时间序列数据（如经济增长、股票收益率等），也可以被用来获取音频中的信息，甚至可以被用于翻译和其他文本处理工作。但是，循环神经网络也有一些缺点，最大缺点是训练效率很低。因此，在近期的技术发展中，循环神经网络在很多领域的应用已经被 Transformer 模型取代。

（4）Transformer 模型。Transformer 模型在很多场景中的表现完全超越了循环神经网络，近期得到了非常广泛的应用。在近期的发展中，这一类模型已成为以 BERT 和 GPT 为代表的大语言模型的基础架构。在稍后的章节中，我们将介绍大语言模型的理论基础及应用并更详细地介绍 Transformer 模型的结构。

10.6 程序

在本小节，我们将介绍两种实现神经网络回归的方法。第一种是我们之前用过多次的 sklearn 程序库。该程序库中包含了机器学习的多种算法。我们也可以用该程序库中的模块进行神经网络模型分析。但是，由于神经网络算法极其复杂，为了实现更丰富的模型功能，我们往往需要使用更专业的神经网络程序库。常用的神经网络程序库包括谷歌推出的 Tensorflow 以及 Meta 公司推出的 PyTorch。另外，Keras 程序库配合 Tensorflow 对模型开发过程进行了简化。因为这些程序有着较为相似的功能，因此我们只选择一种进行介绍。这里我们要介绍的第二种实现神经网络的方法是 PyTorch。

神经网络结构多种多样，我们往往需要进行大量的实验才能取得较好的结果。在本章中，我们不对神经网络的结构进行过多探索，而主要阐释如何对其进行训练。

10.6.1 使用 sklearn 训练神经网络

数据读取及处理

读取名为 ols_training.csv 的 CSV 文件中的数据，并将其存储在 df 变量中。

定义一个特征变量列表 X，其中包含三个名称分别为 pps、bm、roa 的特征变量。

选取 df 数据中的 eps_basic 作为目标变量，并保存在变量 y 中。

```
df=pd.read_csv("ols_training.csv")
X=df[['pps','bm','roa']]
y=df['eps_basic']
```

将数据集划分为训练集和测试集，其中测试集占总数据的 20%，训练集占总数据的 80%，将随机种子设为 42，以使结果可重复。

将用于训练的特征变量数据存储在 X_train 中，将用于测试的特征变量数据存储在

X_test 中；将用于训练的目标变量数据存储在 y_train 中，将用于测试的目标变量数据存储在 y_test 中。

```
X_train, X_test, y_train, y_test=train_test_split(X , y , test_size=0.2, random_state=42)
```

创建一个 StandardScaler 对象，用于对数据进行标准化处理。

使用 scaler 的 fit_transform 方法计算数据集 X_train 的均值和标准差，并对数据进行标准化处理，之后将标准化后的结果保存在 X_train_scaled 中。

使用 transform 方法并使用与 X_train 同样的标准化标准，即 X_train 的均值和标准差，对 X_test 中的特征变量数据进行标准化处理，之后将标准化后的结果保存在 X_test_scaled 中。

```
scaler=StandardScaler()
X_train_scaled=scaler.fit_transform(X_train)
X_test_scaled=scaler.transform(X_test)
```

模型训练

创建一个 MLPRegressor 对象 nn，用于进行多层感知机回归分析。设置 4 个隐藏层，这些隐藏层依次有 10、20、20、10 个神经元。激活函数为 ReLU 函数，随机种子设为 42，最大迭代次数为 200 次。

```
nn=MLPRegressor(hidden_layer_sizes=(10,20,20,10) , activation='relu', random_state=42, max_iter=200)
```

使用 fit 方法对 X_train_scaled 和 y_train 进行多层感知机回归分析。

```
nn.fit(X_ train_scaled, y_train)
```

使用训练好的模型对测试集特征变量进行预测，并将结果存储在 y_pred 中。

```
y_pred=nn.predict(X_test_scaled)
```

计算预测结果与实际值之间的均方误差，并将结果保存在 mse 中。

打印均方误差。

```
mse=mean_squared_error(y_test, y_pred)
print(mse)
```

```
0.36337195639325487
```

显示损失曲线 获取损失曲线，该损失曲线记录了神经网络在训练过程中的损失变化情况。

```
loss_curve=nn.loss_curve_
plt.figure(figsize=(10,5))
plt.plot(loss_curve, label='Loss Curve')
plt.title('Loss Curve for the Three-Layer Neural Network')
plt.xlabel('Iterations')
plt.ylabel('Loss')
plt.legend()
plt.grid(True)
plt.savefig('loss curve.png')
plt.show()
```

输出结果请参见图 10.5。

10.6.2 使用 PyTorch 训练神经网络

接下来，我们使用 PyTorch 来训练神经网络。PyTorch 可以在神经网络的构建与训练中实现复杂的功能。当然，使用 PyTorch 来训练神经网络实现这些功能时，程序的复杂程度也同样会增大。

我们通过下面的程序来训练一个更为复杂的神经网络。PyTorch 有更先进的训练方法，因此可以让复杂的神经网络的训练更为快速。

导入库

使用 Pandas 存储数据；

导入 torch 库中的 nn 模块，用于构建神经网络模型；

导入 torch 库中的数据加载器模块，用于数据集的处理；

导入 sklearn 库中 model_selection 模块的 train_test_split，用于划分训练集和测试集；

导入 sklearn 库中 preprocessing 模块的 StandardScaler，用于数据标准化处理。

```
import pandas as pd
import numpy as np
import torch
from torch import nn
from torch.utils.data import TensorDataset, DataLoader
from sklearn.model_selection import train_test_split
from sklearn.preprocessing import StandardScaler
```

数据读取及处理

定义一个特征变量列表X，其中包含三个名称分别为pps、bm、roa的特征变量，并将其转换为float32类型；

选取df数据中的eps_basic作为目标变量，并将其转换为float32类型，保存在变量y中。

```
df=pd.read_csv('ols_training.csv')
X=df[['pps','bm','roa']].values.astype(np.float32)
y=df['eps_basic'].values.astype(np.float32)
```

将数据集划分为训练集和测试集，其中，测试集占总数据的20%，训练集占总数据的80%；将随机种子设为42，以使结果可重复。

将用于训练的特征变量数据存储在X_train中，将用于测试的特征变量数据存储在X_test中；将用于训练的目标变量数据存储在y_train中，将用于测试的目标变量数据存储在y_test中。

```
X_train, X_test, y_train, y_test=train_test_split(X , y , test_size=0.2, random_state=42)
```

创建一个StandardScaler对象，用于对数据进行标准化处理。

使用scaler的fit_transform方法计算数据集X_train的均值和标准差，并对数据进行标准化处理，之后将标准化后的结果保存在X_train_scaled中。

使用transform方法并使用与X_train同样的标准化标准，即X_train的均值和标准差，对X_test中的特征变量数据进行标准化处理，之后将标准化后的结果保存在X_test_scaled中。

```
scaler=StandardScaler()
X_train_scaled=scaler.fit_transform(X_ train)
X_test_scaled=scaler.transform(X_test)
```

将标准化处理后的训练数据和测试数据转换为torch.tensor，分别保存在X_train_tensor，X_test_tensor，y_train_tensor，y_test_tensor中，方便后续的深度学习计算。torch.tensor(y_train).view(−1, 1)将numpy array变成一个tensor。−1说明让程序自动计算tensor中元素的数量。因为y中只有一个变量，因此第二个维度的大小为1。

```
X_train_tensor=torch.tensor(X_ train_scaled)
y_train_tensor=torch.tensor(y_train).view(-1,1)
X_test_tensor=torch.tensor(X_test_scaled)
y_test_tensor=torch.tensor(y_test).view(-1,1)
```

创建TensorDataset对象，将训练数据和测试数据传入，分别保存在train_data和

test_data 中，生成可以用于后续深度学习计算的数据集。

```
train_data=TensorDataset(X_ train_tensor, y_train_tensor)
test_data=TensorDataset(X_test_tensor, y_test_tensor)
```

神经网络训练

使用 minibatch 将每个 batch 的样本数设置为 64。这说明在每一次训练中，我们不会使用所有的数据，而是随机选择 64 个数据点。这是随机梯度下降的一种形式。

```
batch_size=64
```

创建 DataLoader 对象 train_loader 和 test_loader，将训练集、测试集和 batch size 传入，生成可以用于后续深度学习训练的数据加载器。

```
train_loader=DataLoader(dataset=train_data, batch_size=batch_size, shuffle=True)
test_loader=DataLoader(dataset=test_data, batch_size=batch_size, shuffle=False)
```

检查是否有可用的 GPU，如果有，则使用 GPU 进行计算；反之，则使用 CPU 进行计算。在深度神经网络中，GPU 可以极大地加快训练速度。

```
device=torch.device('cuda' if torch.cuda.is_available() else 'cpu')
print(torch.cuda.is_available())
```

False

定义神经网络结构 定义一个名为 NN 的神经网络模型类。它继承自 torch.nn.Module，包含以下结构：

(1) 调用父类__init__方法，初始化网络模型，包含多个线性层和激活层：

(a) 第一层全连接层，输入特征变量维度 3，输出维度 100，非线性激活函数 ReLU；

(b) 第二层全连接层，输入维度 100，输出维度 100，非线性激活函数 ReLU；

(c) 第三层全连接层，输入维度 100，输出维度 100，非线性激活函数 ReLU；

(d) 第四层全连接层，输入维度 100，输出维度 50，非线性激活函数 ReLU；

(e) 最后一层全连接层，输入维度 50，输出维度 1。

(2) 定义前向传播过程，输入 x，经过网络模型得到输出。

```
class NN(nn.Module):
    def __init__(self):
        super(NN, self).__init__()
        self.network=nn.Sequential(
            nn.Linear(3,100),
            nn.ReLU(),
```

```
            nn.Linear(100,100),
            nn.ReLU(),
            nn.Linear(100,100),
            nn.ReLU(),
            nn.Linear(100,50),
            nn.ReLU(),
            nn.Linear(50,1)
        )
    def forward(self, x):
        return self.network(x)
```

实例化模型，并将其移动到指定设备上运行。

```
model=NN().to(device)
```

定义损失函数为均方误差损失函数。

```
criterion=nn.MSELoss()
```

定义优化器为 Adam 优化器，将学习率设置为 0.001，将权重衰减设置为 1e－5。

```
optimizer=torch.optim.Adam(model.parameters(), lr=0.001,weight_decay=1e-5)
```

定义训练模型函数 train_model，它接受五个参数，即 model（要训练的模型）、criterion（损失函数）、optimizer（优化器）、train_loader（训练数据加载器）以及 epochs（训练轮数，默认为 10 000 轮）。其结构具体包含：(1) 将模型设置为训练模式；(2) 遍历模型训练轮数，每次循环都会从训练加载器 train_loader 中获取一批新的输入数据和目标数据；(3) 将输入数据和目标数据移动到指定设备上；(4) 清空梯度缓存；(5) 模型对输入数据进行前向传播，得到输出；(6) 根据损失函数计算模型输出和目标之间的损失；(7) 反向传播，计算梯度值；(8) 根据梯度值更新模型参数；(9) 每训练 10 轮打印一次当前训练轮数和损失值。

```
def train_model(model, criterion, optimizer, train_loader, epochs=10000): mod-
    el.train()
    for epoch in range(epochs):
        for inputs, targets in train_loader:
            inputs, targets=inputs.to(device), targets.to(device)
            optimizer.zero_grad()
            outputs=model(inputs)
            loss=criterion(outputs, targets)
```

```
        loss.backward()
```

```
optimizer.step()
    if (epoch+1)%10==0:
print(f'Epoch {epoch+1}/{epochs}, Loss:{loss.item():.4f}')
```

调用训练模型函数进行训练。

```
train_model(model, criterion, optimizer, train_loader, epochs=200)
```

将模型设置为评估模式，方便我们接下来评估模型表现。

训练结束。因为我们使用小批次随机梯度下降，因此我们不一定能看到梯度单调下降。同时，这也说明我们的模型可能存在过拟合问题。

接下来，我们对训练好的模型进行验证。

```
model.eval()
```

在此环境下不计算梯度，不进行反向传播，只进行前向传播和计算损失值等操作，具体包括：(1) 模型对测试数据进行前向传播，得到预测值；(2) 根据损失函数计算测试损失值并将其转换为 python 数值类型。

```
with torch.no_grad():
    predictions=model(X_test_tensor)
    test_loss=criterion(predictions, y_test_tensor).item()
```

打印测试损失值。

```
print(f'Test Loss: {test_loss:.4f}')
```

```
Test Loss: 0.3574
```

习题

知识理解

1. 请绘制以下神经网络：输入层有两个变量（x_1，x_2）；有三个隐藏层，每一层的神经元数量依次为 3、2、3；激活函数为 ReLU 函数；输出层是一个线性函数。请标出每一层第一个神经元的函数。

2. 如果以上神经网络与数据拟合不佳，其问题是欠拟合，那么我们如何修改神经网络以减轻该问题？

计算题

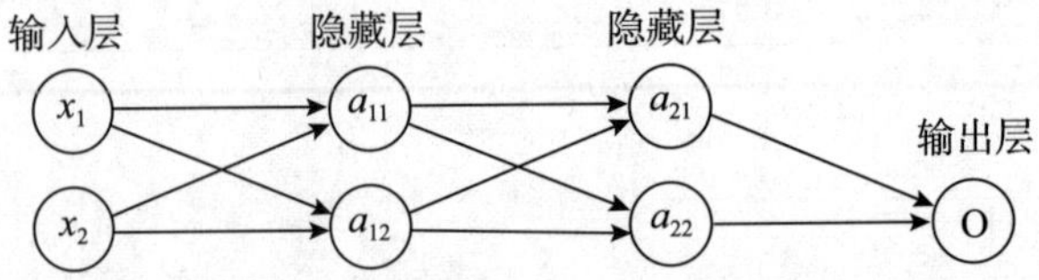

假设我们有如上神经网络结构。请根据下表中的 w 和 b 参数以及激活函数形式计算最终输出值。

神经元	b	w_1	w_2	激活函数
a_{11}	0.06	0.5	−2	ReLU 函数
a_{12}	−2.94	−1.2	−2.7	ReLU 函数
a_{21}	5.5	3	−4	ReLU 函数
a_{22}	−0.8	1.1	−0.93	ReLU 函数
O	4.2	1.8	0.1	逻辑（Sigmoid）函数

程序操作

请对本章中的神经网络程序进行以下修改，并评估修改后的模型表现：

1. 减少一个隐藏层。
2. 在输出层之前增加一个隐藏层。该层中有 10 个神经元。

第11章

监督学习小结

学习目标

- 熟悉不同模型的优缺点
- 了解如何使用特征变量重要性
- 了解如何使用 SHAP 值增强模型的可解释性
- 熟悉使用程序实现模型的可解释性的方法

本章对监督学习的方法以及技巧做一个小结。首先，我们回顾一下监督学习的应用场景。然后，我们对介绍过的主要模型进行一个简单的比较。最后，我们介绍如何增强复杂模型的可解释性。

11.1 监督学习方法回顾

接下来，我们对之前介绍过的监督学习方法进行简单的回顾。

11.1.1 监督学习方法在金融中的应用

监督学习方法在金融中有着广泛的应用场景。监督学习方法既可以用于对回归问题，即对连续变量进行预测，也可以用于对分类问题进行预测。监督学习方法的特点是：我们需要给出一些例子来训练模型中的参数。而作为例子的训练数据中必须有特征变量（即 x 变量）以及目标变量（即 y 变量）的数值。一旦模型训练完成，我们就可以用其来预测新的数据。

我们已经讨论过几种应用，包括预测贷款违约及预测公司基本面。除了这些应用之外，我们还可以将其用于其他预测问题。例如，我们可以预测公司股价变化、房价的涨跌幅度，以及经济指标的变化。根据具体问题以及数据量，我们可以选择适合的监督学习方法。

11.1.2 监督学习模型比较

接下来，我们对之前介绍过的一些主要的监督学习模型进行一个比较（见表 11.1）。虽然每个模型在不同维度的表现都会根据具体模型以及数据量的变化而变化，但是我们可以大致对模型在一般应用场景中的表现做一个初步的评价。

表 11.1 模型比较

模型	输出类型	计算成本	模型复杂性	可解释性	过拟合	欠拟合
线性回归	回归	低	低	强	低	高
逻辑回归	分类	低	低	强	低	高
决策树	回归/分类	中	中	强	中	中
随机森林	回归/分类	高	高	中	中	低
提升法	回归/分类	高	高	中	高	低
神经网络	回归/分类	高	高	弱	高	低

由表 11.1 可知，简单模型的优势是有着很强的可解释性，且计算成本较低。复杂模型则往往会牺牲可解释性，但可以更好地对数据进行拟合。在减轻欠拟合问题的同时，复杂模型也存在更高的过拟合风险。

为了减少过拟合风险，我们需要对模型进行验证。此外，我们也可以采用正则化方法来减少模型的方差，以减轻过拟合问题。

11.2 复杂模型的可解释性

如前文所讨论的那样，随着模型复杂性的增大，模型的可解释性往往会大幅下降。因此，很多时候复杂的机器学习被当成“黑盒子”。虽然这些模型的预测能力极佳，但是我们却无从得知模型为何会有如此优异的表现，以及哪些特征变量对模型的优异表现产生了最重要的影响。本节我们将简单介绍两种增强复杂模型的可解释性的方法。

11.2.1 特征变量重要性分析

特征变量重要性分析一开始是针对随机森林模型开发的方法。该方法主要检验以下问题：如果我们将模型中的一个或多个特征变量删除，那么模型的表现会受到多大的影响？下面我们介绍一种特征变量重要性分析方法。

首先，我们定义一个模型表现的测度。例如，我们可以用均方误差作为回归问题的测度，也可以用交叉熵或者分类错误率作为分类问题的测度。为了保持一致性，我们将这个测度函数称作 $J(w)$。我们的原数据是 $x^{(i)}$，$y^{(i)}$。我们将所有数据点放到一起，用 X 代表含有所有特征变量数据的矩阵，用 y 代表含有所有目标变量的向量。

接下来我们进行如下操作：

(1) 先计算出基于数据 X，y 的代价函数值 $J_0(w)$。

(2) 然后，对 n 个特征变量采用如下方法计算其特征变量重要性：

(a) 对第 j 个特征变量，重复以下步骤 K 次：

i. 将 X 矩阵中的第 j 列（即对应特征变量 j 的数据）随机化，生成新的矩阵 X_j；

ii. 将模型放到新的数据 X_j，y 上，得到代价函数 $J_j(w)$；

iii. 计算代价函数 $J_j(w)$ 与原代价函数 $J_0(w)$ 的差值或比例。

(b) 算出 K 次计算的 $J_0(w)-J_j(w)$ 或 $J_j(w)/J_0(w)$ 的均值作为 j 特征变量重要性的度量。

该方法的思路是通过随机化将某个特征变量中的信息变成噪声。因此，被随机化的特征变量不能给模型提供任何有效信息。然后，我们可以得出当该变量的信息被屏蔽之后模型表现与该变量的信息仍然有效的时候模型表现的差距。

我们之前用随机森林来预测每股收益。在这个模型中，我们使用了三个特征变量（股价、账面市值比以及资产收益率）。图 11.1 展示了三个特征变量的重要性。根据该图，股价在该随机森林模型中是最重要的特征变量。账面市值比与资产收益率分别是第二、第三重要的特征变量，但这两者相差较小。①

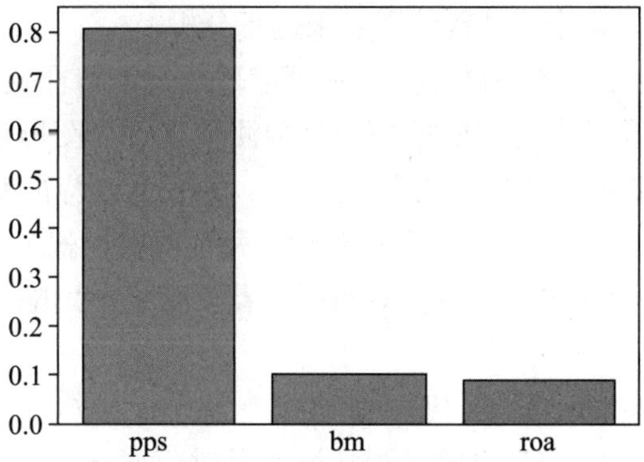

图 11.1 三个特征变量的重要性

11.2.2 SHAP 值

SHAP 值是一种给机器学习模型提供可解释性的方法。其起源于博弈论里的夏普利值（Shapley Value）。这种方法可以将模型的预测值分解到每一个特征变量上。计算

① 将这些特征变量重要性与回归方法的系数进行比较不难发现，回归系数的绝对值与特征变量重要性有着紧密的联系。

SHAP 值的具体方法有很多种，我们在此不做过多讨论。这一部分主要讨论如何使用以及解释 SHAP 值。

使用 SHAP 值时，程序会针对每一个数据点输出一系列数据。表 11.2 显示的是五个数据点的 SHAP 值。在这个模型中，我们用到了三个特征变量，因此也会产生三个 SHAP 值。所有数据点都有 5.5 的基础值，之后的模型预测可以作如下分解：

$$f(x^{(i)}) = \underbrace{5.5}_{\text{基础值}} + \mathrm{SHAP}(x_1^{(i)}) + \mathrm{SHAP}(x_2^{(i)}) + \mathrm{SHAP}(x_3^{(i)})$$

表 11.2 SHAP 值与模型预测

数据	x_1	x_2	x_3	模型预测
	0.2	0.8	−0.3	6.2
	−0.5	0.7	0.3	6.0
	0.4	−0.2	0.1	5.8
	0.1	0.3	−0.4	5.5
	−0.2	0.5	0.4	6.2

SHAP 值同样适合用图形来表示。图 11.2 的上半部分是一个瀑布图，它显示了在一个数据点中模型是怎样预测的。灰色表示正向的贡献，黑色表示负向的贡献。对于这个数据点，股价的贡献是 0.83，账面市值比的贡献是−0.03，资产收益率的贡献是 0.01。样本中每股收益的均值是 0.858，因此模型预测每股收益是 0.858+0.01−0.03+0.83=1.668。这种瀑布图非常适合针对某个或某些数据点来进行分析。

图 11.2 的下半部分是一个蜂群图。该图可以展示每个特征变量如何影响每个样本。在这个图中，我们分别将三个特征变量与最终预测值进行了图形化的展示。每个圆点代表一个样本。y 轴表示该样本中特征变量的值。x 轴表示该特征变量在每个数据点上的 SHAP 值。可见，股价（pps）越大，我们预测的每股收益也就越高（因为灰色的点往往具有较高的 SHAP 值）。bm 与 roa 也会对每股收益产生正向影响，但是这些影响没有股价的影响强烈。

如果我们的模型预测的是分类问题，那么模型预测输出 $f(x^{(i)})$ 是模型对数据 i 分类概率的预测。因此，对应的 SHAP 值是该特征变量对预测概率的影响。SHAP 值为正说明该特征变量增大了数据 i 的分类为正（即 $y=1$）的可能性，SHAP 值为负则说明该特征变量减小了数据 i 的分类为正的可能性。

与特征变量重要性相同的是：SHAP 值可用于任何机器学习模型，因此有着广泛的使用场景。与特征变量重要性不同的是：SHAP 值可以针对每个数据的预测提供解释。因此，如果我们对某个（或者一些）数据的预测有兴趣，可以使用 SHAP 值来说明重要的特征变量。如果我们的模型是用来审批贷款，那么 SHAP 值可以解释为什么某笔贷款会被批准或被否决。

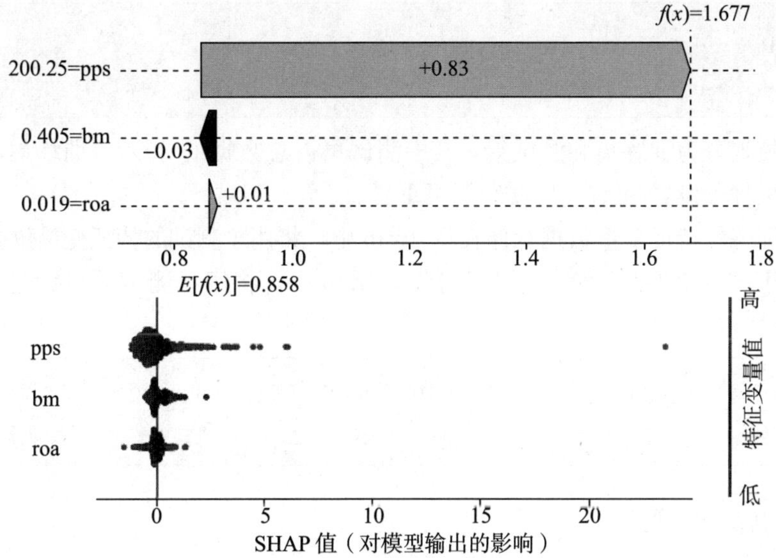

图 11.2　SHAP 值

11.3　程序

导入库

使用 Pandas 存储数据；

导入 sklearn 库的 model_selection 模块的 train_test_split 函数，用于划分训练集和测试集；

导入 sklearn 库的 ensemble 模块的 RandomForestRegressor 类，用于创建随机森林回归模型；

导入 shap 库，用于解释机器学习模型的预测结果。

```
import pandas as pd
from sklearn. model_selection import train_test_split
from sklearn. ensemble import RandomForestRegressor
import shap
import matplotlib. pyplot as plt
import numpy as np
```

数据读取及处理

```
data=pd. read_csv("ols_training. csv")
```

将三个名称分别为 pps、bm、roa 的特征变量存入 X 中；

接下来从清理后的 data 数据中选取目标变量 eps_basic，并将其保存在变量 y 中。

```
X=data[['pps','bm','roa']]
y=data['eps_basic']
```

将数据集划分为训练集和测试集，其中测试集占总数据的 20%，训练集占总数据的 80%；将随机种子设置为 42，以使结果可重复。

将用于训练的特征变量数据存储在 X_train 中，将用于测试的特征变量数据存储在 X_test 中；将用于训练的目标变量数据存储在 y_train 中，将用于测试的目标变量数据存储在 y_test 中。

```
X_train, X_test, y_train, y_test=train_test_split(X, y, test_size=0.2, random_state=42)
```

使用随机森林模型

创建一个随机森林回归模型对象 rf_model，将随机种子设置为 42，树的数量设置为 100，最小样本分裂数设置为 10。

```
rf_model=RandomForestRegressor(n_estimators=100, min_samples_split=10, random_state=42)
```

使用 fit 方法对 X_train 和 y_train 进行随机森林回归分析。

```
rf_model.fit(X_train, y_train)
```

获取随机森林回归模型的特征变量重要性，并将其保存在变量 feature_importances 中。

```
feature_importances=rf_model.feature_importances_
```

打印特征变量重要性

```
print("Feature importances:", feature_importances)
```

```
Feature importances: [0.58984187 0.19390047 0.21625766]
```

根据特征变量重要性对特征变量进行排序，indices 为排序后的索引。

```
indices=np.argsort(feature_importances)[::-1]
```

将特征变量名称根据排序后的索引重新排列，names 中存储的即为排序后的特征变量名称列表。

```
names=[['pps','bm','roa'][i] for i in indices]
```

绘制一个条形图，x 轴为特征变量的索引，y 轴为特征变量重要性，特征变量重要性由 feature_importances 提供，特征变量的索引由 indices 提供。

```
plt. figure(figsize=(10,7))
plt. title("Feature Importance")
plt. bar(range(X. shape[1]),feature_importances[indices])
plt. xticks(range(X. shape[1]),names, rotation=90)
plt. show()
```

输出结果参见图 11. 1。

使用 Shap 增强模型可解释性

创建一个 shap 解释器对象 explainer，用其来解释 rf_model 对任意输入数据的预测结果。

```
explainer=shap. Explainer(rf_model)
```

使用 Explainer 对象对测试集数据进行解释，得到每个特征变量对预测结果的影响值，并将其存储在 shap_values 变量中。

```
shap_values=explainer(X_test)
```

使用 shap 库的 plots. waterfall 函数绘制一个瀑布图，来可视化 shap_values 中第一个元素的影响。

使用 shap 库的 summary_plot 函数绘制 shap_values 的汇总图，可以更直观地查看每个特征变量对预测结果的影响。

```
plt. figure(figsize=(12,10))
shap. plots. waterfall(shap_values[0])
plt. close()
shap. summary_plot(shap_values, X_test)
plt. close()
```

输出结果参见图 11. 2。

习题

知识理解

1. 请说明以下损失函数适用于解决何种问题：

- 均方误差（MSE）；
- 交叉熵（cross-entropy）；
- Softmax。

2. 请说明对于过拟合问题有哪些改善方法。

3. 请说明正则化会增强还是减弱模型的可解释性。

4. 请说明我们一般如何确定模型的超参数。

5. 我们所讨论过的监督学习模型中，哪些适合用于数据量较大的工作？哪些适合用于数据量较小的工作？

程序操作

1. 请使用随机森林来拟合贷款违约数据。

2. 请使用特征变量重要性来阐述哪些变量对模型的结果有着较大的影响。

3. 请使用 Shap 值对特征变量重要性及其影响的方向做出解读。请选择数据中的前 3 个数据点，并使用 Shap 值来阐述数据中的特征变量如何影响模型对这三个数据点的预测结果。

第 4 部分

无监督学习

第12章

主成分分析

学习目标

- 熟悉主成分分析的应用范围
- 理解主成分分析的算法
- 掌握如何运用程序实现主成分分析

12.1 案例：投资策略

预测股票收益率是金融学界以及业界都非常关心的问题。在量化投资领域，研究人员找到了大量投资策略，有论文甚至总结出了上百种不同的股票投资信号。但是，这些信号中有许多可能包含着类似的信息。例如，这些信号中可能包括一系列估值比（市盈率、市净率、市售率等）。对这些估值比的计算通常是用公司的股价除以每股基本面信息（例如每股收益、净资产或销售额），因此它们之间往往都存在正向的相关性。当我们预测股票收益率时，可以将所有变量都作为模型特征变量，但是这种方法会存在两个问题：第一，大量特征变量可能会降低模型训练速度。第二，当模型中大量特征变量有很强的相关性时，模型的表现可能会不稳定。

在这一章中，我们将介绍一种有助于解决以上问题的无监督学习方法：主成分分析方法。

12.2 主成分分析方法

12.2.1 主成分分析方法简介

主成分分析（Principle Component Analysis，PCA）方法能够从多个变量中提取出共同的信息，从而可以将大量变量转换为数量更少的变量，同时又能保留这些变量中的大部分信息（我们将这一过程称为降维）。因此，我们可以通过主成分分析方法达到减少模型中的特征变量数量，从而提高模型的训练速度的效果。同时，主成分分析方法还可以降低模型特征变量的相关性。除此之外，主成分分析方法也经常被用于将高维度的数据的维度降低到两维或三维，从而使数据实现原本难以实现的可视化。因此，主成分分析方法是一种应用非常广泛的辅助方法。

我们先用一个具体的案例来简单介绍主成分分析方法。在我们的数据中，有两个相关度较高的数据：市售比（每股销售额除以股价）和市盈率（每股盈利除以股价）。我们将预处理好的两个变量分别称为 x_1 与 x_2。将样本中的数据在图 12.1 中标记出来。如果我们想将这两个变量整合成一个新的变量，我们就可以采用主成分分析方法。

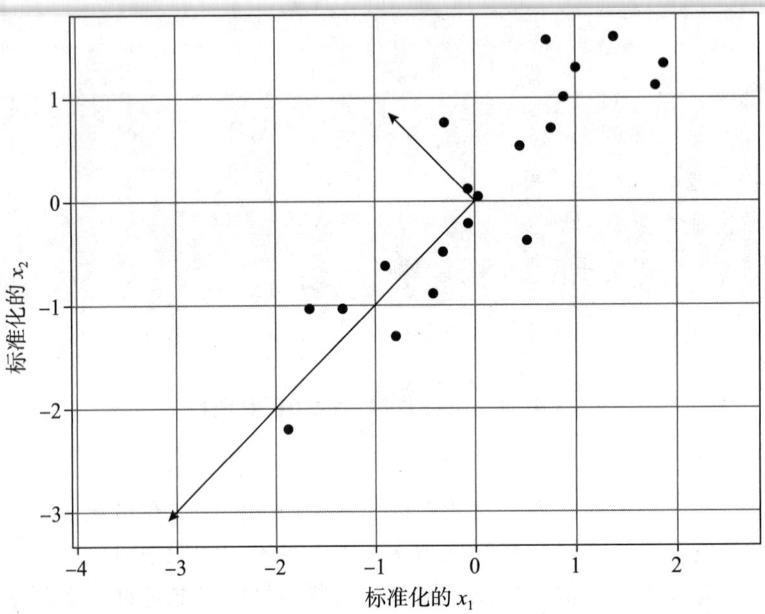

图 12.1　主成分分析方法

因为我们的数据中有两个变量，所以我们可以得到两个代表主成分的向量。在图 12.1 中，这两个代表主成分的向量分别由一长一短的箭头表示。在主成分分析中，我们一般会将主成分进行排序。最大主成分能够揭示数据中最主要的变动。更确切地说，最大主成分能最小化所有数据点与该向量间的垂直距离。因此，我们用较长的向量来代表第一个主成分，同时可以抽取第二个主成分。该主成分与第一个主成分向量垂直，并且可以解释剩下数据的变化。

如果我们需要将这两个变量总结到一个变量中，那么可以将每个数据点投射到第一个主成分上，这样我们可以得到一个新的变量 z_1。该变量是由原有的两个变量线性组合而得到的。如图 12.2 所示，新的变量 z_1 是由 x_1 与 x_2 变量在第一个主成分向量上投射而形成的。

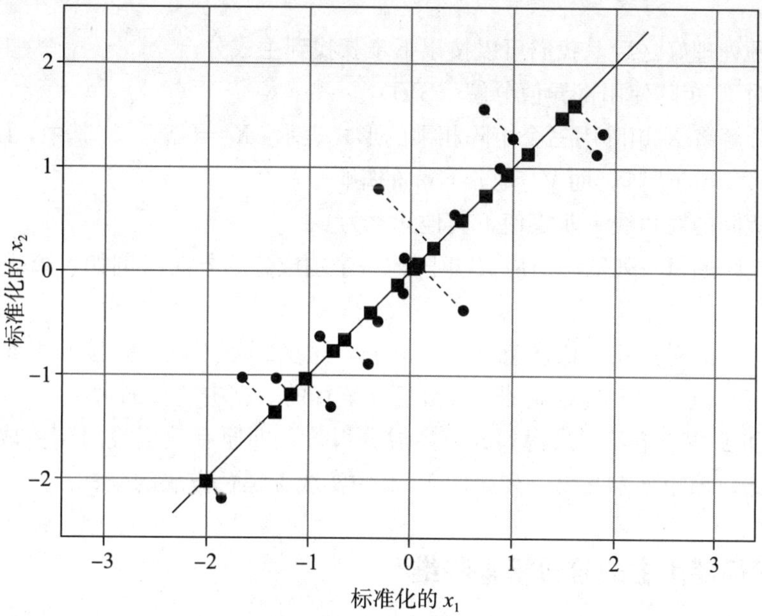

图 12.2　用主成分分析方法进行降维

以上，我们通过两个变量简单介绍了主成分分析方法。更广泛地说，如果我们的数据中有 m 个变量，那么可以对其进行居中与缩放，这样每个变量的均值为 0、标准差为 1。对于 x_1，x_2，…，x_m，我们可以得到 m 个主成分 z_1，z_2，…，z_m。这些主成分变量有如下特性：

- 主成分 z_i 是 x_1，…，x_m 的线性组合，或 $z_i=v_i^{\mathrm{T}}x$；
- 所有主成分之间都没有相关性（$z_i^{\mathrm{T}}z_j=0$，如果 $i\neq j$）；
- 从 z_1 主成分到 z_n 主成分，所能解释的数据中的变化会依次减少。

12.2.2　如何找到主成分

预处理

在进行主成分分析之前，我们先要对数据进行以下缩放：

$$x_j:=\frac{x_j-\mu_j}{s_j}$$

其中，μ_j 是 j 变量的均值，s_j 是 j 变量的方差。这样可以让新的 x 向量的均值为 0，并且方差都为 1。这样操作会使不同的数据更具有可比性。①

主成分分析算法

在实际操作中，有多种主成分分析算法。下面我们介绍一种较为常用的、使用矩阵

① 若不对数据进行缩放，那么主成分将被变化最大的变量主导。

分解的算法。

将数据预处理好之后，我们可以按以下步骤找到主成分：

（1）针对 X 矩阵使用奇异值分解（SVD）。

（a）该分解将 X 矩阵用三个矩阵相乘的形式表示：$X=U\Sigma V^{\mathrm{T}}$。其中，U 是 $n\times n$ 的矩阵，Σ 是 $n\times m$ 的矩阵，而 V^{T} 是 $m\times m$ 的矩阵。

（b）S 矩阵的对角线为非零值，其他元素为 0。

（2）V 矩阵的每一列依次对应 X 矩阵的一个主成分的方向（例如，第一列是图 12.2 中实线的方向）。

（3）Σ 矩阵的对角线上依次有 σ_1，…，σ_n，这些都是正数，并按从大到小的顺序排列。它们是奇异值，代表其对应的主成分所能解释的数据中变化的大小。

（4）U 和 Σ 两个矩阵相乘得到的是主成分得分，即原有数据投射到主成分方向后的新坐标。例如，该矩阵中的第一列是图 12.2 中实线上黑色方块的坐标。

12.2.3 如何使用主成分分析来降维

找到主成分后，我们就可以对数据进行降维了。此时，我们需要对新数据的维度 k 进行选择。为了达到降维的效果，我们让 $k<m$。接下来，我们选取 U 矩阵中的前 k 列（我们称该矩阵为 U_k），以及 Σ 矩阵中左上角的 $k\times k$ 子矩阵（我们称之为 Σ_k）。

将这两个子矩阵相乘，我们得到了 $Z^*=U_kS_k$ 的 $n\times k$ 矩阵。这个矩阵代表 X 矩阵由 m 维降为 k 维的结果。

如果我们选取 $k=1$，那么这一步骤的效果如图 12.2 所示，即将高维数据投射到维度较低的主成分向量上。[①] 在实际操作中，我们可以将任意高维（m 维）数据降至较低的维度（k 维）上。

如何选择数据维度

如何选择降低后的数据维度 k 呢？我们可以通过 Σ 矩阵来做一些计算。Σ 矩阵中的对角线上的奇异值依次是 σ_1，…，σ_m，并且满足 $\sigma_1>\sigma_2>\cdots>\sigma_m$。因此，排名越靠前的主成分能解释的数据中的变化越多。降维操作主要是靠移除排名靠后的主成分（也就是舍弃排名 $>k$ 的主成分中的信息）来达到目的。如果我们将数据由 m 维降为 k 维，那么我们所丢失的数据的方差为：

$$1-\frac{\sum_{i=1}^{k}\sigma_i^2}{\sum_{i=1}^{m}\sigma_i^2}$$

在加速训练中，有时大家会建议该方差丢失不应大于 0.01，但是大家需要根据具体情况对这个标准进行调整。

---

① 在图 12.2 中，我们达到的效果是将数据（x_1，x_2）由二维降至一维。

维度的选择与模型的偏差及方差　另外，选取主成分的特征变量 k 也会对模型的偏差及方差产生影响。如果我们选取少量特征变量（$k << m$），那么模型的方差较小，而偏差较大。如果我们选取较多的主成分（$k \approx m$），那么我们得到的模型往往方差较小，而偏差较大。

实际上，有些研究发现，使用主成分作为回归的特征变量所达到的效果与之前提到的岭回归类似。当我们使用较少主成分的时候，相当于在岭回归中设置了较大的正则化参数 λ。相反，选择较多的主成分作为回归模型的特征变量，约等于在岭回归中设置较小的正则化参数，因此得到的结果会与普通的回归模型更为相似。

加速训练

得到 $z^{(1)},\cdots,z^{(n)}$ 后，我们就生成了一个新的数据。在这个新的数据中，我们的目标变量仍然是 y，但是特征变量由 $z^{(i)}$ 变成 $x^{(i)}$，因此数据中的数据点为$(z^{(1)},y^{(1)}),\cdots,(z^{(n)},y^{(n)})$。降维之后，我们在训练中只需要考虑 k 个特征变量。因为 $k<m$，所以我们减少了训练中所使用的特征变量数量，从而能达到提高训练速度的效果。

12.3　知识拓展：偏最小二乘回归

采用主成分分析方法的目标是抽取能最大限度地解释所有变量的变化的主成分。主成分分析方法可以用于降低监督学习方法中特征变量的维度，从而达到加速监督学习训练的作用。但是这种降维方法在应用中也存在一些问题，因为我们在使用主成分分析时，仅仅考虑特征变量间的关系，而并未考虑特征变量与目标变量间的关系。

如果我们想在降低特征变量维度的同时与目标变量高度相关，那么可以考虑使用偏最小二乘（Partial Least Square，PLS）回归方法。也就是说，这种方法抽取的低维变量需要同时与特征变量和目标变量有较强的相关性。

假设我们有 m 个特征变量，并且需要用这 m 个特征变量来预测目标变量 y，那么我们可以使用如下最小二乘回归算法：

（1）将 y 与所有 x_j 都进行标准化，标准化后这些变量的均值为 0、标准差为 1。

（2）设置一个变量 $\tilde{y}:=y$。

（3）重复以下步骤 m 次：

（a）将 $\tilde{y}$ 变量回归到 x_j 变量上。在这一步中，我们需要进行 m 个一元线性回归，每进行一个一元线性回归，我们都会得到一个系数 w_j。w_j 相当于 y 与 x_j 的相关系数。

（b）新变量 $z_i=\sum_{j=1}^{m} w_j x_j$。

（c）将 $\tilde{y}$ 变量回归到 z_i 变量上，并将 $\tilde{y}$ 设为该回归的残差。

通过这一算法，我们可以得到新变量 z_1，…，z_m。这些变量相当于主成分分析中的主成分。两个不同的 z 变量之间没有相关性，这是因为每次我们建构新的 z_i 变量都是基于 y 与 z_1，…，z_{i-1} 回归后的残差，因此 z_i 不会与之前的 z 变量有任何相关性。

在这一算法中，每次生成的 z_i 都考虑到了其与目标变量 y 的相关性，因此所得到的 z 变量比主成分分析中所得到的变量与 y 有更强的相关性。这使得其在某些应用中有着比主成分分析更优秀的表现。

在更先进的偏最小二乘回归算法的应用中，y 可以是一个高维向量，也就是说，我们的目标变量不是一个单独的数，而是一个向量。这种算法在资产定价中也有着重要的应用。

12.4 程序

我们用每股收益数据作为例子来探索主成分分析的使用场景。首先，我们对该数据的三个特征变量进行主成分分析。其次，使用主成分分析方法对数据进行降维。最后，分别用降维前以及降维后的数据来预测未来每股收益。

导入库

使用 Pandas 存储数据

导入 sklearn. preprocessing 库中的 StandardScaler 类，用于数据标准化；

导入 sklearn. linear_model 库中的 LinearRegression 类，用于线性回归模型分析；

导入 sklearn. metrics 库中的 mean_squared_error 函数，用于计算均方误差；

导入 sklearn. decomposition 库中的 PCA 类，用于主成分分析。

```
import pandas as pd
from sklearn. preprocessing import StandardScaler
from sklearn. linear_model import LinearRegression
from sklearn. metrics import mean_squared_error
from sklearn. decomposition import PCA
import matplotlib. pyplot as plt
```

进行数据读取及处理

读取名为 ols_training. csv 的 CSV 文件中的数据，并将其保存在 training_data 变量中；

读取名为 ols_testing. csv 的 CSV 文件中的数据，并将其保存在 testing_data 变量中；

打印训练集和测试集的前五行，用于查看数据格式和内容。

```
training_data=pd. read_csv("ols_training. csv")
testing_data=pd. read_csv("ols_testing. csv")
```

```
print(training_data.head())
print(testing_data.head())
```

```
        stkcd     date    pps        bm       roa  eps_basic
0         733   6/1/00  20.17  0.358231  0.014727      0.136
1      600089   6/1/00  19.80  0.219879  0.036447      0.270
2      600219   6/1/00  14.40  0.295807  0.045742      0.156
3      600741   6/1/00  10.09  0.290462  0.036432      0.206
4         733   9/1/00  17.90  0.300046  0.024189      0.136
        stkcd     date    pps        bm       roa  eps_basic
0           1  3/1/18   12.05  1.166190  0.002142     0.6800
1           2  3/1/18   32.70  0.809062  0.005074     0.6600
2          63  3/1/18   32.24  0.754200  0.012012     0.5500
3          69  3/1/18    8.51  0.843704  0.017284     0.2113
4         100  3/1/18    3.75  1.135011  0.008475     0.0846
```

从数据中删除不需要的特征变量列。

```
training_data=training_data.drop(columns=['date','stkcd'])
testing_data=testing_data.drop(columns=['date','stkcd'])
```

从训练集中删除 eps_basic 列，将其余变量作为特征变量，保存在 X_train 中，并将 eps_basic 列作为目标变量保存在 y_train 中；

在测试集中删除 eps_basic 列，将其余变量作为特征变量保存在 X_test 中，并将 eps_basic 列作为目标变量保存在 y_test 中。

```
X_train=training_data.drop('eps_basic', axis=1)
y_train=training_data['eps_basic']
X_test=testing_data.drop('eps_basic', axis=1)
y_test=testing_data['eps_basic']
```

创建一个 StandardScaler 对象，用于对数据进行标准化处理；

使用 fit_transform 方法计算数据集 X_train 的均值和标准差，并对数据进行标准化处理，之后将标准化后的结果保存在 X_train_scaled 中；

使用 transform 方法，并使用与 X_train 同样的标准化标准，即 X_train 的均值和标准差，对 X_test 中的特征变量数据进行标准化处理，之后将标准化后的结果保存在 X_test_scaled 中。

```
scaler_X=StandardScaler()
X_train_scaled=scaler_X.fit_transform(X_train)
X_test_scaled=scaler_X.transform(X_test)
```

创建一个 PCA 对象，设置主成分的数量为 3。

```
pca_all=PCA(n_components=3)
```

使用 fit 方法对 X_train_scaled 特征变量矩阵进行主成分分析，返回主成分分析后的特征变量矩阵 X_train_pca。

```
pca_all.fit(X_train_scaled)
```

从 PCA 对象中获取前三个主成分对应的方差比例，并将其保存在 variance_explained 中，用于可视化展示每个主成分解释的方差比例。

```
variance_explained=pca_all.explained_variance_ratio_[:3]
```

创建一个新的窗口，准备进行可视化展示。

```
plt.figure(figsize=(8,5))
plt.bar(range(1,4), variance_explained, color='skyblue', alpha=0.7)
plt.xlabel('Principal Component')
plt.ylabel('Variance Explained')
plt.title('Variance Explained by Each of the First Three Principal Components')
plt.xticks([1,2,3])
plt.grid(axis='y')
plt.show()
```

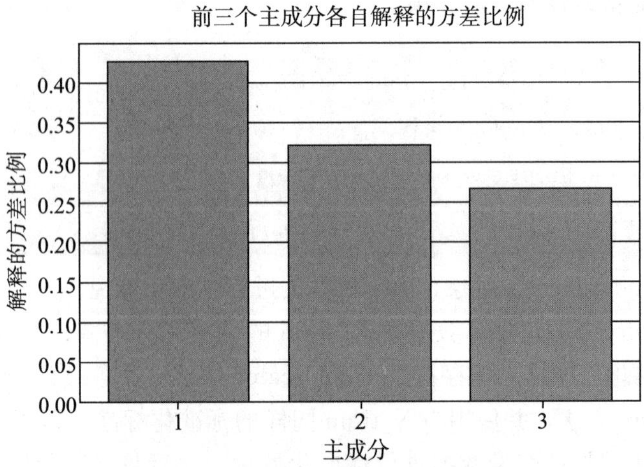

再次创建一个 PCA 对象，设置主成分的数量为 1。该主成分可以解释 X 中最主要的变化。

```
pca=PCA(n_components=1)
```

使用 fit 方法对 X_train_scaled 进行拟合和转换，得到降维后的训练数据 X_train_pca。

```
X_train_pca=pca.fit_transform(X_train_scaled)
```

使用 fit 方法对 X_test_scaled 进行转换，得到降维后的测试数据 X_test_pca。

```
X_test_pca=pca.transform(X_test_scaled)
```

打印原始训练集和降维后的训练集的前五行。可见，数据从三维降至了一维。

```
print(X_train_scaled[:5])
print(X_train_pca[:5])
```

```
[[ 0.04500388   -0.14401062   -0.05411435]
 [0.02906317   -0.26086588   0.43450099]
 [-0.20358506   -0.19673526   0.64359818]
 [-0.38927282   -0.20124957   0.43415604]
 [-0.05279454   -0.19315526   0.15874496]]
[[0.05627207]
 [0.39727496]
 [0.34551818]
 [0.09399869]
 [0.14365894]]
```

使用 ols 模型分别对降维之前与之后的数据进行训练

创建一个线性回归对象 ols_model。

```
ols_model=LinearRegression()
```

使用 fit 方法对 X_train_scaled 和 y_train 进行线性回归分析。

```
ols_model.fit(X_train_scaled, y_train)
```

再次创建一个线性回归对象 ols_pca_model，用于对主成分分析后的数据进行线性回归分析。

```
ols_pca_model=LinearRegression()
```

使用 fit 方法对 X_train_pca 和 y_train 进行线性回归分析。

```
ols_pca_model.fit(X_train_pca, y_train)
LinearRegression()
```

使用 predict 方法对原始训练集进行预测，将训练预测结果保存在 train_predictions 中。

```
train_predictions=ols_model.predict(X_train_scaled)
```

计算训练预测结果的均方误差，将结果保存在 train_mse 中。

```
train_mse=mean_squared_error(y_train, train_predictions)
```

使用 predict 方法对降维后的训练集进行预测，将训练预测结果保存在 train_pca_predictions 中。

```
train_pca_predictions=ols_pca_model.predict(X_train_pca)
```

计算降维后训练预测结果的均方误差，将结果保存在 train_pca_mse 中。

```
train_pca_mse=mean_squared_error(y_train, train_pca_predictions)
```

使用 predict 方法对原始测试集进行预测，将训练预测结果保存在 test_predictions 中。

```
test_predictions=ols_model.predict(X_test_scaled)
```

计算测试预测结果的均方误差，将结果保存在 test _ mse 中。

```
test_mse=mean_squared_error(y_test, test_predictions)
```

使用 predict 方法对降维后的测试集进行预测，将测试预测结果保存在 test_pca_predictions 中。

```
test_pca_predictions=ols_pca_model.predict(X_test_pca)
```

计算降维后测试预测结果的均方误差，将结果保存在 test_pca_mse 中。

```
test_pca_mse=mean_squared_error(y_test, test_pca_predictions)
```

打印出原始模型和采用 PCA 方法降维后的模型的训练集均方误差。

```
print("Training MSE:", train_mse, train_pca_mse)
```

```
Training MSE: 0.33674576636105724    0.42053870435589435
```

打印出原始模型和采用 PCA 方法降维后的模型的测试集均方误差。

```
print("Test MSE:", test_mse, test_pca_mse)
```

```
Test MSE: 1.8235277546617767    1.3485647615088001
```

结果分析

使用降维之后的数据虽然增大了训练误差，但是似乎降低了模型在验证数据中的误差。这可能是因为降维减轻了模型的过拟合问题。

习题

知识理解

假设我们的数据中总共有1 000个数据点，每个数据点中有100个特征变量。我们采用主成分分析方法将数据降至10维。请问：

1. 新数据中有多少个数据点？

2. 新数据中有多少个变量？

3. 如果我们使用方差作为数据中的信息含量，那么如何计算降维后我们所丢失的信息量？

程序操作

1. 在股票收益率预测的数据中，请使用降维方法将该数据的维度降为10。

2. 请计算降维后数据所丢失的信息量（方差）。

第 13 章

聚类分析

学习目标

- 理解聚类分析的使用范围
- 熟悉如何使用 K 均值聚类分析方法实现聚类分析
- 熟悉如何使用程序实现聚类分析

13.1 案例：贷款违约风险评估

在有关监督学习的章节中，我们介绍过如何采用监督学习方法预测贷款违约风险。采用监督学习方法的前提是用一些标记过的数据作为例子供模型学习。在本书前面的贷款违约风险评估的案例中，作为例子的数据中有贷款者的信息，也有贷款是否违约的信息。

假设我们的贷款数据如表 13.1 所示，其中没有贷款是否违约的信息，那么能否通过贷款者以及贷款特点等数据来对贷款的风险进行分类呢？如果这种分类可行的话，我们就可以根据每个分类中数据的特点来猜测哪些贷款更可能呈现高风险的特性。本章中，我们将介绍如何使用聚类分析方法对无标签的数据进行分类。

表 13.1 贷款数据

贷款编号	住房数量（套）	年收入（元）	负债收入比	工作年限（年）	贷款违约
3070	0	54 000	27.29	2	~~1~~
2838	0	60 000	24.72	8	~~0~~
1339	1	46 000	16.78	10	~~0~~

续表

贷款编号	住房数量（套）	年收入（元）	负债收入比	工作年限（年）	贷款违约
4082	0	150 000	5.86	10	~~0~~
708	0	125 000	28.73	3	~~0~~

13.2 聚类分析方法

13.2.1 聚类分析简介

聚类分析（Clustering）是一种对无标识数据进行分类的无监督学习方法。例如，如果违约人群与未违约人群在我们的特征变量中有显著的差别，那么我们可能有办法通过这些差别将数据分到不同的子集中。聚类分析的目标就是使用算法，通过我们已有的特征变量来对数据进行分类。在贷款违约风险评估的案例中，我们需要将数据分成两个聚类（即违约人群和未违约人群）。但是在其他应用中，我们可能需要将数据分成更多的聚类。接下来，我们主要介绍 K 均值聚类分析方法。

我们画出了 x_1 和 x_2 两个特征变量的散点图（见图 13.1）。很明显，这些数据可以分成三个子集。下面对该方法进行详细介绍。

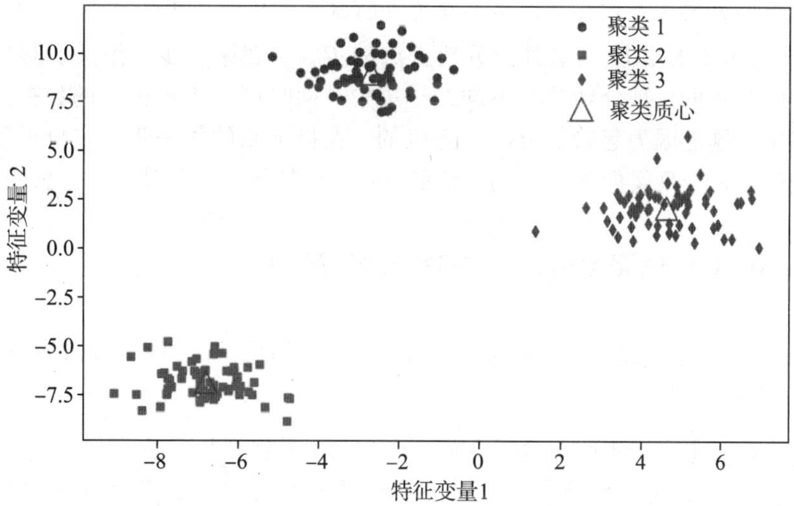

图 13.1 有三个聚类的 K 均值聚类分析

13.2.2 K 均值聚类分析方法

K 均值聚类分析方法中的 K 表示聚类的数量。如果我们需要将数据分成违约与不违约两类，那么 $K=2$。图 13.1 中的数据则适合分成三类，即应将 K 设为 3。

首先我们需要定义什么是好的分类。通常来说，好的分类可以令每个分类中数据的差别最小化。因为我们的数据中没有标签 y 变量，所以我们只能通过特征变量 x 来定义数据的差别。最常用的方法是将其定义为两个数据点之间的平方欧几里得距离，即，对于两个数据点 $x^{(i)}$，$x^{(j)}$，其距离定义如下：

$$\| x^{(i)} - x^{(j)} \|_2 = \sum_{k=1}^{m} (x_k^{(i)} - x_k^{(j)})^2$$

对于一个类 C_k 中的数据，它们总体的差别是每一对 C_k 中数据点的距离的总和：

$$W(C_k) = \frac{1}{|C_k|} \sum_{i,j \in C_k} \| (x^{(i)} - x^{(j)}) \|_2 \tag{13.1}$$

上式中，$|C_k|$是 k 类中的数据量。

我们的目标是最小化所有 K 个聚类中的总数据差别：

$$\min_{C_1,\cdots,C_K} \sum_{k=1}^{K} W(C_k) \tag{13.2}$$

如果我们盲目尝试所有可能的分类组合，那么计算量将会非常大。因此，我们需要采用更好的办法来简化分类。以下算法可以让我们很快找到较好的分类，又不至于消耗太多的计算资源：

(1) 将所有数据点随机分到 K 个聚类中。

(2) 重复以下步骤，直到分类停止变化：

(a) 对于每个聚类 k，计算出聚类 k 的质心，即 $x_{C_k} = \sum_{i \in C_k} x^{(i)} / |C_k|$；

(b) 将每个数据点重新分类，每个数据点的新分类为它与其质心最近的聚类。

图 13.2 展示了采用 K 均值聚类分析方法的步骤。在第一步，聚类明显有严重的问题：许多相邻的数据点被分到两个不同的子集中，同时许多相隔很远的数据点被分到了同一个子集中。这是因为起始的分类是随机的。在接下来的每一步中，分类质量都在不断提高。同时，每个聚类的质心（如三角形所示，也就是 x_{C_k} 的位置）也慢慢分离。

13.2.3 采用 K 均值聚类分析方法时的常见问题

K 均值聚类分析方法能够在无标签的情况下为我们提供快速且有效的数据分类算法，但该算法也有许多短板：

- 在许多数据中，子集的分类不会像我们生成的数据那样明显。
- 采用 K 均值聚类分析方法只能实现局部最好的分类，而不能实现整体最好的分类。分类的效果随着随机初始化的取值不同而变化。因此，最好进行多次随机初始化和多次分类，并选取多次分类中效果最好的一次。
- K 均值聚类分析方法对每个特征变量的方差特别敏感，特征变量的方差大会造成数据间的距离大，因此，应该在分类前先将特征变量进行标准化或归一化处理，使得不同特征变量的距离更具有可比性。
- K 均值聚类分析方法需要我们首先确定聚类的数量 K，但在很多问题中，我们需要多少聚类并不是特别明确。在图 13.3 中，我们选择了 $K=5$ 而不是 3。因此，许多貌

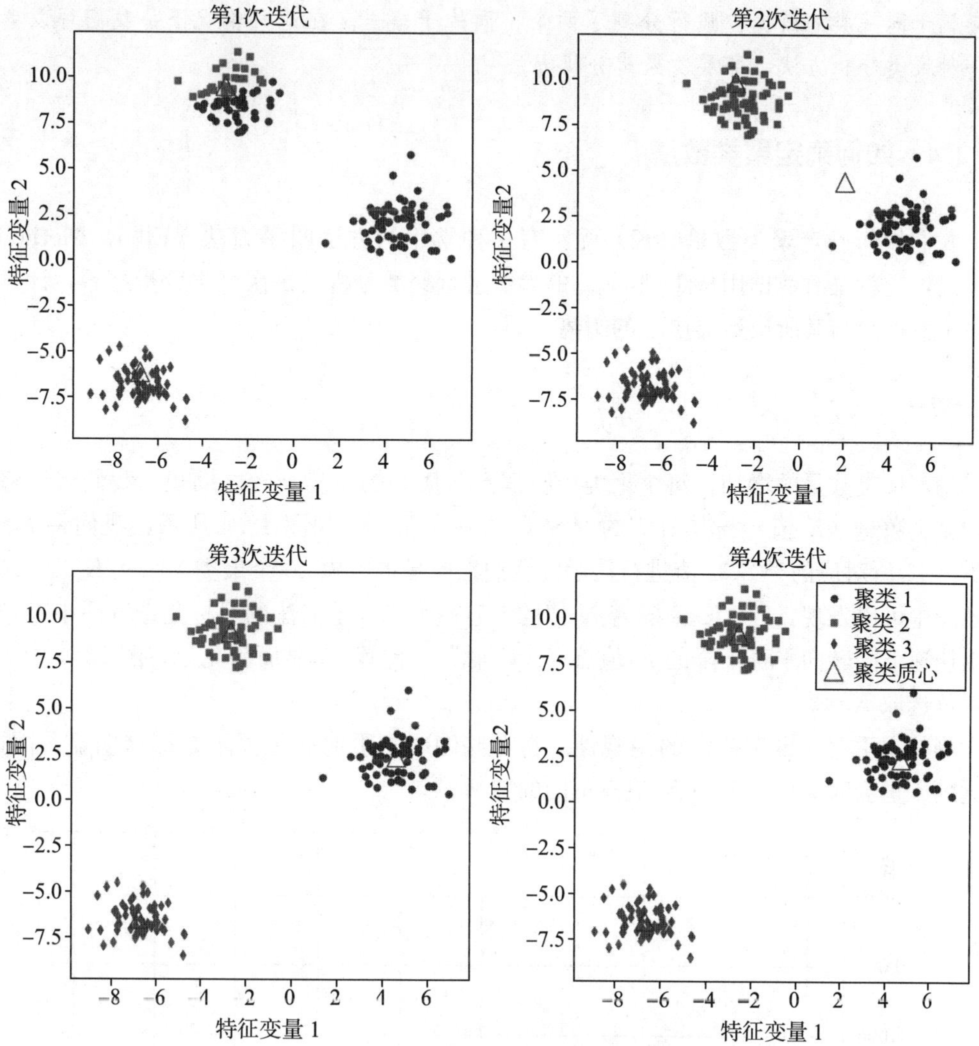

图 13.2　采用 *K* 聚类分析方法的步骤

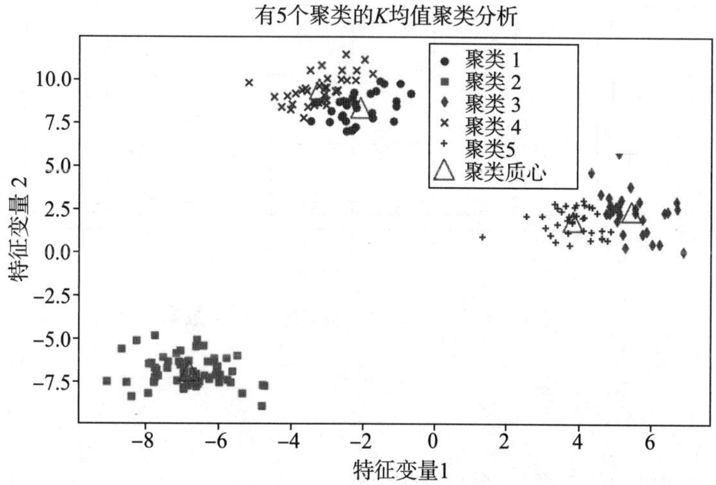

图 13.3　错误的 *K* 值

似应属于同一类的数据被强行分到了两个不同的子集里。在这种情况下，我们可以考虑另一种聚类分析方法，即层次聚类分析方法①。

13.2.4 如何确定聚类数量

我们如何确定聚类数量（K）呢？有一种常用的方法叫手肘法（Elbow Method）。简言之，它就是对数据用从1到$K_{\max}$的参数进行聚类分析。每次聚类分析之后，计算最终每个数据点与其所属聚类质心的距离，即：

$$\text{WSCC}=\sum_{k=1}^{K}\sum_{i\in C_k}d^2(x^{(i)},\ x_{C_k})$$

随着聚类数量的增加，每个聚类中数据点与质心的距离会随之缩短。我们可以将不同的聚类数量（K值）与其对应的WSCC值画在图上。如图13.4所示，我们将$K=1$到$K=10$所对应的WSCC值进行展示（我们在此最多考虑10个聚类，因此$K_{\max}=10$）。从该图中可以发现，WSCC值随着K值的上升而下降。手肘法的目标是选取图中WSCC值由快速下降转向平稳下降的K值点（“手肘”的位置）。显而易见，在图13.4中，我们应该选取$K=3$。

当然，手肘法也有一定的主观性。在有些图中，手肘的位置不是那么明显。因此，不同的人也会对应该选取的K值有不同的判断。②

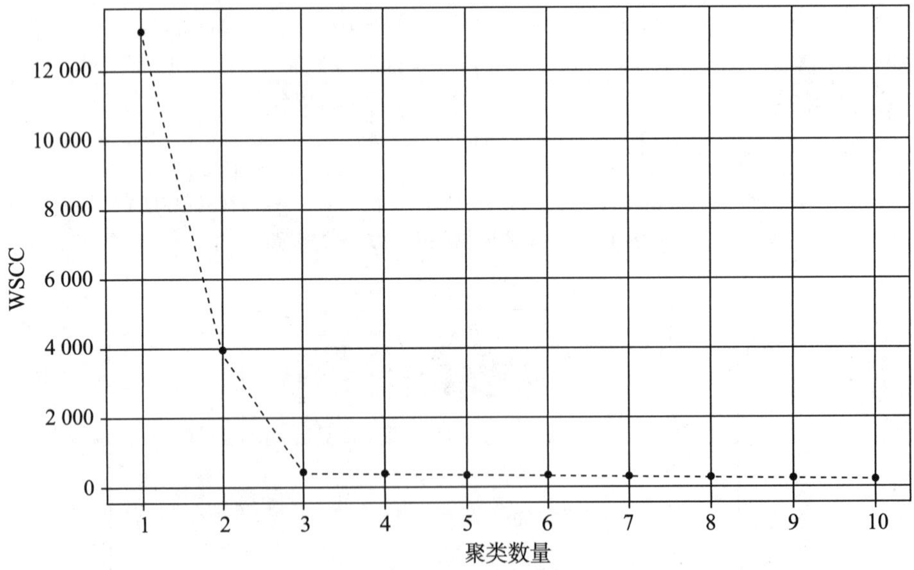

图13.4 采用手肘法确定最优聚类数量

① 限于篇幅，本书中不对层次聚类分析方法进行介绍。

② 除了手肘法以外，轮廓系数法、赤池信息准则（AIC）以及贝叶斯信息准则（BIC）也是常用的判断最优聚类数量的方法。

13.3 程序

我们以贷款违约数据为例。在该例中，我们不使用之前在监督学习相关章节中的目标变量 isDefault（即贷款违约变量），而仅仅使用四个特征变量对数据进行聚类分析。最后，我们检验聚类分析的结果是否能给我们提供一些有用的信息。

导入库

使用 Pandas 存储数据；

导入 sklearn. preprocessing 库中的 StandardScaler 类，用于数据标准化；

导入 sklearn. cluster 模块中的 KMeans 类，用于数据聚类分析。

```
import pandas as pd
from sklearn. preprocessing import StandardScaler
from sklearn. cluster import KMeans
```

数据读取及处理

读取名为 train_sample_small. csv 的 CSV 文件中的数据，并将其保存在 train_sample 变量中；

定义一个特征变量列表 fea_cols，其中包含四个名称分别为 employmentYear、homeOwnership、annualIncome、dti 的特征向量。

```
train_sample=pd. read_csv('train_sample_small. csv')
fea_cols=['employmentYear','homeOwnership','annualIncome','dti']
```

使用中位数来填补缺失值。

```
train_sample['dti']=train_sample['dti']. fillna(train_sample['dti']. median())
train_sample['employmentYear']=train_sample['employmentYear']. fillna(train_sam-
    ple['employmentYear'] . median())
```

创建一个 StandardScaler 对象，用于对数据进行标准化处理；

使用 scaler 的 fit 方法计算数据集 train_sample 的均值和标准差；

使用 transform 方法对 train_sample 中的特征变量数据进行标准化处理（处理后的特征变量均值都为 0，标准差都为 1）；

将标准化处理后的数据 train_x_standardized 转化为 DataFrame 格式，并将结果保存在 train_x_standardized 中。

```
scaler=StandardScaler()
scaler.fit(train_sample)
train_x_standardized=scaler.transform(train_sample)
train_x_standardized=pd.DataFrame(train_x_standardized, columns=train_sample.columns)
```

从原始数据中选择 fea_cols 中定义的列，用于后续的聚类分析。

```
features_for_clustering=train_sample[fea_cols]
```

进行 KMeans 聚类分析

创建 KMeans 对象用于聚类分析，设置聚类数量为 2，随机状态为 0。

```
kmeans=KMeans(n_clusters=2, random_state=0)
```

使用特征变量对 kmeans 进行训练，并将结果添加到原始 DataFrame 中作为新的列 cluster，表示每个样本的聚类标签。

```
train_sample['cluster']=kmeans.fit_predict(features_for_clustering)
```

对聚类后的数据进行分组，计算每组的 isDefault 列的均值，并生成新的 DataFrame 显示聚类结果。

```
cluster_isdefault_mean=train_sample.groupby('cluster')['isDefault'].mean().reset_index()
cluster_isdefault_mean.columns=['Cluster','Mean isDefault']
print(cluster_isdefault_mean)
```

```
   Cluster   Mean isDefault
0        0         0.207041
1        1         0.000000
```

结果分析

我们利用程序根据四个特征变量（employmentYear、homeOwnership、annualIncome、dti）对样本进行了聚类。因为我们没有使用目标变量 isDefault（是否违约），所以这一过程是无监督学习。但是我们的聚类同样含有 isDefault 的信息。检验聚类结果中贷款违约的概率不难发现，编号为 1 的聚类样本中贷款的违约概率基本为 0，而编号为 0 的聚类样本中贷款的违约概率是 0.21。可见，虽然在模型训练的过程中，我们没有可供学习的样本，但无监督学习仍然可以帮助我们得到有用的信息。

习题

知识理解

请阐述K均值聚类分析方法与本书前面章节中介绍的K近邻分类器的相似点与不同点。

程序操作

请按照本章中介绍的K均值聚类分析方法的步骤移除 random_state=0（这样每次程序运行的初始状态都是随机的)。运行程序5次，并观察是否对结果产生了影响。

发散思考

请思考在哪些场景中我们可以使用K均值聚类分析方法。

第 14 章

缺失数据及其处理

学习目标

- 理解造成数据缺失的几种普遍原因
- 熟悉填充缺失数据的基本方法以及这些方法的优缺点
- 掌握使用程序对缺失数据进行填充的方法

14.1 缺失数据问题简介

我们在搜集数据的过程中经常会遇到缺失数据问题。如表 14.1 所示，数据 2 和数据 5 均有一个特征变量数据是缺失的。在实际应用中，这种情况时有发生。①

以财报数据为例，有的数据不一定是监管部门要求披露的信息，因此有的公司会对其进行披露，而另外一些公司选择不披露这些数据。另外，数据提供商在搜集整理这些数据的过程中，也可能因为操作失误而丢失一些数据。大部分机器学习算法都无法处理这些缺失的数据点。因此，在大部分情况下，我们在对模型进行训练之前必须对这些缺失数据进行处理。

在本章中，我们将对缺失数据的问题进行分析，并介绍一些常用的缺失数据处理方法，如之前介绍过的机器学习方法，因此也可以将本章内容当作对之前的机器学习方法的一种回顾。

① 该案例中的数据是基于之前的每股收益预测数据生成的。我们随机将该数据中 30%的信息设为缺失。

表 14.1　缺失数据示例

数据	股价	账面市值比	资产收益率
1	20.170	0.358	0.015
2	—	0.220	0.036
3	14.400	0.296	0.046
4	10.090	0.290	0.036
5	17.900	—	0.024

在介绍如何处理缺失数据问题之前，我们首先需要理解为什么数据会缺失。通常数据缺失是由三类原因导致的：

（1）完全随机缺失。完全随机缺失指的是数据缺失的概率与其他因素无关的数据缺失。例如，由于数据提供商的疏忽，可能没能搜集到一些公司披露过的数据。这些数据与公司的基本面、公司的规模以及公司披露的习惯无关，这种数据缺失应该属于完全随机缺失。这种数据缺失最容易处理。

（2）随机缺失。随机缺失指的是数据缺失的概率与我们分析的特征变量有关，但是与其他变量无关的数据缺失。例如，大型公司披露数据时可能更为仔细，因此缺失数据的概率较小。但除此之外，数据缺失与其他变量没有关系。这种数据缺失显然不是完全随机的，但是，如果公司的规模是我们模型中的一个变量，那么我们将这种数据缺失称为随机缺失。

（3）非随机缺失。非随机缺失指的是数据缺失的概率与数据集之外的其他变量有关的数据缺失。

值得注意的是，我们很难区分随机缺失与非随机缺失。而我们接下来介绍的大部分方法都需要假设数据缺失是完全随机缺失或随机缺失。

14.2　缺失数据问题的处理方法

14.2.1　简单处理方法

删除数据

最简单的处理方法是直接将有特征变量缺失的数据删除。这种方法操作简单，但是当大量数据都有特征变量缺失时，可能会造成大量数据点被删除。在这种情况下，我们可以考虑将数据缺失较多的特征变量从模型中移除。

简单数据填充

删除数据会造成信息丢失，因此在许多应用中，我们使用数据填充来对缺失数据进行处理。例如，对于连续变量，我们可以根据未缺失的数据计算变量的均值或者中位数，并用这些值对缺失数据进行填充。这些数据填充方法我们在之前章节的程序中已经采用过。

如果缺失数据是分类数据，那么我们可以考虑用频率最高的分类填充缺失数据。例如，如果我们将贷款申请人的房产数量当成一个分类数据，那么不拥有房产的申请者应该会比拥有房产的申请者多，因此我们可以考虑将缺失数据设置为 0。

如果我们的数据中有时间序列，那么我们可以考虑用前一期的非缺失数据对当期的数据进行填充。例如，如果某公司 2024 年的账面市值比数据缺失，那么我们可以考虑用 2023 年的数据对其进行填充。这种填充方法通常只有在该变量相对稳定的情况下才能使用。[①] 变化较大的数据（例如月度股票收益率）则不能用这种方法处理。

14.2.2 数据填充方法进阶

虽然用均值或中位数对缺失数据进行填充的操作简单有效，并且应用广泛，但这些方法也存在一些问题。例如，这些方法会造成过多的数据出现在均值或中位数上。另外，我们没有充分利用数据中的一些相关性信息。

接下来我们介绍的数据填充方法的主要思路是利用数据之间的相关性来对缺失数据进行填充。例如，假设我们数据中有两个相关度较高的变量（比如账面市值比、市盈率）。如果某公司的账面市值比数据缺失，那么我们可以通过该公司未缺失的账面市值比数据对缺失的账面市值比数据进行预测，并用模型的预测值来填充缺失数据。这一方法的好处是我们填充的缺失数据相较均值/中位数应该更接近缺失数据原本的数值。因此，采用这种数据填充方法应该能改善模型的预测效果。

多重插补链式方程法

第一种常用方法是多重插补链式方程（MICE）法。采用这种方法的步骤如下：

（1）将每一个特征变量中的缺失值用该特征变量的均值来暂时替代。

（2）重复以下步骤 k 次（需要预先设定 k 值）：

- 对每一个有缺失数据的特征变量 x_j，用回归方法将 x_j 作为目标变量、将 x_j 之外的数据作为特征变量进行回归。
- 用上一步训练的回归模型对 x_j 进行预测，并生成 $\widehat{x}_j$。
- 对于特征变量 x_j 中的缺失值 $x_j^{(i)}$，我们将 $x_j^{(i)}$ 原来的值用回归模型预测值 $\widehat{x}_j^{(i)}$ 取代。

以表 14.1 中的数据为例进行缺失数据填补。表 14.2 很好地说明了数据填补的步骤：第一步，用每列的均值来填补缺失数据（股价的均值为 18.934，账面市值比的均值为 0.531）。第二步，根据股价与其他两个变量之间的关系，将股价修正为 23.275（通过回归分析，我们发现股价＝16.164－1.138×账面市值比＋201.89×资产收益率）。同理，

① 更准确地说，只有当该变量的自回归系数较为接近 1 时才能使用。

将账面市值比进行调整，得到 0.523 的数值。如果我们设置更大的 k 值，那么我们将重复以上步骤来对缺失数据进行更新。

我们将 MICE 法与简单数据填充法进行比较可以发现，采用 MICE 法填充的数据与原始数据更为接近①，因此 MICE 法的数据填充效果更好。

表 14.2　采用 MICE 法填补缺失数据

第一步：用均值填补缺失数据

数据	股价	账面市值比	资产收益率
1	20.170	0.358	0.014
2	18.934	0.220	0.036
3	14.400	0.296	0.046
4	10.090	0.290	0.036
5	17.900	0.531	0.024

第二步：用其他特征变量的值更新缺失数据（假设 $k=1$）

数据	股价	账面市值比	资产收益率
	20.170	0.358	0.014
2	23.275	0.220	0.036
3	14.400	0.296	0.046
4	10.090	0.290	0.036
5	17.900	0.523	0.024

主成分分析方法

另一种广泛使用的数据填充方法是主成分分析（PCA）方法。在计算主成分的时候，我们同时能对缺失数据进行推算。这种方法的思路与 MICE 法非常类似，但是具体步骤不太一样。

假设我们将原有数据放在 X 矩阵中，该矩阵的维度为 $n\times m$，即 m 个特征变量 n 个数据点。该矩阵中有一部分数据是缺失的。

（1）生成一个 $\widetilde{X}$ 矩阵，如果 x_{ij} 未缺失，则 $\tilde{x}_{ij}=x_{ij}$，否则 $\tilde{x}_{ij}$ 取 j 列的均值。

（2）重复以下步骤，直至目标函数停止下降：

（a）用主成分分析方法来计算 $\widetilde{X}$ 的 K 个主成分：

$$\min_{A,B}\left\{\sum_{j=1}^{m}\sum_{i=1}^{n}\left(\tilde{x}_{ij}-\sum_{k=1}^{K}a_{ik}b_{ik}\right)^{2}\right\}$$

（b）用 K 个主成分的线性组合更新 X 中缺失的数据：

① 因为该案例数据是在原始数据上随机产生数据缺失，因此我们可以将缺失数据填补的结果与原始数据进行比较，并计算填补的数据与原始数据的接近程度。但在实际应用中，我们无从得到原始数据，所以我们无法直接进行这种比较。

$$\widetilde{x}_{ij} := \sum_{k=1}^{K} a_{ik} b_{jk}$$

(c) 计算目标函数：

$$\sum_{(i,j)\text{为未缺失数据}} \left(x_{ij} - \sum_{k=1}^{K} a_{ik} b_{jk} \right)^2$$

(3) 输出 $\widetilde{X}$。

K-近邻方法

我们也可以用 K-近邻方法来对数据进行填补。简单来说，对于一个数据点，我们通过其未缺失的变量来找到离该变量近的其他数据点，并用这些数据点的均值对缺失数据进行填补。

14.2.3 其他方法

有些机器学习算法可以自动处理含有缺失值的数据。例如我们之前提到的一种提升算法 XGBoost。使用该算法之前不需要对缺失数据进行预处理。XGBoost 算法自动将缺失的数据当成特征变量中一个特殊的值来运用。如果算法无法自动处理缺失数据，而数据填充也不合适，那么我们可以考虑对数据进行如下操作：首先，将缺失数据进行填充（例如将其设置为 0），然后再生成一个变量，当发生数据缺失时该变量取值为 1，否则取值为 0。

14.3 程序

导入库

使用 Pandas 存储数据；

导入 sklearn 库中的 SimpleImputer，用于简单的均值插补，通过均值、中位数或众数等统计指标来填充数据集中的缺失值；

导入 sklearn 库中的 experimental 模块的 enable _ iterative _ imputer，用于启用迭代插值功能；

导入 sklearn 库中的 IterativeImputer，用于迭代插补；

导入 Matplotlib 库中的 plt 模块，用于作图。

```
import pandas as pd
from sklearn.impute import SimpleImputer
from sklearn.experimental import enable_iterative_imputer
from sklearn.impute import IterativeImputer
import matplotlib.pyplot as plt
```

数据读取及处理

读取名为 missing _ values. csv 的 CSV 文件中的数据，并将其存储在 df 变量中；打印 df 数据集的前五行，用于查看数据格式和内容。

```
df=pd. read_csv("missing_values. csv")
print(df. h ead())
```

	pps	bm	roa
0	20. 17	0. 358231	0. 014727
1	NaN	0. 219879	0. 036447
2	14. 40	0. 295807	0. 045742
3	10. 09	0. 290462	0. 036432
4	17. 90	NaN	0. 024189

用均值来填补缺失数据

创建一个 SimpleImputer 对象，采用 mean 策略，即使用每一列的均值来填充该列的缺失值。

```
mean_imputer=SimpleImputer(strategy='mean')
```

使用 fit_transform 方法对缺失数据进行填充处理，并将结果存储在 bm_mean_imputed 中。

```
bm_mean_imputed=mean_imputer. fit_transform(df)[:,1]
```

采用 MICE 法填充缺失数据

创建一个 IterativeImputer 对象，使用 MICE 法填充缺失数据。

```
micc_imputer=IterativeImputer()
```

使用 fit_transform 方法填充缺失数据，并将结果存储在 bm_mice_imputed 中。

```
bm_mice_imputed=mice_imputer. fit_transform(df)[:,1]
```

绘制采用两种缺失数据填充方法得到的数据的分布图

从图 14.1（a）可以看出，用均值填充法得到的数据中有大量数据集中在 0.5 附近，这是因为大量缺失数据都是用同一数值填充的。从图 14.1（b）可以看出，采用 MICE 法填充缺失数据得到的数据的分布更为均匀。

```
plt.figure(figsize=(12,6))
plt.subplot(1,2,1)
plt.hist(bm_mean_imputed, bins=20, alpha=0.7, color='grey', range=[0,2])
plt.title('Histogram of bm_mean_imputed')
plt.xlabel ('BM values')
plt.ylabel ('Frequency')
plt.subplot(1,2,2)
plt.hist(bm_mice_imputed, bins=20, alpha=0.7, color='grey', range=[0,2])
plt.title('Histogram of bm_mice_imputed')
plt.xlabel('BM values')
plt.ylabel('Frequency')
plt.tight_layout()
plt.show()
```

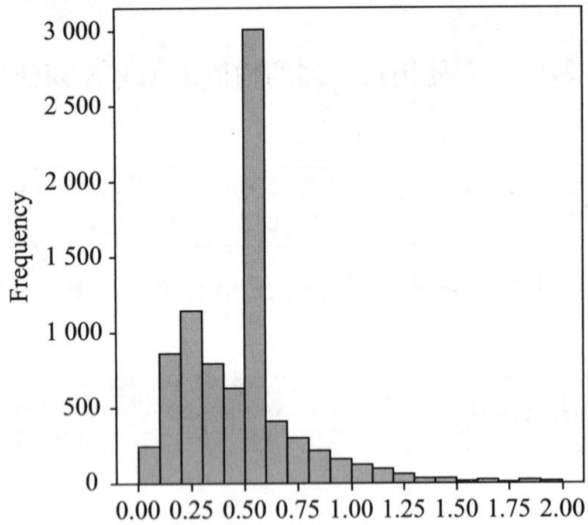

(a) Histogram of bm_mean_imputed BM values

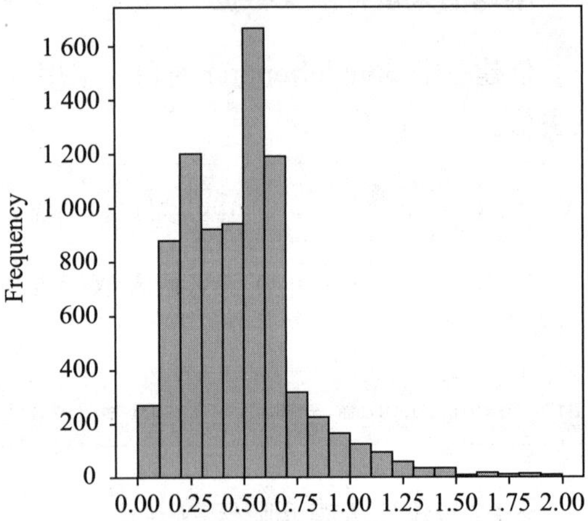

(b) Histogram of bm_mice_imputed BM values

图 14.1 采用两种缺失数据填充方法得到的数据的分布图

习题

程序操作

请将本章中使用的数据分成训练数据以及验证数据两部分，并进行以下工作：

1. 根据本章中的程序填充缺失数据。
2. 使用数据填充方法对验证数据中的缺失数据进行填充。

发散思考

请用一个具体的例子来说明什么时候不适合使用本章介绍的数据填充方法。

第 5 部分

大数据与另类数据

第15章

基础文本分析

学习目标

- 掌握使用词典对金融文本进行分析的方法及步骤
- 了解常用的中英文金融词典
- 了解常用的文本预处理步骤
- 理解如何计算文本相似度
- 了解词嵌入模型及其优点
- 熟悉如何使用程序进行简单的文本分析

15.1 文本分析简介

在金融市场中，各种文本都蕴含着丰富且重要的信息。例如，交易双方经常需要借助合同文本来制定交易的条件；上市公司需要定期以文本的形式向广大股东披露公司的经营现状以及对未来的展望；新闻媒体以文本的形式向订阅者推送经济金融领域的最新消息。分析师借助文本向客户传达对公司的分析。

虽然文本中有着极其丰富的信息，但是不同于数据，文本中的信息不能直接放到机器学习模型中。在本章中我们将简单介绍将文本中的信息转化成机器学习模型中可以直接应用的结构化的数量信息的方法以及如何使用这些方法。

我们先以英文文本为例介绍文本分析方法，然后介绍如何将这些文本分析方法应用到中文文本上。

15.2 词袋模型

词袋模型（Bag-of-Words，BOW）是最基本的文本分析方法。该方法将文本分解成不同的词汇，并通过汇总文本中词汇的意思来获取信息。以下这段文字摘自微软公司2023财年的年报。接下来，我们将用这一段文字来说明词袋模型的用法。

> The investments we are making in cloud and AI infrastructure and devices will continue to increase our operating costs and may decrease our operating margins. We continue to identify and evaluate opportunities to expand our datacenter locations and increase our server capacity to meet the evolving needs of our customers，particularly given the growing demand for AI services. Our datacenters depend on the availability of permitted and buildable land，predictable energy，networking supplies，and servers，including graphics processing units（“GPUs”）and other components. Our devices are primarily manufactured by third-party contract manufacturers. For the majority of our products，we have the ability to use other manufacturers if a current vendor becomes unavailable or unable to meet our requirements. However，some of our products contain certain components for which there are very few qualified suppliers. Extended disruptions at these suppliers could impact our ability to manufacture devices on time to meet consumer demand.

15.2.1 预处理

使用词袋模型的第一步是将段落分拆成单词的集合。在英文中这一步非常容易，因为在英语中空格和标点（如逗号、句点）自然地将段落或句子分割成了单词。接下来，我们可以对每个单词出现的次数进行统计。

因为在英文中，同一个单词有许多变形。例如段落中的单词“operating”的变形有“operate”“operated”“operation”等。为了方便后续处理，我们可以对单词进行词干提取（Stemming）或词形还原（Lemmatization）。

词干提取 词干提取通过去除单词的词缀（如后缀和前缀）来将其还原为根形式。这比词形还原更基本，有时会产生非实际单词的根。例如：

- running（跑步）→run（跑）
- better（更好）→bett

可见，当我们提取 better 的词干时得出来的结果就不太准确。

词形还原 词形还原是一种更复杂的过程，它使用词汇和形态分析来将单词还原为其词典形式或词元。例如：

- running（跑步）→run（跑）
- better（更好）→good（好）

词干提取通常更快，适用于计算资源有限而数据量较大的应用场景。词形还原适用于计算资源丰富的应用场景。

中文文本的预处理

中文文本的分词任务比英文更为复杂。但是，有一些分词算法可以对中文进行非常准确的分词。例如，“结巴”是一个简单易用的中文分词程序库。我们可以直接调用这一类程序库对文本进行分词。

词频统计

接下来，我们可以进行词频统计。简单来说，我们将每个单词在文本中出现的频率进行统计。如果我们对单词进行过词干提取或词形还原，那么一般来说我们会对单词的词干或还原后的单词进行词频统计。我们对本章开头给出的文本范例进行词频统计，并将结果整理成表15.1的形式。

表15.1 词频统计

单词	词频
datacenter	2
manufacturer	1
device	3
investment	1
consumer	1

停用词

在预处理过程中，我们往往会删掉一部分不传达重要信息的词。这些词又被称为“停用词”（Stop Word）。例如，在英文中常见的停用词有“and”“has”“your”等。在中文中，“是”“且”“个”“有些”等也是停用词。我们可以根据实际数据处理的要求找到合适的停用词列表，并将这些停用词排除在数据处理任务之外。

否定词

我们往往需要对否定词进行特殊处理，比如“growth”表示增长，而“no growth”表达的意思与之完全不同。在中文中，“不”“否”“非”都表达了否定的意思。经过这些词的修饰，词的本义会发生巨大的改变。为了防止做出错误的解释，我们往往需要将附近有否定意思的词删除。

词汇权重

最简单的词汇权重分配方法是词频法，即每个词对应的权重都是1。权重均等的好处是计算简单。另一种常见的词汇权重分配方法是词频-逆文档频率（TF-IDF）法。该法的理论基础是：如果一个词在很多不同文本中都出现，那么这个词所传达的信息相对较少，而相对少见的词更有可能传达重要的信息。因此，这种方法可以将罕见词汇的作用放大。

词频-逆文档频率法 词频（TF）即将某个词的数量除以该文档中所有词的数量。

$$\mathrm{TF}(t,d)=\frac{\text{词 } t \text{ 在文档 } d \text{ 中出现的次数}}{\text{文档 } d \text{ 中的总词数}}$$

逆文档频率（IDF）的计算方法如下：

$$\mathrm{IDF}(t,D)=\ln\left(\frac{\text{语料库中的文档总数}(|D|)}{\text{包含词 } t \text{ 的文档数}}\right)$$

如果词 t 在语料库所有的文档中都出现了，那么它的 IDF 是 1；如果其仅出现在少量文档中，那么它的 IDF 会随之变大。

综合两个部分，我们得到以下公式：

$$\mathrm{TF}-\mathrm{IDF}=\mathrm{TF}(t,d)\times\mathrm{IDF}(t,D)$$

即一个词在某个文档中的权重会随着该词在该文档中出现的频率的增大而增大，同时会随着该词在其他文档中出现的频率的增大而减小。

15.2.2 词典与词汇信息

在统计了文本中每个单词出现的频率后，接下来我们可以通过词典查询单词中所包含的信息。对金融市场影响最大的信息包括情绪（即正面/负面的词语）以及不确定性。英语文本分析工作主要会用到 General Inquiry 词典以及 Loughran 和 McDonald 教授针对金融市场编写的词典（Loughran-McDonald 金融词典，简称 LM 词典）。[①] 前者适用范围更为广泛，涵盖大量心理学文献中的重要信息。后者是针对金融市场定制的。因此，这个词典更适用于获得金融市场相关文本（包括公司年报）中的单词所包含的信息。

文本情绪 我们可以通过文本中的正面情绪词以及负面情绪词的频率来计算文本的情绪。研究表明，财报中的文本情绪往往能反映财报数据之外的重要信息。这些信息也会影响市场对财报数据的解读，从而影响股价。另外，新闻报道中也通常含有丰富的文本信息，而数据信息则相对较少。因此，我们可以通过新闻报道的文本情绪来推断该报道传递的信息。

文本情绪取决于文本中正面情绪词与负面情绪词的频率之差。也有些文献中直接使用负面情绪词的频率，因为负面情绪词似乎比正面情绪词包含的信息更丰富。

不确定性 另一类重要的信息是文本中的不确定性。Loughran 与 McDonald 教授在词典中整理出了一个表示不确定性的单词列表，该列表可以用于衡量公司层面的不确定

---

① Loughran, T. and McDonald, B. "When Is a Liability Not a Liability? Textual Analysis, Dictionaries, and 10-Ks." *The Journal of Finance*, 2011, 66 (1): 35-65.

性。另一些研究则直接使用新闻中的“uncertainty”（不确定性）这个词与其他词的组合来衡量经济或政策中的不确定性。

其他文本信息 我们已经介绍了一些常用的新闻或公司披露文本中可以得到的重要信息。但是，文本中还含有大量其他信息，我们可以根据需要对相应的信息进行处理。比如，如果管理层在文本中使用的模糊语言太多，那么说明其可能对披露信息缺乏信心。也有许多词预示着公司有较高的概率陷入法律纠纷。

中文词典

在国内的研究中，汪昌云和武佳薇（2015）采用多家主流财经媒体的文本数据，运用词典法构建了媒体正、负面语气指数；于琴、张兵和虞文微（2017）运用文本挖掘技术构建了新闻情绪指标。目前运用较为广泛的是姜富伟、孟令超和唐国豪（2021）构建的中文金融情感词典。下面我们详细介绍其构建方法并应用其词典对上市公司年报进行情感分析。

姜富伟、孟令超和唐国豪（2021）构建中文金融情感词典的两大素材是英文金融词典（LM 词典）以及现有的中文通用情感词典。为了避免遗漏金融情感词语，他们利用 Word2Vec 算法从语料中找到与前两部分词语高度相关并且具有合适情感倾向的词语，从而实现扩充词典的目的。之后将采用上述三种方法得到的词语合并去除，得到最终的中文金融情感词典。同时，为了避免不同通用情感词典之间特征变量差异的影响，也为了保证词语的完备性，将三个应用程度较为广泛的词典（知网 HowNet 情感词典、清华大学李军词典以及台湾大学 NTUSD 词典）合并去重，作为中文通用情感词典。表 15.2 提供了该中文词典中的一些正面词语和负面词语及其来源。

表 15.2 中文词典中的情绪词语

词语倾向	来源	词语	词语倾向	来源	词语
负面词语	LM 词典中文翻译	跌 降级 管理不善 旷工 漏税	正面词语	LM 词典中文翻译	涨 晋升 先发优势 独家经营 超额完成
	中文通用情感词典筛选	诽谤 担心 艰苦 薄弱 惩罚		中文通用情感词典筛选	一帆风顺 井然有序 可靠的 合法的 完美
	Word2Vec 词典扩充	败下阵来 变相涨价 操作失误 炒鱿鱼 大跌眼镜		Word2Vec 词典扩充	爱岗敬业 大好时机 高回报 绝对优势 可喜成绩

下面我们用招商银行 2019 年年报中的一段话来对中文文本分析的结果做一个说明。我们先用结巴对这段话进行分词。接下来，我们使用词典来判断每一个词的情绪。其中，正面（积极）情绪词用方框来标注。负面（消极）情绪词用阴影来标注。这段话中共有正面情绪词 24 个，负面情绪词 8 个。情感分析总得分为 24－8＝16。接下来我们可以计算该文本的情绪。①

2019 年，全市场银行对客户人民币汇率衍生交易量萎缩近 18%，但央行在 8 月改革完善贷款市场报价利率（LPR），进一步推进人民币利率市场化，带来客户应对利率市场波动风险定制衍生交易方案的需求。本集团在持续为客户提供汇率类产品衍生交易服务的同时，发挥在利率互换等金融市场衍生交易方面的专业优势，拓展新的对客衍生交易服务品种，并积极为客户提供线上交易服务，批发客户数量和交易规模继续保持增长。

以公允价值计量且其变动计入当期损益的金融投资

截至报告期末，以公允价值计量且其变动计入当期损益的金融投资余额为 3 982.76 亿元，主要类别为债券投资和非标资产投资等。债券投资主要是本集团通过宏观经济和货币政策等基本面分析来把握债券市场的交易机会从而获取投资收益。非标资产投资以票据非标投资为主，是本集团票据资产结构配置的一部分。本集团结合经营需要和货币市场走势，通过把握票据市场交易机会获取投资收益。有关详情请参阅财务报告附注 10。

以摊余成本计量的金融投资

截至报告期末，以摊余成本计量的金融投资余额为 9 074.72 亿元，其中，债券投资以中国政府债券和政策性银行债券为主。该类投资是基于银行账户利率风险管理及流动性管理的需要，兼顾收益与风险，作为本集团资产负债的战略性配置而长期持有。有关详情请参阅财务报告附注 11。

以公允价值计量且其变动计入其他综合收益的债务工具投资

截至报告期末，以公允价值计量且其变动计入其他综合收益的债务工具投资余额为 4 725.86 亿元。报告期内，受市场环境变化影响，人民币债券市场利率呈现震荡走势，中高等级信用债利差大幅收窄，同时违约事件增多。本集团密切跟踪市场变化，人民币组合久期维持高位运行，积极把握波段机会，并适时调整存量组合结构，重点增持国债、地方债和中高等级信用债等配置价值较高的资产，配置专门信用评审团队，优化资产结构，有效规避了信用风险事件。有关详情请参阅财务报告附注 12。

---

① 我们可以直接将 16 除以文本总长度作为测度文本情绪的指标，也可以将 ln[(1＋正面情绪词数量)/(1＋负面情绪词数量)]作为测度文本情绪的指标（得到的结果为 1.02）。

指定为以公允价值计量且其变动计入其他综合收益的权益工具投资

截至报告期末，指定为以公允价值计量且其变动计入其他综合收益的权益工具投资余额为 60.77 亿元。该类投资主要是本集团持有的对被投资方无控制、无共同控制、无重大影响的非交易性股权投资。有关详情请参阅财务报告附注 13。

15.3 文本相似度

文本相似度通常也可以透露重要的信息。例如，研究表明，上市公司披露与近期其他上市公司的披露中不同的信息可以有效减少上市过程中的信息不对称以及 IPO 折价现象。另外，不同公司对其产品或商业模式说明的文字的相似度也可以用来衡量公司之间的竞争关系。

文本相似度的计算方法非常简单，只需要统计两个文本的词频并对其进行比较。例如，我们有两个文档 i 与 j。我们将文档的词频整理成一个向量。以表 15.1 为例，我们可以得到以下向量①：

$$d^{(i)} = \begin{bmatrix} 2 \\ 1 \\ 3 \\ 1 \\ 1 \end{bmatrix} \begin{array}{l} \longleftarrow \text{datacenter} \\ \longleftarrow \text{manufacturer} \\ \longleftarrow \text{device} \\ \longleftarrow \text{investment} \\ \longleftarrow \text{consumer} \end{array}$$

值得注意的是，该向量中应该包含所有存在于 i 或 j 文档中的词。如果有词出现在 i 文档中，但是没有出现在 j 文档中，那么该词在 j 文档向量中对应的值为 0。

接下来，我们将两个向量的相似度进行比较。一种常用的方法是测度余弦相似度(Cosine Similarity)，计算公式如下：

$$\text{余弦相似度} = \frac{d^{(i)} \cdot d^{(j)}}{\| d^{(i)} \| \, \| d^{(j)} \|}$$

该相似度的值在 0 和 1 之间，值为 1 表示两个向量完全相同。

还有一种常用的方法是测度欧几里得距离，计算公式如下：

$$\text{欧几里得距离} = \sqrt{\sum_{k=1}^{n} (d_k^{(i)} - d_k^{(j)})^2}$$

欧几里得距离越小，说明两个文档的相似度越高。

欧几里得距离与余弦相似度有着非常紧密的关系。欧几里得距离没有强制对向量进

---

① 一般在应用中我们会先对该向量进行缩放，让其范数为 1。

行缩放，因此长文本与短文本中的向量之间会有较大的欧几里得距离。如果我们对两个向量进行缩放（除以向量的范数），那么欧几里得距离与余弦相似度之间呈严格的反向关系。

15.4 词嵌入

词嵌入（Word Embedding）是一种将单词或短语转换成向量的方法。使用这种方法时，对每一个单词都赋予一个向量，这个向量捕捉到了该单词的语义信息。词嵌入的目的是将语言中的单词或短语转化为计算机可以更好地理解的形式。

我们先用一个简单的例子来说明嵌入向量中可能包含的信息。例如，"北京"这一词应该包含"城市""首都""中国"等含义。因此，该词应该与"巴黎"有一定的相似度（同样包含"城市""首都"的含义），也应该与上海有一定的相似度（同样包含"城市""中国"的含义）。如果我们将北京、上海、巴黎等城市名称放在一个包含是否为城市、是否为首都以及属于哪个国家等含义的向量上，那么我们可以很好地厘清这些城市名称之间的关系以及它们在不同维度上的异同。但是，如果我们简单地使用词典来将词放入一个向量中，这样就可能会得到一个维度非常多的向量（因为许多词都有着非常丰富的含义）。并且，这项工作非常繁杂，需要耗费大量的人力。

因此，我们往往会将这一工作交给电脑程序。词嵌入算法依赖于"分布假说"，即相似的单词会在相似的上下文中出现。因此，借助大量的文本数据，我们可以训练模型来学习单词之间的关系，并将这些关系映射到一个高维空间中，使得语义上相似的单词在这个空间中彼此靠近。相比词袋法，词向量能更好地从文本中得到精确且丰富的信息。图 15.1 在一个二维空间中展示了词嵌入的效果，即相似语义的词在空间中有着相近的位置。

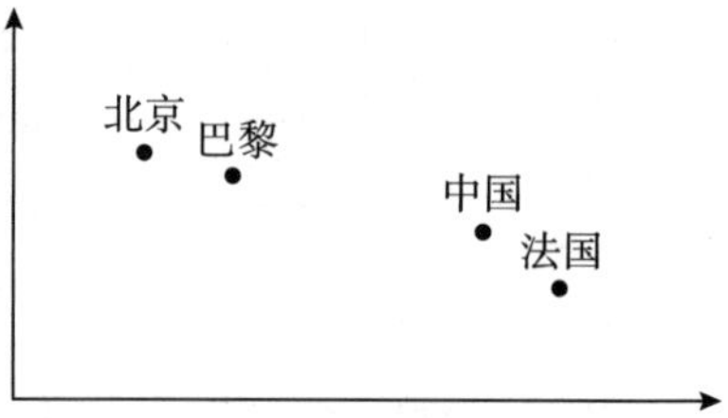

图 15.1 词嵌入

常见的词嵌入模型有 Word2Vec、GloVe 和 FastText 等。这些模型可以通过监督学习或无监督学习来训练，以捕捉单词之间的各种关系。使用词嵌入可以极大地改善各种自然语言处理任务的性能，包括但不限于情感分析、机器翻译和问答系统等。它为理解和处理自然语言提供了一个强大而灵活的工具。下面我们简单介绍 Word2Vec。

Word2Vec 是一个经典的词嵌入模型，主要有两种架构：CBOW（连续词袋模型）和 Skip-gram。这两种架构的效果略微不同，但是总体思路类似。接下来，我们将简单介绍连续词袋模型。

模型训练

在连续词袋模型中，如果我们掩盖一个词，那么模型需要根据该词周围的语境来猜测掩盖的词是哪一个。

以之前微软财报段落中的第一句为例。原文是"The investments we are making in

cloud and AI infrastructure and devices will continue to increase our operating costs and may decrease our operating margins.”。

我们首先去掉文本中的停止词。接下来我们以每一个词为中心创建一个小的移动窗口，窗口包括中心词的前两个词及后两个词。我们用中心词周围的词来推测中心词。下面我们展示了前四个中心词（删掉的词是中心词）及其周围的语境中的词（方框中的其他词）：

（1）~~investments~~，making，cloud，AI，infrastructure，devices，continue，increase，operating，costs，decrease，margins

（2）investments，~~making~~，cloud，AI，infrastructure，devices，continue，increase，operating，costs，decrease，margins

（3）investments，making，~~cloud~~，AI，infrastructure，devices，continue，increase，operating，costs，decrease，margins

（4）investments，making，cloud，~~AI~~，infrastructure，devices，continue，increase，operating，costs，decrease，margins

接下来，我们用一个浅层神经网络来完成任务（该神经网络有一个隐藏层）。图 15.2 展示的是一个简单的连续词袋模型的神经网络结构。词汇的输入编码方案为独热编码（one-hot encoding）。如果我们文本中有 V 个不同的词，那么我们的向量中就应该有 V 个元素，每一个元素对应一个词。每一个词的编码向量对于该词的元素取值为 1，其他元素取值为 0。因此，每一个词都是一个有一个元素取值为 1、其他元素取值为 0 的向量。嵌入层的神经元数量由我们决定。该层将输入向量进行线性组合，并改变向量的维度。隐藏层将嵌入层输出的向量进行平均。输出层是一个 Softmax 函数，输出一个含有 V 个元素的向量。每个元素均含有一个对应词出现的概率。我们可以将这个向量与中心词的向量进行对比，并通过误差来更新模型中的参数。

在实际训练中，还有很多优化方法可以让训练更加有效，在此我们不作过多叙述。

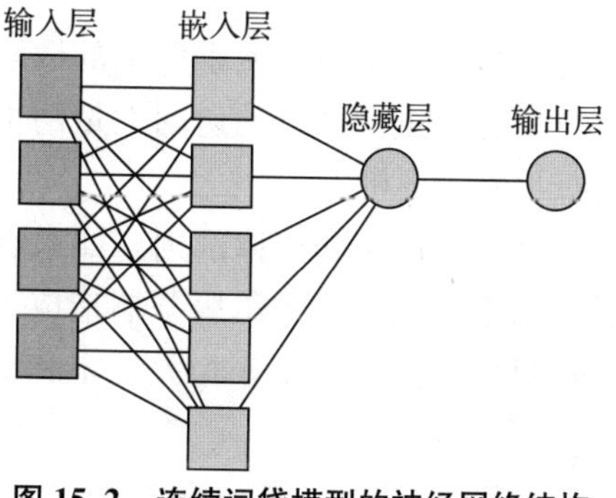

图 15.2　连续词袋模型的神经网络结构

使用 Word2Vec

当我们训练好一个 Word2Vec 模型之后，我们可以将新词用独热向量的形式输入该模型，嵌入层的输出给我们提供词嵌入向量。该向量的长度与嵌入层神经元的数量一致。如果我们有几个词，那么我们可以获得每个词的嵌入向量，并且通过取这些词的嵌入向量的均值得到一个语句或段落的嵌入向量。我们可以使用该嵌入向量获得丰富的文本信息。

我们举一个经典的词向量的例子。如果我们使用嵌入向量表达词语，那么我们甚至可以得到以下关系：

女王≈国王－男性＋女性

或

伦敦≈巴黎－法国＋英国

因此，用嵌入向量进行文本比较可以取得非常好的效果。我们也可以用嵌入向量来分析其他金融文本中的信息。例如，有文献用这些嵌入向量对股价变化进行预测。研究发现，相比简单的词袋法，词嵌入法的效果明显增强。

15.5 知识拓展：数据获取

除了直接向数据供应商购买数据之外，我们也可以通过互联网获取海量的文本数据。并且这些数据通常是免费向我们开放的。接下来，我们将介绍两种常用的数据获取方式：网络爬虫以及 API 接口。

15.5.1 网络爬虫

网络爬虫是一种自动化的计算机程序，用于在互联网上收集信息和数据。它们的工作方式类似于虫子在网上爬行，因此得名“爬虫”。网络爬虫通过访问网页、解析 HTML 内容和跟踪链接来收集信息。

网络爬虫的应用非常广泛，包括但不限于搜索引擎的搜索结果生成、数据挖掘、市场调研、价格比较、新闻聚合等。爬虫可以自动访问大量网页，提取有用的信息，然后将其存储下来，以便用户进行检索或分析。

然而，网络爬虫也需要遵守一些道德和法律准则，如未经许可不得访问私人网站或敏感信息，也不能过于频繁地请求网站，以免给服务器造成不必要的负担。因此，在使用网络爬虫时，需要谨慎选择目标网站，并遵守相关规定和协议，确保数据收集行为合乎法律和道德。

15.5.2 API 接口

API（Application Programming Interface，应用程序接口）是一种允许不同软件应用程序之间相互通信和交互的方式。它定义了一组规则和协议，允许一个应用程序请求另一个应用程序的功能或数据，并以一种结构化的方式进行通信。API 使开发者能够轻松地利用其他应用程序的功能，而不必了解其内部工作原理。许多数据提供者也会通过API 向用户提供数据。

通过 API 获得数据的过程通常包括以下步骤：

（1）查找 API。首先，需要找到提供所需数据的 API。许多互联网服务、社交媒体平台、数据提供商和在线应用程序都提供 API，允许开发者访问其数据或功能。通常这些 API 都会有官方文档，其中包含了关于如何使用 API 的详细信息。

（2）获取 API 密钥。许多 API 需要身份验证，通常通过提供 API 密钥或令牌来完成。访问 API 时需要注册并获得这些密钥。密钥通常用于标识应用程序，并控制访问权限。

（3）发起 API 请求。一旦获得了 API 密钥，就可以使用编程语言（如 Python、Java Script 等）编写代码，以发起 API 请求。这通常涉及使用 HTTP 请求（如 GET、POST 等）来访问 API 的特定端点（URL）并传递所需的参数，以指定希望获取的数据。

（4）处理 API 响应。API 通常以 JSON 或 XML 等数据格式返回所请求的数据，访问者需要解析这个响应并提取需要的信息。

（5）使用数据。一旦成功获取了数据，就可以将数据用于应用程序中，进行分析、显示、存储或其他操作。访问者可以根据自己的需求决定如何处理数据。

需要注意的是，不同的 API 有不同的限制，包括请求速率限制、权限级别限制和数据格式限制等。因此，在使用 API 时，务必仔细阅读相关文档，遵守 API 提供者的规定和条款，以确保合法、合规和稳定的数据访问。

15.6 程序

接下来，我们使用以下程序来解析之前招商银行财务报告中段落的情绪。

数据读取及处理

从 posi_word. xlsx 文件中读取积极情绪词，并将其转化为列表形式；

从 nega_word. xlsx 文件中读取消极情绪词，并将其转化为列表形式。

```
posi_list=pd. read_excel("posi_word. xlsx") . values. flatten() . tolist()
nega_list=pd. read_excel("nega_word. xlsx") . values. flatten() . tolist()
```

对读取的词语列表进行预处理，删除空白字符，并将其转化为列表形式分别存储在 posi_words 和 nega_words 中。

```
posi_words=[word. strip() for word win posi_list if word. strip()! ="]
nega_words=[word. strip() for word win nega_list if word. strip() ! ="]
```

以读取模式打开 zhaoshang_short. txt 文件，并将其内容读入 text 中。

```
with bopen("zhaoshang_short.txt", "r", encoding = "utf-8") as file:
    text=file.read()
```

定义 tokenize 函数，用于对文本进行分词处理，返回分词后的结果列表。

```
def tokenize(text):
    return jieba.lcut(text)
```

进行文本情绪分析

定义 sentiment_analysis 函数，用于对文本进行情感分析，返回积极情绪词数量、消极情绪词数量、情感得分和投资者情绪影响指数。其结构具体包含：（1）对文本进行分词处理，得到词汇列表 tokens；（2）统计 tokens 中积极情绪词的数量，并将其存储在 posi_count 中；（3）统计 tokens 中消极情绪词的数量，并将其存储在 nega_count 中；（4）根据积极情绪词数量和消极情绪词数量计算情感得分，并将其存储在 score 中；（5）根据 Sobel 公式计算投资者情绪影响指数，并将其存储在 si 中；（6）返回结果。

```
def sentiment_analysis(text):
    tokens=tokenize(text)
    posi_count=sum([word in posi_words for word in tokens])
    nega_count=sum([word in nega_words for word in tokens])
    score=posi_count-nega_count
    si=math.log((1+posi_count)/(1+nega_count))
    return posi_count, nega_count, score, si
```

对 text 进行情感分析。

```
posi_count, nega_count, score, si=sentiment_analysis(text)
```

输出结果

打印文本中的积极/消极情绪词数量，以及情感得分。

```
print(f"文本中的积极情绪词数量:{posi_count}")
print(f"文本中的消极情绪词数量:{nega_count}")
print(f"情感得分:{score}")
print(f"投资者情绪影响指数 SentimentIndex:{si}")
```

```
文本中的积极情绪词数量:24
文本中的消极情绪词数量:8
情感得分:16
投资者情绪影响指数:1.0216512475319812
```

习题

计算题

请根据以下文本回答问题：

- 公司盈利增长
- 业绩增长前景乐观

1. 请手动对上述两个句子进行分词。
2. 请用两个句子中的词创建一个用来表示两个文本中的词频的表格。
3. 请根据情感词典计算这两个文本的情感得分。
4. 请借助词频表计算两个文本的余弦相似度。

程序操作

请借助 LM 词典计算本章开头节选的微软公司年报文本的情感得分。

发散思考

词嵌入法在金融文本分析中有何优势？请举例说明在何种金融文本中，我们可以很好地利用该方法。

第 16 章

大语言模型

学习目标

- 了解大语言模型的技术背景
- 了解大语言模型的应用场景
- 熟悉使用网页以及 API 调用大语言模型分析金融文本

16.1　大语言模型简介

大语言模型近年来取得了重大进展。以 GPT 为代表的大语言模型显示出解答数学、法律等领域问题的能力。另外，这些大语言模型也展现了在编写程序上的能力。然而，具有如此强大的功能的大语言模型其实也是最近几年才突飞猛进。在早期人工智能的发展过程中，大量与语言相关的工作是由循环神经网络（RNN）及其改进方案（如长短期记忆模型，即 LSTM）来处理的。这些架构在许多语言相关的工作（例如文本翻译）中都有优秀的表现。但是，这些架构有很多缺点，最大的问题是训练效率不足，导致无法解析较长的文本。

2017 年，谷歌的 Brain 团队发表了一篇重要的论文"Attention Is All You Need"。这篇论文提出了 Transformer 神经网络结构。该结构极大地提高了语言模型的训练效率，让语言模型的复杂度提升成为现实。2018 年谷歌的 AI Language 团队发表了重磅论文"BERT：Pre-training of Deep Bidirectional Transformers for Language Understanding"。该论文介绍了基于 Transformer 架构的 BERT 模型，并发现该模型在包括文本情绪分析等在内的多项工作中有特别优良的表现。同年，OpenAI 公司也推出了第一代 GPT 模型。GPT 模型的全称是 Generative Pretrained Transformer，即生成式预训练 Transformer。该模型在 2019 年发展到了第三代，并在 2022 年发布了一款聊天机器人，即 ChatGPT

(也称 GPT3.5)。ChatGPT 的表现受到了广泛关注。2023 年,OpenAI 公司发布了GPT4。有研究人员表示:该模型具有一定的“通用人工智能”的特点。

领先的大语言模型经常有几千亿甚至上万亿个参数。2024 年初,OpenAI 公司推出的 GPT4 仍然领先。谷歌也推出了旗鼓相当的多模态大语言模型 Gemini。顶尖模型的具体参数不是公开的信息,因为其具有极高的商业价值。但是,也有许多性能上佳的开源模型供开发者使用,其中具有代表性的就是 Mistral 公司的一系列模型(包括 Mistral 7B 和 Mixtral 8×7B)以及 Meta 公司推出的 Llama 系列模型(包括 7-65B 的 4 个不同大小的模型)。

我国大语言模型的发展也十分迅猛。其中的代表者包括京智源研究院推出的悟道模型和百度公司推出的文心一言模型。在本章中,我们也会介绍一款大语言模型的使用方法。

我们接下来简单介绍大语言模型的技术背景、现有顶尖大语言模型的表现,以及这些模型在经济金融领域的一些应用场景。

16.2 大语言模型的技术背景

我们先简单介绍一下大语言模型的技术背景。我们只提供一些初步的描述。至于细节,请读者通过阅读具体的论文更详细地了解。

16.2.1 序列到序列模型

大语言模型属于 Seq2seq(序列到序列)模型。Seq2seq 模型以一个序列作为输入,进行运算后再输出一个序列。

那么什么是序列呢?简单来说,序列就是一系列有顺序的标记。例如,文本可以用一个序列来表示,而其中的每一个词语都可以被当成一个标记(Token),当然,我们需要将词语用向量的方式表示。同样,输出也是一个序列。

如果我们要将中文翻译成英文,那么输入是一个中文词语的序列,而输出是一个英文单词的序列。如果我们需要完成的是聊天机器人的工作,那么输入是一个代表问题的序列,而输出则是一个代表对问题的回答的序列。

16.2.2 Transformer 模型

在之前的章节中,我们介绍了如何使用 Word2Vec 这一方法将词语用向量进行表示。但是这一方法中使用的模型非常简单,因此无法充分将语言的含义完整地表达出来。Word2Vec 的词嵌入向量不会根据周围词汇改变。例如,“要学会算账”与“秋后算账”中的“算账”这个词的意义是很不一样的。但是,如果我们使用类似于 Word2Vec 的词嵌入模型,那么这两个“算账”所对应的词嵌入向量是完全一样的。另外，采用这一类方法产生的嵌入向量也不会因为词语的出现顺序的不同而改变。因此，“微软收购谷歌”和“谷歌收购微软”所对应的嵌入向量是完全一样的，然而，这两句话的意思却天差地别。

Transformer 模型非常好地解决了以上这些问题，它实现了让词语的意义根据其出现的位置以及周围语言的内容变化，从而对语言有着更深刻的理解。图 16.1 是经典论文“Attention Is All You Need”中对 Transformer 模型的结构进行解释的图。这个模型的结构中有两个重要的组成部分：编码器和解码器。左边的结构为编码器，右边的结构为解码器。

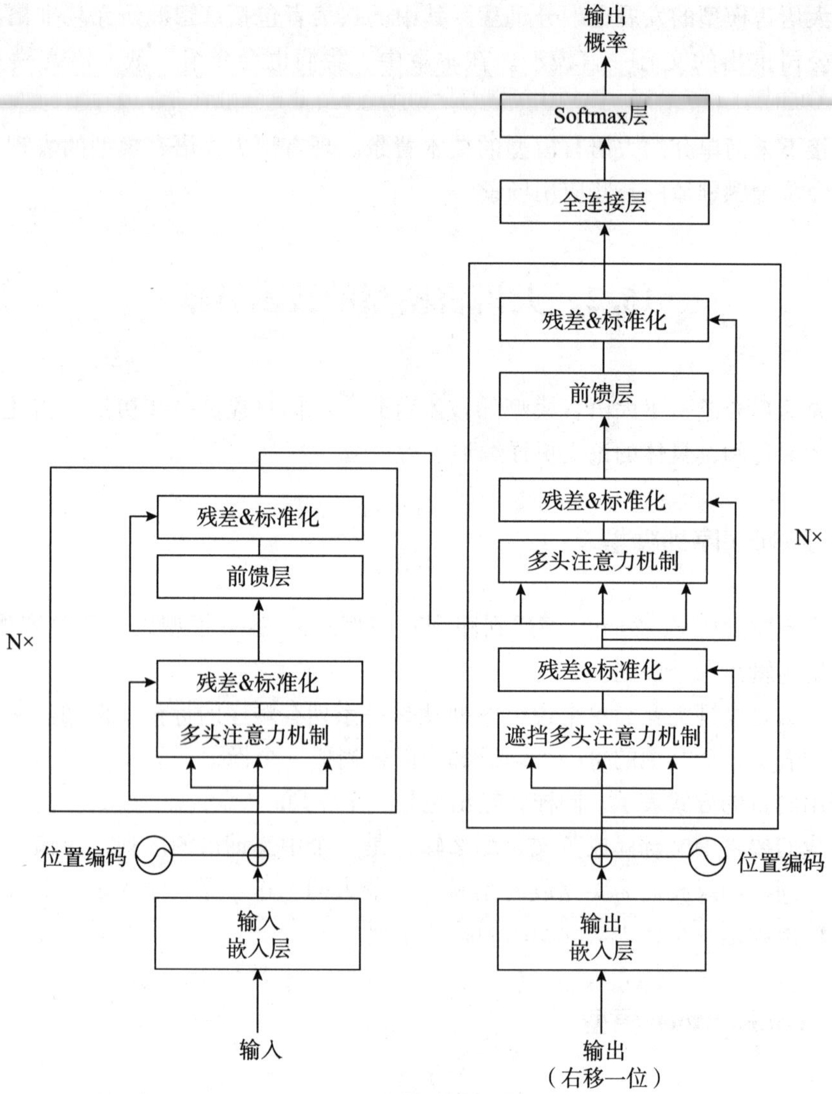

图 16.1 Transformer 模型

在 Transformer 模型中，注意力（Attention）机制是一个关键组成部分，被用于计算序列中输入向量之间的相关性。在理解语言的应用中，一般用嵌入向量（Embedding Vector）来代表文本中的词。

某些词可能会影响与它们距离较远的其他词的含义。因此，注意力机制能有效地帮助模型捕捉这些非邻近词之间的关系。例如，招商银行财报中的句子“本集团在持续为客户提供汇率类产品衍生交易服务的同时，发挥在利率互换等金融市场衍生交易方面的专业优势，拓展新的对客衍生交易服务品种，并积极为客户提供线上交易服务，批发客户数量和交易规模继续保持增长”中，“发挥”一词影响了后面的“专业优势”一词。因此，为了更好地理解这个句子，我们应该允许这个词与后面的句子产生关联。

虽然之前的机器学习模型也有一定的处理这些词语之间关系的能力，但是 Transformer 模型对这些问题的处理更为高效。此外，这一机制的计算过程可以通过并行运算来加速，从而使 Transformer 模型能够有效地处理数据中的长距离依赖关系，提高训练速度，并高效处理更长的序列。

另外，“位置编码”这一设计使得我们可以对词语出现的顺序进行区分。

在实际应用中，编码器与解码器可以分开使用。BERT 模型是由多个编码器构成的，而 GPT 系列模型则是由多个解码器叠加构成的。同样，谷歌的 PaLM 模型也是由解码器叠加构成的。总体来说，解码器更适合生成式模型，因此在各种注重对话或代码生成的场景中，解码器都是主要模型，而编码器更适合从事分类、语言嵌入（类似于之前提到的词嵌入）之类的工作。

16.2.3 大语言模型的训练

大语言模型的训练往往采用的是自监督学习方法。或者说，模型会通过文本的上下文来进行学习。在训练 BERT 模型的时候，研究人员使用了两种训练任务：第一种训练任务是让模型做填空题，即研究人员在训练时会在文本中随机删除一些词语，并让模型根据上下文来推断被删去的词语。另一种训练任务就是让模型推断文本中的下一个句子。GPT 的训练任务就是让模型猜测下一个出现的词。

这种训练方法的好处是很容易获得丰富的训练数据。如果有丰富的文本，那么就算不进行人工标记，也能得到大量训练数据。而大量训练数据是训练复杂模型的必要前提。

上述训练步骤被称为预训练。在接下来的任务中，我们可能需要根据模型需要完成的具体任务对模型进行微调（Finetuning）。此时往往会输入人工标记的数据，比如在 GPT 预训练过程结束之后，研究人员会使用人工标记好的问答文本来对模型进行进一步的微调。这样微调过后的模型更适合进行对话。

表 16.1 给出了一个微调数据中的几个数据点。在输入微调数据之前，系统都会做出以下提示：“你是一个优秀的人工智能助手。你总会提供解释。请用一个五岁小孩的思维来思考。”① 通过这一类微调数据的训练，预训练好的模型会变得更加擅长与人交流。

① 这一类系统提示会根据我们需要达到的效果的不同而改变。

表 16.1 微调数据示例

输入	输出
This is a test of commonsense. Complete the next sentence: A man is waterskiing while holding onto a rope. He loses his balance, falling and then regaining his composure.	He continues to hold onto the rope tightly, smiling and giggling as he enjoys the fun ride on the water.
Sentence 1: Swing a bat. Sentence 2: His mood swings. Multi-choice problem: Does swing mean the same thing in these two sentences? Options are: 1) different meanings; 2) the same meaning.	Swing means different things in these two sentences, so the correct answer is: 1) different meanings. In Sentence 1, "Swing a bat" means to move the bat with your hands in a fast, curving motion to hit something, like a ball. In Sentence 2, "His mood swings" means that his mood changes quickly from one feeling to another, like being happy and then suddenly becoming sad.

最后，GPT 还对模型进行了进一步训练。这一步叫作基于人类反馈的强化学习（Reinforcement Learning with Human Feedback）。在这一步，人类将对模型产生的输出进行排名，并用收集的排名数据构建一个奖励模型。这个模型被用于根据人类反馈来量化模型输出的优劣。接下来可以使用如近端策略优化（PPO）这样的强化学习算法，进一步微调这个奖励模型。微调后的模型可以通过有效学习产生最大化奖励信号①的输出。

16.3 大语言模型在金融中的应用

我们可以采用多种方法来使用大语言模型。比如，相比简单的文本分析，我们可以通过大语言模型获得更丰富的文本信息。在上一章中，我们已经讨论过当我们使用复杂模型（例如 Word2Vec）取代简单模型（例如词袋法）时，我们有可能获得更丰富、更准确的信息。那么，大语言模型相对于 Word2Vec 或其他简单模型，又有什么进步呢？另外，我们怎样才能充分利用这些复杂模型呢？

16.3.1 金融应用场景

我们在前一章中讨论过金融文本中的一些重要信息，例如，文本中所传达的情绪以及不确定性。相较于简单模型，采用大语言模型可以更好地理解词语在文本中所表达的意思。Loughran 和 McDonald 教授在其论文中提出了基于金融市场的词典。他们给的一个具体例子是单词“liability”有多重含义。在一般的语境中，“liability”表达的意思是“累赘”，因此反映出一定的负面情绪。然而，在金融市场中，“liability”是一个非常常见的单词，表达的意思是“负债”。因为大部分公司都有一定程度的负债，并且负债多不

① 该奖励信号来自人类的排名输入。

一定说明公司基本面出现问题，因此该词语在金融市场的语境中基本没有表达任何负面情绪。

如果我们对词语所处的语境有更好的了解，那么我们无须使用多个词典来理解词语的意思。大语言模型有助于理解词语所处的语境并做出更准确的标记。比如，BERT模型知道“吃苹果”与“苹果电脑”中的苹果的意思完全不同。因此，我们可以依赖大语言模型对金融市场中披露的信息或新闻中的词语进行更精确的分类。更进一步地，可以更充分地提取关于词语表达的情绪、不确定性，以及我们关心的其他信息。

基于大语言模型的聊天机器人也可以很好地理解新闻标题的情绪。例如，Lopez-Lira和Tang（2023）教授发现，ChatGPT可以对新闻标题的情绪进行分析，利用情绪生成的交易信号可以得到超额收益。李雪君、屠致远和周德馨教授的研究则发现，GPT4具有一定的对公司披露的信息文本进行分析并生成简短的分析报告的能力。

我们也可以利用这一类模型进行文本匹配。例如，在研究中，不同的数据库经常会用略微不同的名字来标注同样的公司或实体。大语言模型可以帮助我们对相似但不完全一致的字串进行模糊匹配。这样可以极大地提高金融研究的效率。

由于大语言模型的发展方兴未艾，业界和学术界对其在金融方面的应用研究处于起步阶段，具有极大的拓展空间，因此，以上所描述的一些应用场景都只是抛砖引玉。我们希望读者对这方面进行更深入的探索及尝试。

16.3.2 模型的分类与应用方式

常见的大语言模型分为两大类：一是基于编码器的模型（Encoder-only），例如BERT模型；二是基于解码器的模型（Decoder-only），例如GPT、Gemini、Llama以及我们国产的智谱清言（ChatGLM）、文心一言等模型。这两类模型的使用方法有所不同。

基于编码器的模型

基于编码器的模型（如BERT模型）的结构一般相对简单，并且不具备类似于GPT的聊天机器人的能力。该类模型的主要作用是对文本进行分类并生成文本嵌入。

对于这一类模型，我们在输入文本时，通常会在文本前插入一个特殊的记号（CLS）。模型输出中第一个向量对应的就是这个CLS记号。这个向量包含了许多关于整体文本的信息。因此，我们可以使用该向量对文本进行分类。例如，我们可以使用一个逻辑回归来判断该向量的值与文本情绪间的关系，也可以将该向量作为文本嵌入向量。这种嵌入向量可以帮助我们判断文本与文本的相似度。

另一种实现文本嵌入的方式就是将BERT模型的最后几个隐藏层神经元的输出作为嵌入向量。使用这种方法得到的嵌入向量往往比使用CLS得到的嵌入向量有着更丰富的信息，但是这一方法对算力的要求更高。

基于解码器的模型

基于解码器的模型（如GPT）往往有着相对复杂的结构以及丰富的功能。因此，我们在使用这些模型时通常有多种选择。对于开源模型（如 Llama），我们可以像 BERT 模型一样进行分类或生成文本嵌入。同时，我们也可以通过直接与模型进行对话来获得信息。如果我们使用的是闭源模型（如 GPT3.5），那么我们无法获得文本嵌入向量，因此只能采用与模型对话的方式来取得这些信息。

16.3.3 在经济金融领域的应用

大部分大语言模型都不是专门为金融任务而训练的。下面我们对不同种类的模型在经济金融领域的应用进行介绍。为了让模型在经济金融领域中有更好的表现，我们可以采取以下方式：

预训练

我们可以考虑在预训练阶段就准备大量经济金融相关的文本，这样训练出来的模型可能在金融相关任务中有更好的表现。但是，重新训练一个大语言模型往往需要消耗大量的时间与金钱。因此，我们需要权衡这种方法的利弊。在最近的学术研究中，Huang 等（2023）利用金融领域的数据对 BERT 模型进行预训练，并生成了 FinBERT 模型。该模型相较普通 BERT 模型来说，对金融领域文本的情绪的解读更为精准。同时，该模型相较直接从头使用金融数据训练的 BERT 模型在很多方面表现更为出色。

微调

另一种方法是对已经训练好的模型进行微调。具体来说，微调是基于预训练好的模型的参数，用更多新的数据对模型的参数进行修改。微调中所使用的训练数据往往是针对某一特定领域或应用场景的。[①] 例如，我们可以考虑在微调这一步用经济金融领域的文本对训练过的模型进行微调。因为模型已经过预训练，所以在微调这一步我们的计算量以及训练时间都能大大减少。

原始模型

最后，我们也可以直接使用预训练好（并且未经过经济金融数据微调）的模型。例如，Lopez - Lira 和 Tang（2023）的研究直接使用了没有针对经济金融领域进行微调的 ChatGPT，且该模型表现良好。Chen 等（2024）在分析中直接使用许多没有经过微调的大语言模型，然后用这些模型生成的文本嵌入向量对股票收益率进行预测，取得了很好的效果。

我们也可以采用修改提示的方法改进未经过经济金融数据微调的大语言模型在经济金融任务中的表现。修改提示并不需要对模型参数进行任何修改，因此它是一种非常简单且直接的改进模型在具体领域中的表现的方法。

---

① 如我们之前所述，ChatGPT 也是通过对预训练好的 GPT 模型进行微调得到的，其微调的数据是针对人类对话的要求产生的。

以 ChatGPT 为例，我们输入的问题是模型提示的重要组成部分。许多研究发现，使用略微不同的提问可能对模型回答的准确性产生很大的影响。吴恩达教授建议尽量使用详尽的提示，以明确表示想要模型达到的效果。并且，在开始大量处理数据前，应该对提示的内容进行实验以求达到最佳的提示效果。如果我们想让模型在经济金融领域中取得好的表现，那么可以考虑在提问之前先对模型进行如下提示“you are an expert in economics and finance”，即“你是经济金融领域的专家”。这样的提示可以唤起模型在经济金融领域的知识。

另一种生成有效提示的方法是直接向模型提问。比如，我们可以对 GPT 说：“我们需要你对金融文本信息的情绪进行分析，请为我生成十条有用的提示。”我们可以对模型生成的提示进行筛选。

如果我们使用的是一个普通的大语言模型（如 BERT 模型），而不是类似于 ChatGPT 的聊天机器人，那么我们可以将提示加在文本之前，并将提示加文本的信息一并输入模型。这样提示的信息就会改变模型对之后的正文的分析结果。

当然，使用提示的方法也有一定缺点。例如，精准的提示可能是很长的字串，如果每次输入前都要进行提示，那么可能会增加计算量。并且，大部分大语言模型对输入长度都有限制，提示会占用输入长度，从而挤占正文的长度。因此，如果需要进行大量数据处理，那么使用微调过的模型可能是更经济实用的选择。

如何设计有效的提示是一门新兴学科。许多提示的设计规则目前还属于经验之谈，而缺乏理论的支撑。随着大语言模型的快速崛起，我们需要对如何设计有效的提示进行更多的探索。

16.4　国产大语言模型

我国大语言生态最近也得到了很好的发展。一些大学、研究机构以及科技公司都推出了各具特色的大语言模型。例如，百度推出了文心一言模型（ERNIE），阿里巴巴推出了 DAMO 模型。本章着重介绍智谱 AI 公司与清华大学共同开发的 GLM 大语言模型。

随着人工智能的飞速发展，自然语言处理（NLP）领域的大语言模型在越来越多的领域展现出了巨大潜力。清华大学于 2022 年推出了 GLM 大语言模型，标志着中文大语言模型的重大突破。GLM 大语言模型的独特之处在于它是开源的，允许本地部署和行业微调，同时也提供 API 在线服务，这为开发者提供了更广泛的研究和应用可能性。

16.4.1　模型表现

2022 年，智谱 AI 公司与清华大学发布了双语千亿级超大规模预训练模型 GLM-130B，该模型在斯坦福大学基础模型中心的评测中显示出不弱于 GPT-3 的性能。基于 GLM-130B 模型的对话模型 ChatGLM-6B 通过有监督微调等技术初步实现了与人类意图对齐，初具理解人类指令和意图的能力，并支持在单张英伟达 RTX2080Ti 图形加速卡上进行推理使用，具备独立部署潜质。智谱 AI 还推出了提供智能 API 服务的认知大模型平台 Bigmodel. ai，旨在将这些技术成果应用于更广泛的领域。

16.4.2 应用场景

GLM 大模型属于开源大模型。开源大模型是基于开源软件许可协议发布的大型深度学习模型，通常由研究者、开发者或社区共同开发和维护，并在公开的代码库中提供。其优点是可以免费获取和使用。由于代码是开放的，因此用户可以自由地查看、修改和定制模型，以适应特定的需求和任务。GLM 大模型的应用场景主要有：用户直接在网页使用 GLM 大模型的产品化功能；用户通过 API 获取 GLM 大模型在线服务；用户在本地部署 GLM 系列模型服务并开展私有化定制模型业务。最后一类主要是企业用户用于搭建自己的企业大模型，如 2023 年 4 月 360 公司基于 GLM－130B 联合研发千亿级大模型 "360GLM"。后文我们将主要介绍前两类应用。

16.4.3 大模型的实际应用

接下来，我们通过 GLM 大模型的网页界面（https://chatglm.cn）来介绍几个简单的应用。在之后的章节中，我们会介绍如何使用 GLM 大模型的 API 来处理金融文本。

如图 16.2 所示，用户可以直接通过对话框与 GLM 大模型对话，获取大模型提供的信息及建议，也可以上传文档，并针对文档内容向大模型提问。大模型可以帮助读者总结文章内容或者翻译文档。

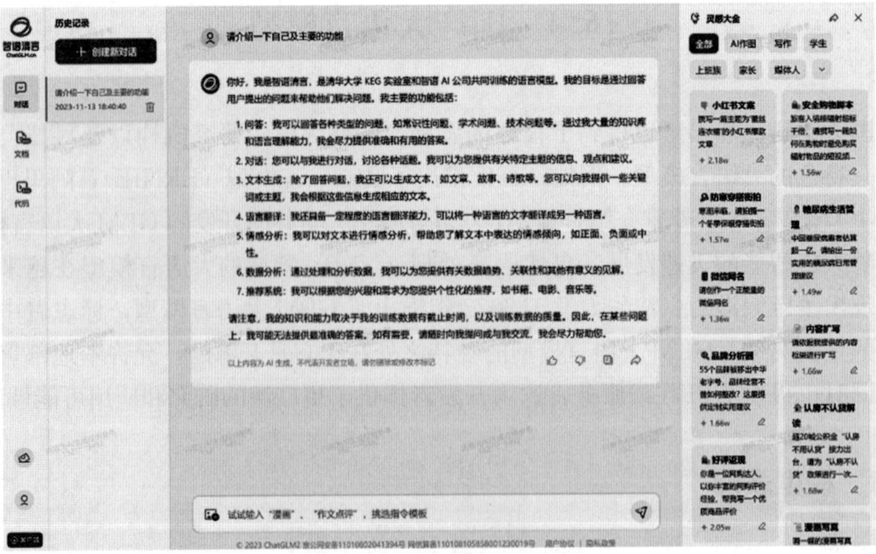

图 16.2 GLM 大模型的网页界面

此外，GLM 大模型还可以通过编写代码来执行用户的任务，在安全可靠的沙盒环境中执行并展示运行结果。

以通过 Python 展示 2010—2022 年全球航空业收入变化的折线图为例。如图 16.3 所示，根据我们的要求，GLM 大模型先给出了运行代码，随后在沙盒中运行了这些代码，并展示了运行结果。

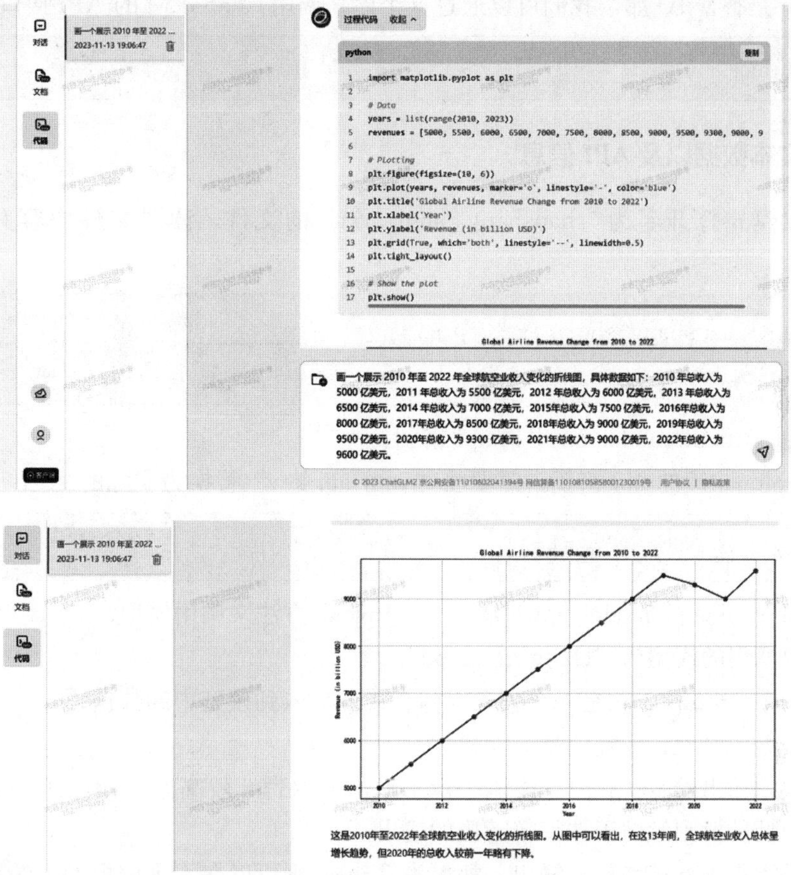

图 16.3　GLM 大模型输出

在上例中，我们仅仅通过简单的指令就取得了非常好的效果。例如，金融从业人员需要进行行业研究，并且根据获得的数据创造图标。有了大语言模型，只需要通过简单的文字对话，就可以直接利用文字资料生成图形，从而省去了烦琐的数据录入工作，从而提升了从业人员的工作效率。

除了整理数据、生成相应的代码之外，大语言模型还可以在其他许多方面简化我们的工作。读者朋友可以自行探索这一领域的巨大潜力。

16.5　程序

在之前的章节中，我们使用简单的词典方法来判断文本的情绪。该工作可以通过 GLM 大模型的网页界面完成。但是，如果我们需要处理大批量数据，那么使用 API 接口可能更为方便。

导入库

zhipuai 是智普 AI 库，我们可以通过这个库来调用 ChatGLM 的 API 接口。

```
import zhipuai
```

读取文本数据以及 API 信息

以读取模式打开名为“zhaoshang_short. txt”的文件，读取文件内容并赋值给变量 txt。

```
with bopen("zhaoshang_short. txt",'r') as f:
    txt=f. read()
```

先前往 open. bigmodel. cn 申请 api 密钥；

设置 zhipuai 库的 api 密钥，需要将“your api key”替换为实际的 API 密钥。

```
zhipuai. api_key = "your api key"
```

使用 zhipuai 库的 model_api 对象的 sse_invoke 方法来调用模型；

指定要调用的模型为“chatglm_turbo”；

传入一个 prompt，它是一个列表，包含了要输入到模型中的数据；

设置模型的温度，影响模型的随机性；

设置模型输出的 top_p 值，该值决定了输出的取舍，较高的值倾向于选择概率较大的输出，较低的值则倾向于选择较随机的输出；

设置模型是否支持增量式输出，如果为 True，则可以在不重启模型的情况下连续接收输出。

```
response = zhipuai. model_api. sse_invoke(
    model= "chatglm_turbo",
    prompt=[{"role": "user", "content": f"请判断以下披露文本的情绪。你的回答为
                正向，负向或是中性。…{txt}…"}],
    temperature=0. 5,
    top_p=0. 7,
    incremental=True
)
```

遍历模型返回的 response 中的 events：如果事件的 event 属性为“add”，则打印该事件的数据，结束打印其他内容，直到下一个事件；如果事件的 event 属性为“error”或者“interrupted”，同样打印该事件的数据，结束打印其他内容，直到下一个事件；如果事件的 event 属性为“finish”，则打印该事件的数据以及元数据，结束处理后续事件；对于其他未知的事件类型，直接打印其数据，结束打印其他内容，直到下一个事件。

```
for event in response. events():
    if event. event=="add":
        print(event. data, end="")
    elif event. event=="error" or event. event=="interrupted":
        print(event. data, end ="")
    elif event. event=="finish":
        print(event. data)
        print(event. meta, end "")
    else:
        print(event. data, end"")
```

可以判断出，披露的这段文本的情绪为中性偏正向，原因如下：

(1) 文本提到了市场银行对客户人民币汇率衍生交易量萎缩的情况，但随后强调了央行改革完善贷款市场报价利率（LPR），进一步推进人民币利率市场化，带来了客户为应对利率市场波动风险而定制衍生交易方案的需求。这说明虽然市场环境存在挑战，但改革带来了新的机遇。

(2) 文本描述了本集团在持续为客户提供汇率类产品衍生交易服务的同时，发挥在利率互换等金融市场衍生交易方面的专业优势，拓展新的对客衍生交易服务品种，并积极为客户提供线上交易服务，批发客户数量和交易规模继续保持增长。这部分展示了公司在逆境中的积极应对和持续发展。

(3) 文本详细介绍了各类金融投资的余额和投资策略，显示了公司在资产配置和风险管理方面的专业能力和稳健经营。

(4) 尽管报告期内人民币债券市场利率震荡，违约事件增多，但本集团通过密切关注市场变化，调整存量组合结构，优化资产结构，有效规避了信用风险事件。这也体现了公司在应对市场波动和风险方面的能力。

综上，这段披露文本整体呈现出中性偏正向的情绪，展示了公司在面临市场挑战时积极应对、稳健发展的态度。

习题

知识理解

1. 为了更好地对细分领域的文本使用大语言模型，我们通常会采用哪些方法使模型在细分领域有更好的表现？

2. 请对比这些方法的优劣（请考虑方便程度、所需成本、执行速度以及你能想到的其他因素）。

程序操作

请搜集一段公司年报内容（300～400字），并使用GLM大模型的API进行如下工作：

1. 总结文本内容。
2. 用一个词或词组描述文本的主题。
3. 描述文本情绪。

发散思考

请举例说明如何在金融市场使用大语言模型。

第17章

其他另类数据的处理

学习目标

- 理解图像数据在金融市场中的应用
- 了解如何使用神经网络对图片进行分析
- 了解音频信息在金融市场中的作用
- 了解如何使用程序进行简单的图像数据分析

17.1 其他另类数据简介

在金融市场中，如果你拥有其他人没有的信息，那么你往往就能先于其他人预测出市场的动向。当然，获得信息必须合法合规，一般只能从已经公开的信息中寻找有效信息。

然而，因为大家都能得到公开的信息，所以资产价格往往已经反映了公开的信息。投资者如果想要得到超额收益，就必然需要对已有的数据进行更精细的处理，从而得到其他投资者难以得到的信息。借助机器学习方法我们就能获得很多可以利用的信息。

在之前的章节中，我们介绍了如何使用机器学习方法对文字信息进行处理。虽然文本在金融市场中起到了非常重要的作用，但在科技高度发展的今天，许多公司以及媒体还会大量使用文字以外的方式来传播有效的信息。例如，卫星图像以及无人机拍摄的影像都可以向我们提供重要的信息。另外，公司管理层接受采访留下的视频以及声音信息也可以供我们进行分析。

在接下来的部分中，我们介绍几种分析图像以及声音的具体方法及如何将这些方法应用于经济金融分析。

17.2 图像数据及其处理

图像可以传递多种信息。例如，仓库的图像可以让我们快速验证库存数据的准确性。首先，我们需要从照片中识别库存商品的种类。例如，如果库存中有不同的商品种类，包括电冰箱与洗衣机以及其他电器，那么我们可以对每一种库存商品拍照（如图 17.1 所示），并用机器学习方法对库存商品的种类进行识别。

17.2.1 图片识别

如果我们需要进行图片识别（比如我们需要识别库存照片中的电冰箱与洗衣机），那么我们可以使用卷积神经网络（CNN）。卷积神经网络跟我们之前介绍的前馈神经网络有许多相似之处。但是，其与普通的前馈神经网络也有诸多不同，而这些不同能帮助模型更好地识别图片或影像。

卷积神经网络

因为卷积神经网络有许多种不同的结构，我们只在此对最简单的卷积神经网络进行介绍。以图 17.2 为例，我们用 5×5 的点阵图来表示字母。我们可以生成一个 5×5 的矩阵，矩阵中 0 代表白色，1 代表黑色。我们可以用左图所示的矩阵来代表字母 O，而用右图所示的矩阵来代表字母 X。我们需要考虑的是如何用机器学习的算法来识别这两个字母。

接下来，我们简单介绍卷积神经网络的结构。简单来说，卷积神经网络有三个主要部分。

卷积层 卷积层有一个或多个卷积核（Kernel）。这些卷积核实际上是一个小的矩阵（我们可以用一个 2×2 的矩阵来表示，见图 17.3 的右半部分）。这个矩阵中的参数先随机生成，后通过训练不断更新。我们将这个卷积核覆盖的区域与卷积核进行点相乘（也就是每一项相乘，然后相加）。随后，我们将这个 2×2 的矩阵不断地在输入矩阵上移动，移动方向是从左上方到右下方。对每次覆盖的区域都进行上述点相乘，然后再加上一个误差项。①

理论上来说，每一个卷积核都是为了检测图中的一些特征变量。比如，代表 X 的矩阵在 2×2 的空间中会展现出大量对角线的图样，而代表 O 的矩阵则会有更多垂直即平行的图样。为了展示卷积核如何工作，我们先以一个 2×2 的对角线为 1、其他元素为 0 的卷积核为例。②

---

① 我们将误差项设为 0。

② 值得注意的是，卷积核以及池化窗口采用的长与宽往往都是奇数。在本书中，为了解释方便，我们使用了更小的 2×2 的窗口。

图 17.1　商品库存照片

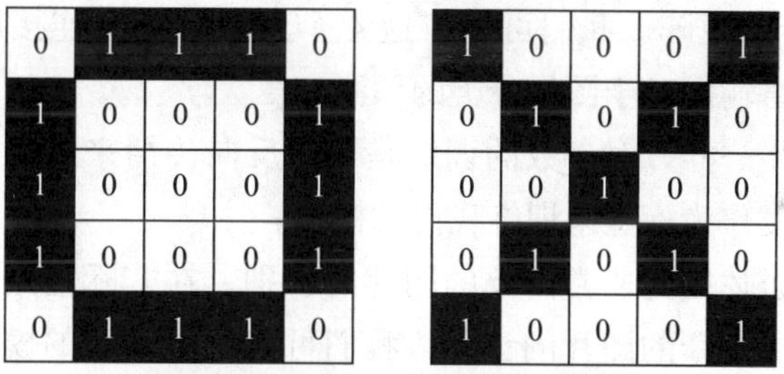

图 17.2　如何识别图片中的字母

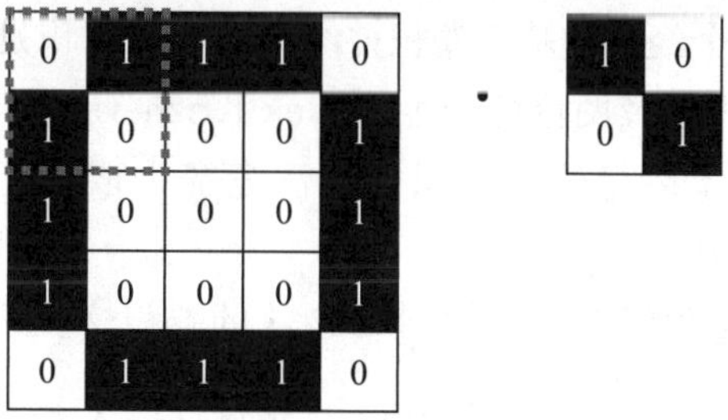

图 17.3　卷积核

完成这一步骤后，我们会得到一个新的矩阵。如果每次让这个卷积核移动一格，那么最终会得到一个 4×4 的矩阵，我们称这个矩阵为特征图。我们可以使用 ReLU 函数对特征变量图进行进一步的处理。

接下来，我们可以将这个数据送入下一层，即池化层（Pooling Layer）。

池化层　我们可以用池化层来处理特征变量图中的数据。在这一步，我们定义一个小的范围（例如 2×2）为池化窗口，并将这个池化窗口放置于特征变量图上。我们将这个窗口中的数据进行池化。池化的方法有两种：（1）最大池化，即取这个 2×2 区域中的最大值；（2）平均池化，即取池化窗口中所有元素的均值。我们将这个 2×2 的窗口向右下方移动。与卷积层不同，池化窗口不应该有任何重叠。因此我们池化后，应该得到 2×2 的矩阵。

如图 17.4 所示，我们在特征变量图中生成了四个池化窗口，每个池化窗口覆盖了 1/4 的特征变量图。如果我们采用最大池化操作，那么池化后我们将得到一个 2×2 的矩阵（见图 17.5）。

0	1	1	2
1	0	0	1
1	0	0	1
2	1	1	0

图 17.4　特征变量图与池化窗口

1	2
2	1

图 17.5　最大池化的结果

池化的过程主要是为了达到减少运算量的效果。

全连接层　最后，我们将池化后的数据输入一个全连接层。全连接层其实就是我们之前所介绍的前馈神经网络。最后这个前馈神经网络会输出分类概率的预测，如图 17.5 中我们所得到的 2×2 的矩阵。我们可以将这 4 个元素作为全连接层神经网络的特征变量，并要求该神经网络输出对于图像分类的预测。

如同前馈神经网络一样，对参数的训练是通过反向传播来进行的。我们将图片转化成矩阵，并将图片分类作为标签来训练我们的模型。

我们之前的例子讲述的是非常简单的图片的识别。在实际应用中，我们要识别的图片可能更复杂。对于更复杂的图片的识别，我们可以用更复杂的模型。复杂的模型会有多个卷积核，也可能会有多个卷积层与池化层。

例如，AlexNet 是一个经典的基于卷积神经网络的图片识别模型。该模型于 2012 年由多伦多大学的 Hinton 教授及两位博士生（Alex Krizhevsky 与 Ilya Sutskever）共同建立。该模型在由 ImageNet 举行的图像识别算法竞赛中取得了惊人的好成绩。以下是 AlexNet 的神经网络结构[①]：

（1）conv1。第一个卷积层有 96 个 11×11×3 的卷积核。

- 紧接着是一个最大池化层（pooling1），池化窗口为 3×3。

（2）conv2。第二个卷积层有 256 个 5×5×48 的卷积核。

- 紧接着是一个最大池化层（pooling2），池化窗口为 3×3。

（3）Conv3。第三个卷积层有 384 个 3×3×256 的卷积核。

（4）Conv4。第四个卷积层有 384 个 3×3×192 的卷积核。

（5）Conv5。第五个卷积层有 256 个 3×3×192 的卷积核。

① 卷积核的深度为 3，因为彩色图片由 RGB，即红、绿、蓝三原色来表示，有三个通道，卷积核也需要对应的深度来处理每一个通道。

● 紧接着是一个最大池化层（pooling3），滤波器大小为 3×3。

除了卷积神经网络算法之外，现在也有研究尝试利用 Transformer 架构来进行图像识别。

17.2.2　多物体识别

在之前的清点库存的例子中，需要获得每一件库存的图片，并用图片识别程序进行识别。这样做的缺点是需要拍摄大量的库存照片，费时费力。那么有没有办法仅对每个货架进行拍摄，并让程序对里面的所有物体进行识别呢？

这一任务涉及多物体识别。我们也有相应的模型来进行这些工作。对于这一类工作，我们可以使用卷积神经网络的升级版，例如 R-CNN 模型或 YOLO 模型来进行。其中 R-CNN 模型将该项工作分成两步：第一步是找到图片中的不同物体，并用一个矩形边框来选择物体；第二步是采用算法来识别物体。而 YOLO 模型则将这两步合并成一步进行，因此执行效率更高。

17.3　声音信息及其处理

声音也包含了丰富的信息。如果我们要分析一个采访或年度财报发布会的录音，那么我们可以采取多种技术路线。例如，我们可以考虑先将语音信息转化为文字信息，然后使用我们之前所讨论的文本分析方法或大语言模型来对转录的文本进行分析。对于这种技术路线，我们已经有许多成熟的方法。例如，OpenAI 公司提供的 Whisper 模型就可以很好地完成这一任务。

如果我们不满足于仅对文本进行分析，而希望从声音所包含的非语言信息中得到一些情绪方面的信息，那么我们可以考虑使用直接对声音情绪进行分析的算法。例如，Mayew 与 Venkatachalam 教授用一个叫作 LVA 的软件来侦测管理层在电话会议中是否有欺骗性陈述。

LVA 在早年的金融研究中得到了一定的应用，但是现在我们有了更先进的基于深度学习的用于分析声音情绪的算法。例如，Edmans 教授与合作者的论文使用了流媒体服务对音乐情绪的打分。而该流媒体对音乐情绪的打分是基于机器学习模型得出的（研究人员先搜集了 5 000 份人类对音乐情绪的评分，并用其进行监督学习）。最近的综述论文也发现，采用了 LSTM 与 CNN 架构的模型在人类对话的情感分析方面有较好的表现，基于 Transformer 的模型也开始崭露头角。

17.4　知识拓展：用图片来预测股票收益率

虽然在传统金融理论中股票收益率难以预测，但是在金融市场中确实有大量从业人员试图借助股票收益率的图表来对收益率进行预测。这种研究也被称为技术分析。早期的研究，例如Lo、Mamaysky和Wang（2000）通过对股票图形的研究发现，确实有几种获得超额收益的技术分析方法。随后，更多技术分析方法被发现，例如Jegadeesh和Titman（1993）发现了动量信号，Han、Zhou和Zhu（2016）发现了趋势信号可以预测股票收益率。但是这一类研究往往是直接使用股票收益率序列对未来股票收益率进行预测。

近期，Jiang、Kelly和Xiu（2023）发现可以直接使用股票图表对未来股票收益率进行预测。其底层技术是使用卷积神经网络对这些图表进行分析，借助从图表中发现的形态与未来股价涨跌之间的关系来训练神经网络。这篇论文指出，该神经网络能发现许多使用股价数据本身无法发现的预测未来收益率的信号，有助于获得超额收益。

17.5 程序

导入库

导入torchvision. models模块，该模块提供预训练模型，用于构建图像分类器、目标检测器、图像分割器等计算机视觉应用；

导入torchvision库的transforms模块，用于图像预处理操作；

调用用于机器学习的torch库；

调用plt和patches，用于作图；

导入PIL库，该库是Python图像处理库，用于打开和处理图像。

```
import torchvision. models as models
from torchvision import transforms
import pytorch
import matplotlib. pyplot as plt
import matplotlib. patches as patches
from PIL import Image
```

建立与标签对应的字典

创建一个空字典coco_cat，键为整数，值为对应的类别名称。

```
coco_cat=dict()
```

为字典添加类别和对应的名称，这里的类别是数字编码，名称是对应的物体类别。

```
coco_cat[7]="train"
coco_cat[72]="tv"
coco_cat[78]="microwave"
coco_cat[79]="oven"
coco_cat[82]="fridge"
```

使用模型进行图像识别

加载预训练的 Faster R-CNN 模型（ResNet50）。

```
model=models.detection.fasterrcnn_resnet50_fpn(pretrained=True)
```

设置模型为评估模式，即不进行学习操作，仅进行预测操作。

```
model.eval()
```

此处省略输出；

定义图像预处理的操作，将图像转换为张量形式。

```
transform=transforms.Compose([
    transforms.ToTensor(),
])
```

使用 PIL 库打开一张图片，并将其转换为 PyTorch 张量形式，保存在变量 img 中。

```
img=Image.open("shelf 1.jpg")
img=transform(img)
```

为图像添加一个维度，使其符合模型输入的形式（模型需要的是 batch 形式的输入）。

```
img=img.unsqueeze(0)
```

设置模型的执行模式为推理模式，即不进行反向传播学习操作。

```
with torch.no_grad():
    prediction=model(img)
```

定义一个名为 show_detections 的函数，用于显示输入图像及其预测的检测结果。具体来说，show_detections 函数执行以下步骤：

（1）创建一个新的图形和轴（Figure and Axis），以便在图像上显示检测结果；

（2）显示输入的图像；

（3）遍历预测结果的边界框（Box）、分数（Score）和标签（Label）；

（4）对于每个检测到的元素，将边界框绘制在图像上，并以红色填充；

（5）在每个边界框上方，将标签和分数文本绘制在图像上，并用黄色背景标示高亮；

（6）最后，使用 plt.show()显示图像。

```
def show_detections(image, prediction):
    fig, ax=plt.subplots(1, figsize=(12,9))
    ax.imshow(image)
```

```
for element in range(len(prediction[0] ['boxes'])):
    box=prediction[0] ['boxes'] [element] . cpu() . numpy()
    score=prediction[0] ['scores'] [element] . cpu() . numpy()
    label=prediction[0] ['labels'] [element] . cpu(). numpy()
    try:
        label_text=coco_cat[int(label)]
    except:
        label_text=str(label)
    if score>0. 5:
        rect=patches. Rectangle ((box[0] , box[1] ) , box[2]-box[0] , box[3] -
                                  box[1] , linewidth = 2, edgecolor = 'r', facecolor
                                  ='none')
        ax. add_patch(rect)
        ax. text (box[0] , box[1] , f'{label_text} {score:. 2f}',
                  bbox=dict(facecolor='yellow', alpha=0. 5))
    plt. show()
```

打开名为"shelf 1. jpg"的图像文件，并将其作为输入图像传递给 show_detections 函数。

```
img_pil=Image. open("shelf 1. jpg")
show_detections(img_pil, prediction)
```

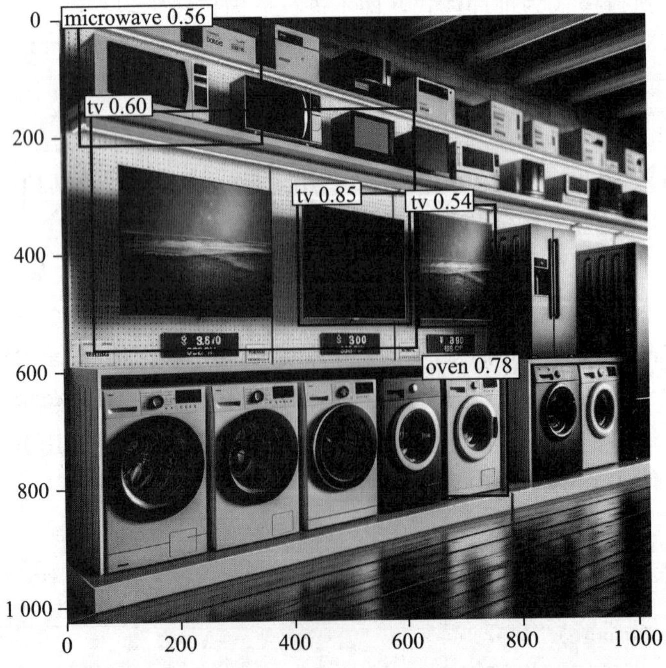

习题

程序操作

请在附近的电器超市拍一张包含多种电器的照片，并用本章中的程序分析照片中的电器的种类以及数量。

发散思考

1. 请思考哪些语音以及图片数据有助于帮助投资者预测公司盈利。
2. 请思考程序需要从这些语音或图片中提炼哪些信息。

第 18 章

大数据的处理与学习

学习目标

- 理解管理海量数据的挑战
- 了解大数据管理的程序库，并能使用这些程序库进行简单操作
- 了解使用海量数据进行机器学习的方法

18.1　大数据简介

在之前的章节中，我们介绍了应用十分广泛的数据处理技术以及对这些数据进行学习的方法。例如，本书中大量使用 Pandas 程序库来进行数据读取以及初步处理。该程序库适用于大部分常见的金融数据应用场景。但是，Pandas 这一类程序库有个很大的问题，即所有数据都需要被读入电脑内存。而我们日常使用的个人电脑的内存大小通常是 8～16GB，很少有内存超过 200GB 的。在数据量日益增长的今天，每天都有海量的数据产生。如果我们想要深入分析以及利用如此海量的数据，那么显然难以依靠传统的数据处理工具。

例如，支付宝的月度活跃用户量超过 10 亿。①这些用户每天都会产生大量的支付数据。假设这些用户每个月产生 50 次交易，每次交易需要记录 10 个变量（例如交易金额、交易时间、交易双方的信息等），我们用 8 个字节的变量来存储这些信息。那么，每个月的数据量都会超过 3TB。因此，类似于 Pandas 的程序库在这一类应用中无法施展拳脚。同时，我们在使用机器学习算法对海量数据进行数据分析时，也需要考虑到内存以及其他计算机硬件的限制。

---

① 数据来源于新浪科技。

在本章中，我们将简单介绍处理与分析海量数据的思路以及具体的程序库。

18.2　大数据的处理

由于在处理大数据时，我们无法将所有数据读入电脑内存，因此我们需要设法将较大的数据切割成较小的数据，并且将切割后的数据分别读入内存进行处理。在 Python 语言的生态系统中，人们经常使用 Dask 和 Spark 这两个程序库来处理这一类问题。接下来我们主要以 Dask 作为例子来阐述如何处理海量数据。之后，我们也会简单介绍 Apache Spark 框架以及在 Python 中调用 Spark 的程序库 PySpark。

18.2.1　Dask 简介

Dask 是一个基于 Python 语言的程序库。该程序库支持大数据并行计算。对于熟悉 Pandas 程序库的人来说，Dask 的优点是其与 Pandas 非常相似。基本上 Pandas 上的所有功能都能在 Dask 程序库中找到与之对应的。实际上，一个 Dask 的数据帧是由一个或多个 Pandas 的数据帧组合而成。因此，如果我们已经对 Pandas 有了一定的了解的话，并不需要从零开始重新学习 Dask。

Dask 的特点主要包括：

（1）懒惰执行（Lazy Execution）。Dask 会等真正需要计算结果时才开始计算。这意味着，当编写 Dask 代码时，实际上是在创建一个计算任务的计划，而非立即执行计算。

（2）任务调度（Task Scheduling）。Dask 会把大的计算任务分解成很多小的任务，然后根据任务之间的依赖关系来安排它们的执行顺序。

（3）内存管理（Memory Management）。Dask 在处理大数据时会很智能地管理内存，确保数据在需要时被加载到内存中，并在不需要时释放内存。

（4）并行与分布式计算（Parallel and Distributed Computing）。Dask 可以利用电脑上的多个核心进行并行计算，也可以跨多台机器进行分布式计算，这样可以加快计算速度，处理更多的数据。

（5）与 Pandas、NumPy 和 Sklearn 集成。如果你熟悉 Pandas、NumPy 或 Sklearn，你会发现 Dask 提供了非常相似的接口，因此你可以很容易地将现有的代码转换为可在 Dask 上运行的版本。

简言之，Dask 通过分解和调度计算任务、高效管理内存以及利用并行计算，使大数据处理变得更加简单高效。

Dask 与 Pandas

在之前的章节中我们已经大量使用 Pandas 程序库来进行数据处理，此外，我们提供一个 Pandas 与 Dask 的对照表（见表 18.1），以更快地了解如何使用 Dask。

表 18.1 Pandas 与 Dask 的基本操作对照

操作	Pandas	Dask
数据结构	DataFrame，Series	Dask DataFrame，Dask Series
导入程序库	import pandas as pd	import dask. dataframe as dd
读取数据	pd. read_csv，pd. read_excel，等等	dd. read_csv，dd. read_excel，等等
查看数据	df. head()，df. tail()	df. head()，df. tail()
数据过滤	df[df['column'] > 0]	df[df['column'] > 0]
分组聚合	df. groupby('column'). sum()	df. groupby('column'). sum()
数据合并	pd. concat([df1,df2]), df1. merge(df2)	dd. concat([df1，df2]), df1. merge(df2)
计算执行	立即执行	懒惰执行。表中阴影部分的命令需要调用. compute()来触发才能得到结果

值得注意的是，Dask 数据帧与 Pandas 的最大区别是：在许多操作中，我们需要使用. compute()来执行。例如，如果 df 是一个 Dask 数据帧，那么 df_filtered＝df[df['column']>0]这行程序不会直接得到一个新的数据帧，而是得到一个将要执行任务的任务图。只有执行 df_filtered=df[df['column']>0]. compute()时，Dask 才会执行这一任务。因此，只有加上 . compute()，才会得到一个新的数据帧。

18. 2. 2 Apache Spark 与 PySpark

Apache Spark 简介

Apache Spark 是一个用于大规模数据处理的统一分析引擎。它提供了 Java、Scala、Python（PySpark）和 R 的高级 API 以及一个优化的引擎，支持数据分析的通用计算图。Spark 的主要特点是其内存集群计算，可以提高应用程序的处理速度。

Spark 旨在涵盖各种工作负载，如批量应用程序、迭代算法、交互式查询和流处理。它支撑了一系列的库，包括 SQL 和 DataFrame、MLlib（机器学习）、GraphX（图处理）和 Structured Streaming（增量计算和流处理）。

PySpark 简介

PySpark 是 Spark 的 Python API，综合了 Python 的简洁性和 Apache Spark 的强大功能。使用 PySpark 时，可以用 Python API 编写 Spark 应用程序，并利用 Python 丰富的数据分析库。

PySpark 支持 Spark 的大部分特性，如 Spark SQL、DataFrame、Streaming、MLlib（机器学习）和 Spark Core。它非常适合用于构建基于云的大数据处理应用程序。

PySpark 有如下优点：

- 易用性。使用 PySpark API 时，可以用 Python 编写 Spark 应用程序，享受 Python

语法和丰富的生态系统的便利。

- 性能。PySpark 应用程序可以利用 Apache Spark 快速处理大型数据集的能力。
- 互操作性。Spark 具有庞大的生态系统，可以轻松地与其他大数据工具和框架集成。

PySpark 提供了一种无缝混合使用 SQL 查询、机器学习算法、流处理过程和大数据上的复杂分析和计算的方式，所有这些都可以在同一个 Python 语言环境中进行。

18.2.3　Dask 与 Apache Spark

Dask 与 Apache Spark 有着许多相似的功能。总体来说，Apache Spark 的生态更为成熟，但是 Dask 为 Python 用户，尤其是熟悉 Pandas 的用户提供了简单易用的大数据处理功能。因此，在本章中我们着重介绍 Dask。

18.3　大数据的学习

我们之前介绍的许多机器学习算法都适用于可以读入计算机内存的数据。但是，如之前所述，在大数据时代许多数据是无法完全读入内存的。因此，我们对于这些数据也需要有相应的对策。

如何处理如此庞大的数据量呢？最简单的做法是将我们的数据缩小到内存可以存储的大小。常用的方法是先对大量数据进行随机取样，然后使用机器学习算法对随机取样后的样本进行分析。

但是这种方法也有一定缺陷，因为在随机取样的过程中，我们需要舍弃大量的样本，因此会丢失许多有用的信息。如果我们想训练一个参数较多的模型，那么丢失样本可能会影响模型训练的过程。

第二种方法是使用分布式训练。分布式训练是一种用于处理大型数据集和/或利用多个计算单元（如 CPU 核心或 GPU）进行训练的技术。在分布式训练中，数据和计算任务分布在多个节点上，以加快训练过程。以下是分布式训练的一般步骤：

（1）准备分布式环境。

- 配置多个节点，每个节点可能包含一个或多个 CPU 核心或 GPU。
- 设置网络连接，确保所有节点之间可以通信。

（2）数据分割与分配。

- 将大型数据集分割成小批数据（batches）。
- 将这些数据批次均匀地分配给各个节点，确保每个节点都有数据可用于训练。

（3）复制模型。

- 在每个节点上初始化相同的模型。这意味着每个节点开始时都有相同的参数/

权重。

(4) 并行计算与同步。

- 每个节点使用其数据批次对模型进行训练，并计算梯度（模型参数的更新）。
- 步骤完成后，各节点需要同步。同步方式取决于所使用的分布式训练策略（例如，参数服务器模式或 All-Reduce 模式）。

(5) 梯度聚合与更新。

- 聚合所有节点计算出的梯度。在一些方法中，这个过程可能涉及梯度的平均或其他形式的整合。
- 使用整合后的梯度更新模型参数。这一步骤可以在单个中心节点上完成，或在所有节点上同时进行。

(6) 迭代训练。

- 重复执行步骤（4）和（5），直到模型达到期望的精度或完成预定的训练轮数。

(7) 后处理。

- 对训练完成的模型进行评估、验证和测试。
- 如有必要，可以进行模型的保存和导出，以便将来使用或进一步分析。

分布式训练可以显著减少模型训练时间，但也带来了通信成本、同步问题和资源管理等方面的挑战。有效地管理这些挑战需要进行精心的系统设计和优化。

Dask-ML 简介

在 Dask 框架中，也有用于提升大数据训练效率以及可行性的模块（Dask-ML）。下面我们介绍几种 Dask-ML 的应用方式：

(1) 扩展 Sklearn。Dask-ML 为众多 Sklearn 模块提供了并行版本，几乎可以无缝地与 Sklearn 的对应功能互换。例如，Sklearn 中有 linear_model 模块，与之对应的 dask_ml 中也有 linear_model 模块。

(2) 增量学习。Dask-ML 支持部分模型的增量学习，适用于那些无法一次性加载进内存的大型数据集。例如，我们之前所学习的神经网络训练框架 PyTorch 就可以通过 Dask-ML 来进行增量学习。

(3) 数据预处理。Dask-ML 提供了可扩展的数据预处理工具，能高效地准备大规模数据集以进行训练。在 dask_ml. preprocessing 中也有类似于 StandardScaler 的数据缩放工具。

除了 Dask-ML 之外，我们之前阐述过的 XGBoost 以及 PyTorch 等程序库也可以直接与 Dask 数据进行交互。

18.4 程序

在本章中，我们介绍了 Dask 数据帧的使用方法。下面，我们使用 Dask 数据帧读入一个数据，并对该数据进行简单总结。

使用 Dask 数据帧

首先，导入必要的库。dask. dataframe 是 Dask 框架中的数据帧模块。其使用方法类似于 Pandas。

```
import dask.dataframe as dd
```

将数据读入数据帧

```
df=dd.read_csv("ols_training.csv")
print(df.head())
```

	stkcd	date	pps	bm	roa	eps_basic
0	733	6/1/00	20.17	0.358231	0.014727	0.136
1	600089	6/1/00	19.80	0.219879	0.036447	0.270
2	600219	6/1/00	14.40	0.295807	0.045742	0.156
3	600741	6/1/00	10.09	0.290462	0.036432	0.206
4	733	9/1/00	17.90	0.300046	0.024189	0.136

对数据进行总结

首先，我们对全样本数据进行总结；

然后，我们分月份对数据进行总结。

```
summary_stats=df['bm'].describe().compute()
median_overall=df['bm'].median().compute()
print(summary_stats)
print(median_overall)
```

```
count    8202.000000
mean        0.528733
std         1.184028
min         0.018595
25%         0.223132
50%         0.377658
75%         0.620099
max        30.459270
Name:bm,dtype:float64
0.37765780849999997
```

```
#summary_stats_by_month=df.groupby('date').describe().compute()
median_by_month=df.groupby('date')['bm'].median().compute()
mean_by_month=df.groupby('date')['bm'].mean().compute()
print(median_by_month)
print(mean_by_month)
```

```
date
6/1/00        0.293135
9/1/00        0.307004
12/1/00       0.307004
3/1/01        0.307004
6/1/01        0.307004
                 ...
6/1/16        0.363162
9/1/16        0.339883
12/1/16       0.337995
9/1/17        0.447970
12/1/17       0.434277
Name:bm,Length:65,dtype:float64
date
12/1/00       0.290753
12/1/01       0.230320
12/1/02       0.315644
12/1/03       0.426942
12/1/04       0.459602
                 ...
9/1/12        0.675662
9/1/13        0.734399
9/1/15        0.573180
9/1/16        0.594381
9/1/17        0.804968
Name:bm,Length:65,dtype:float64
```

习题

知识理解

1. 请问哪个程序库适合处理2GB的csv数据？
2. 请问哪个程序库适合处理5TB的数据？

程序操作

1. 请使用Dask数据帧计算每年pps的最大值及最小值。
2. 请使用Dask数据帧进行数据合并。请使用股票编号（stkcd）以及月份信息（date）将本章中附带的两个数据集进行合并。

第 6 部分

大数据学习与经济金融研究

第19章

大数据机器学习方法在金融中的应用

学习目标

- 理解大数据机器学习方法在金融研究中的应用
- 了解非线性套索回归方法
- 了解工具变量主成分分析（IPCA）方法
- 了解如何使用机器学习方法纠偏

在之前的章节中，我们已经介绍了大量的机器学习方法。这些方法的应用范围非常广泛，经常可以直接用于金融研究。当然，在金融研究中，金融学家们也开发了一些更有针对性的方法。由于这些方法根据数据的特点在传统方法的基础上做出了一些改进，因此这些方法往往可以在其特有的领域达到非常好的效果。

本章聚焦于股票收益率的样本外预测、潜在因子模型的构建和从大量可观测因子中筛选出最有定价效能的因子这三个方面，介绍机器学习方法的实证应用。Fama(1970)提出的有效市场假说开启了现代资产定价研究，它引领了对资产收益率可解释变量和因子定价模型的深入探索。有效市场假说认为，所有可用信息都已经反映在资产价格中，因而质疑了通过分析历史数据来预测未来收益率的可行性。然而，随着时间的推移，研究者们发现有大量资产层面的特征变量（数百个）和宏观经济指标可用于对市场和个别资产的收益率进行预测。

2011 年，时任美国金融学会主席的 John Cochrane 教授将众多的收益率预测指标比喻为“因子动物园”，指出在这些因子中，有些能够独立解释股票预期收益率的差异，而有些则可能已被其他因子涵盖。这一观点凸显了在资产定价领域，识别并验证哪些变量具有真正的解释力和定价能力是一个核心且复杂的问题。

为了应对这一挑战，后续的研究倾向于采用更灵活的模型，允许研究者探索不同的统计结构，并适应多种非线性关系及变量间的交互作用。在此基础上，机器学习模型，尤其是那些能够近似任意非线性函数的神经网络模型，展现了其在处理高维数据和复杂关系方面的强大能力。机器学习方法可以更好地整合高维特征变量数据，它提供了一种处理更大信息集的有效手段，有助于研究者和市场参与者缩小信息集规模的差距，并且更准确地预测收益率。

19.2 节主要介绍了利用线性预测模型和非参数组套索回归模型等非线性模型预测横截面收益率的方法。在这一节中我们还介绍了中国 A 股市场的数据样本和公司特征变量选择以及机器学习方法在中国股票市场中样本内和样本外的实证方面的表现。19.3 节介绍了工具变量主成分分析（IPCA）方法，以及基于这种方法的条件因子定价模型在解释资产横截面收益率方面的应用。IPCA 方法拓展了传统的线性因子定价模型（如 CAMP，Fama-French 三因子、五因子等显式因子模型）。在 IPCA 因子模型中，因子载荷被建模成基于特征变量的灵活的函数形式，并被允许和潜在因子在实证数据中同时估计出来。IPCA 方法在实证方面的优越性进一步证明了允许收益率和特征变量间形成灵活的、非线性的函数关系对于解释资产收益率在横截面上的差异非常重要。19.4 节基于随机贴现因子模型探讨了资产定价研究中的另一个核心问题，即究竟哪些因子才是构成真实因子定价模型的有效因子。同时在实证检验中我们发现，允许随机贴现因子具有非线性结构对于选出最有效的、实证效果显著占优的因子非常重要。19.5 节介绍了机器学习方法应用于金融领域时存在的问题。

由于本章的公式较长且较为复杂，为了保持公式的简洁性和易读性，本章使用 A' 而不是本书其他章节使用的 A^{T} 来表示矩阵 A 的转置。

19.1 股票收益率横截面预测实证

同时使用更多的特征变量来预测股票收益率会导致问题变得高维，使用传统最小二乘回归法求解 Fama-MacBeth 回归等线性模型可能会出现多重共线性和过拟合等问题，从而导致参数估计的不稳定性和估计偏误。机器学习方法可以较好地解决这种高维问题，比如使用正则化方法对参数估计值进行压缩可以避免过拟合问题，使用主成分分析方法等降维方法可以避免多重共线性问题，使用梯度下降方法求参数估计的数值解可以解决预测问题高维导致的难以使用 OLS 计算线性回归模型参数解析解等问题。

传统的稀疏性多因子模型一般使用 Fama-MacBeth 回归等线性模型来预测股票收益率，此类因子模型结构简单，服从线性可加性假设，但是难以捕捉特征变量与股票收益率之间复杂的非线性关系。对比而言，机器学习方法可以更好地解决非线性相关的问题。机器学习和深度学习相关技术的发展使得在进行股票收益率预测时有更加丰富的统计结构可以选择，比如，当神经网络模型的隐藏层节点数量足够多时，神经网络可以近似任意非线性函数（Cybenko，1989；Hornik，Stinchcombe，and White，1989）。

Gu、Kelly 和 Xiu（2020）概述了如何基于大量股票特征变量运用机器学习方法预测股票收益率，主要方法包括有惩罚项的广义线性模型如弹性网（Elastic Net）、主成分回归（PCR）、偏最小二乘（PLS）等降维方法，回归树，神经网络等。其中，回归树优于广义线性模型，神经网络表现最好，并且浅层学习的效果优于深层学习，这与股票时间序列较短有关；另外，基于滚动窗口估计模型时，模型复杂度呈上升趋势；股票特征变量中，较为重要的主要有动量、流动性、风险测度、估值比率和基本面信号，会计变量更新频率较低是导致估值和基本面信息不重要的可能原因，宏观经济变量中总体账面市值比最为重要，而市场流动性的重要性最低；采用机器学习方法做市场择时可以获得正收益。

也有学者使用机器学习方法对中国股票市场收益率进行了预测。中国股票市场有三个关键特点：首先，与机构投资者主导的发达市场不同，中国股市散户投资者的占比较高。根据上海证券交易所 2019 年的数据，中国总共有 2.145 亿投资者，其中 2.138 亿是个人投资者，而只有 70 万是机构投资者，散户投资者的投机行为和短线交易可能导致换手率上升。这种特殊性造成了中国股市的高度波动性，导致股价不能非常有效地反映经济基本面状况。其次，中国金融体系的一个重要特征变量是以商业银行体系为主导的间接融资市场占主导地位，而以股票市场为代表的直接融资规模占比相对较小。我国股票市场发展历史较短，市场监管政策和法律法规一直处于发展与完善过程中，因此市场的交易和定价机制受政策的限制和影响较大。最后，中国市场卖空受限。在 2010 年以前，中国投资者受到较为严格的卖空限制。许多学者都认为卖空有助于市场定价，并能够使市场变得更加有效，大多数关于西方市场的因子投资研究都依赖于多空策略，但这种策略对于中国市场来说并不容易实现。考虑到中国股票市场的上述特点，Leippold、Wang 和 Zhou（2022）使用机器学习方法对中国市场做了与 Gu、Kelly 和 Xiu（2020）类似的研究，但是他们有了一些不同的发现，比如流动性成为最重要的预测因子，中国市场显示出更强的可预测性，尤其是小规模和非国有企业的股票；散户投资者的主导地位对短期可预测性产生了正向影响，特别是小盘股；在较长的时间段内，大盘股和国有企业的股票有较强的可预测性。Freyberger 等（2020）和 Wang 等（2023）分别使用美国和中国股票市场数据，在考虑了预期收益率和公司特征变量存在高阶函数的非线性预测结构时，应用一种基于样条函数的非线性套索回归方法展示了机器学习方法在处理股票收益率非线性预测问题上的优势。

下面我们介绍几种经典的用于预测收益率的基于回归模型的机器学习方法。

Fama-MacBeth 回归

我们以静态多因子模型的风险溢价估计为例来介绍 Fama-MacBeth 回归。Fama-Macbeth 回归是一种两步横截面回归检验方法，它非常巧妙地排除了残差在横截面上的相关性对标准误差的影响，适用于预测股票收益率等残差项横截面相关性强、时间序列相关性不强的情况。第一步是基于时间序列回归估计每个测试资产的因子暴露 β_i：

$$r_{i,t}=\alpha_i+\beta_i' f_t+\varepsilon_{i,t}$$

此时，因子 f_t 可以是投资组合，也可以是宏观经济变量等指标。由此得到因子暴露矩阵的估计 $\widehat{\beta}$。第二步是横截面回归，即在每个横截面上计算如下回归：

$$r_{i,t} = \widehat{\beta}_i' \lambda_t + \alpha_{i,t}$$

然后将每个横截面的估计取均值，作为 Fama-MacBeth 回归的估计：

$$\widehat{\lambda} = \frac{1}{T} \sum_{t=1}^{T} \widehat{\lambda}_t$$

$$\widehat{\alpha}_i = \frac{1}{T} \sum_{t=1}^{T} \widehat{\alpha}_{i,t}$$

与 Fama-MacBeth 回归对应的是传统的横截面回归，即先对 $r_{i,t}$ 和 f_t 在时间序列上取期望，再将 $E(r_i)$ 回归到 $E(f)$ 上。可见，如果 β 不随时间变化，则两种回归估计是一致的，但是由于两只股票的收益率总可能在某些时期有共同的被回归遗漏的解释变量①，所以横截面上残差相关性较强。先做横截面回归再对估计取均值则很好地降低了横截面上的残差相关性对参数估计标准误差的影响。不过，Fama-MacBeth 回归对时间序列上的残差相关性并没有调整作用。在横截面回归中用到的 β 的估计是通过时间序列得到的，这种回归中解释变量包含估计误差一般会导致估计的偏误，这一问题称为 EIV(Errors-in-variables) 问题，需要使用 Shanken (1992) 提出的标准误差修正方法来解决。

当使用条件因子模型预测股票收益率时，由于股票特征变量是已知可观测的矩阵并且潜在因子向量 $\tilde{f}_t$ 未知，所以直接逐个横截面进行回归并将一系列估计值取平均，即可得到 Fama-MacBeth 回归的估计结果。

套索回归

在基于条件因子模型使用大量特征变量对股票收益率进行预测时，采用套索回归等收缩估计回归方法，在模型预测上会有更好的效果。假设需要通过最小化残差平方和估计线性统计模型

$$\tilde{r}_{i,t} = Z_{i,t-1} \tilde{g}_t + \varepsilon_t$$

套索回归通过对估计目标函数施加 $L1$ 惩罚得到 $\tilde{g}_t$ 的套索回归估计：

$$\widehat{g}_t^{\text{Lasso}} = \underset{g}{\operatorname{argmin}} \left[(\tilde{r}_t - Z_{t-1} \tilde{g}_t)^T (\tilde{r}_t - Z_{t-1} \tilde{g}_t) / N + \gamma \sum_{j=1}^{K} | g_{j,t} | \right]$$

此时 $\widehat{g}_t^{\text{Lasso}}$ 关于 $\tilde{r}_t$ 非线性，并且一般没有解析解（Closed-form Solution），但可以通过最小角回归（Least Angle Regression，（LARS））等算法得到数值解。套索回归会使估计的系数向 0 收缩，由于 $L1$ 惩罚项的加入，还可以使某些变量的系数压缩到 0，因而可以实现变量筛选和稀疏的（Sparse）系数估计。

非线性套索回归（非参数组套索回归）

Freyberger 等（2020）提出了一种基于非参数样条函数的非线性套索回归模型。这

① 在计量经济学中，特征变量也被称为解释变量。

种方法是在经典的线性套索回归模型中加入特征变量的样条函数，从而应用这种非线性模型结构来预测资产收益率。我们在本书5.2节对样条函数和样条模型做了详细的介绍。样条函数是一种非参数建模方法，通过对预测变量做样条函数变换，可以把单个一阶线性变量转化为一组高阶非线性变量。由于这种基于样条的套索回归方法是把每个特征变量变换所得的所有高阶样条函数项作为一组，统一纳入参数估计的惩罚项，所以这种方法也被称为非参数组套索回归方法。具体而言，我们假设特征变量与条件预期收益率之间存在非线性关系，在 t 时，第 j 个特征变量与股票条件预期收益率之间的关系可以用二阶样条函数描述为：

$$m_{t,j}(z)=\sum_{k=1}^{L+2}\widetilde{g}_{t,j,k}p_k(z)$$

其中，$p_1(z)=1$，$p_2(z)=z$，$p_3(z)=z^2$，$p_k(z)=\max(z-z_{k-3},0)^2$，$k=4$，…，$L+2$，$z_{k-3}$ 表示特征变量取值的分位数。由于在数据预处理阶段我们已经将特征变量数据的取值范围转换为 [0，1]，所以我们使用 $L=3$ 个节点进行插值时，$p_4(z)=\max(z-1/3,0)^2$，$p_5(z)=\max(z-2/3,0)^2$。基于特征变量与条件预期收益率之间的函数关系，我们可以进一步写出非参数组套索回归的目标函数：

$$\widehat{g}_t^{\text{NPLasso}}=\underset{\widetilde{g}_t}{\operatorname{argmin}}\sum_{i=1}^{N_t}\Big(\widetilde{r}_{i,t+1}-\sum_{j=1}^{J}\sum_{k=1}^{L+2}\widetilde{g}_{t,j,k}p_k(z_{i,t,j})\Big)^2+\lambda\sum_{j=1}^{J}\Big(\sum_{k=1}^{L+2}\widetilde{g}_{t,j,k}^2\Big)^{1/2}$$

上式中，第一项是回归模型中的残差平方和，第二项是对估计系数大小的惩罚项。注意，这里将给定特征变量 $z_{i,t,j}$ 转换出的样条函数相关的所有系数 $\widetilde{g}_{t,j,k}$，$k=1,2$，…，$L+2$ 视为一个组，对这些系数估计量进行集合惩罚。因此，如果某个特征变量 j 对于模型预测不重要，则 $m_{t,j}(z)$ 的整个展开组的所有样条函数项的估计值都会被缩小到零，从而实现对该变量的整组保留或舍弃的共同抉择。

自适应组套索回归

Yuan 和 Lin（2006）的研究探讨了涉及分组变量的模型（例如组套索回归模型）如何进行有效的变量选择和估计。他们提出了一种修正的贝叶斯信息准则（ABIC），并在数值模拟中发现应用该信息准则的模型选择效果和多折交叉验证（详细介绍见下一节内容）接近，然而多折交叉验证的计算成本更高。Huang、Horowitz 和 Wei（2010）应用自适应组套索回归（Adaptive Group Lasso Regression）来选择非参数组套索回归模型中的非零成分，在一定的数据假设条件下，该方法会选出与真实模型的成分数量相当的模型，并且随着样本量的增加，自适应组套索回归方法会以趋近1的概率准确地选择非零成分（即具有模型选择的一致性），并实现最优的收敛速度。因此，我们在实证分析中使用自适应组套索回归方法来选择参数组套索回归模型中的最优变量，即自适应（非参数）组套索回归模型。具体而言，即基于第一轮非参数组套索回归的参数估计值对组参数的惩罚项进行加权，加权的逻辑是对第一轮训练中得到的估计值较大的参数施加较小的惩罚权重，而对估计值较小的参数施加较大的惩罚权重，从而在第二轮非参数组套索回归的估计中选择更加稀疏的模型，获得具有一致性的估计结果。为了节省算力，我们参照

Yuan 和 Lin (2006) 的研究结论，在对非参数组套索回归中的超参数 λ 的选择中，使用修正的贝叶斯信息准则来确定最优超参数。

交叉验证

机器学习模型在确定超参数（比如上面套索回归中的超参数 λ）时往往采用交叉验证方法。比如，5 折交叉验证的步骤是：划分训练集和测试集，再进一步将训练集随机划分为 5 等份；选定一个超参数值，第一轮采用第 2、3、4、5 份训练集数据训练模型，使用第 1 份训练集数据作为验证集，计算验证集上目标测度比如均方误差的值；第二轮采用第 1、3、4、5 份训练集数据训练模型，使用第 2 份训练集数据作为验证集，测度验证集上模型的表现；由此进行 5 轮训练后得到 5 个模型表现测度值，计算出模型表现均值，对比不同超参数值下模型表现的好坏，取模型在验证集上表现最好时的超参数，并重新使用完整的训练集训练模型。

显然，对不关注时间序列的情况，这种简单的 K 折交叉验证是适用的，但是，如果使用未来的股票信息训练模型，而使用过去的数据检验股票收益率"预测"结果的好坏，显然是存在前瞻性偏差的，即在研究或模拟中使用了在分析的时间段内并不会被知晓或获取到的信息或数据，这样训练出的模型的泛化能力会较差。因此，对于用来预测股票收益率的机器学习模型的超参数选择，应该使用时间序列交叉验证，将训练集按时间顺序从早到晚划分成均匀的 5 份，第 1 份数据时间最早，第一轮用第 1 份数据训练，用第 2 份数据验证，第二轮则用第 1、2 份数据训练，用第 3 份数据验证，直至第五轮用前 4 份数据训练，用第 5 份数据验证，由此时间序列交叉验证选择超参数才会避免前瞻性偏差，更准确地预测股票收益率。

预测因子的实证表现

在过去 30 年中，对实证资产定价的研究挖掘出了大量对股票横截面收益率具有预测作用的因子，主要包括以下几类：应计负债（Accrual）、债务发行（Debt Issuance）、投资（Investment）、杠杆（Leverage）、风险（Risk）、动量（Momentum）、盈利能力（Profitability）、质量（Quality）、季节性（Seasonality）、短期逆转（Short-Term Reversal）、价值（Value）等。另外，人们基于技术分析和行为金融也挖掘出了一些对股票收益率有预测能力的特征变量或者因子。然而，主流的多因子模型都是稀疏的，即因子一般不超过 5 个，比如 Fama-French 五因子（FF5）模型、Hou-Xue-Zhang 四因子（q4）模型等。FF5 模型是受到股利贴现模型的影响，在三因子模型的基础上加入了盈利和投资两个因子；Fama 和 French (2018) 以检验因子模型为动机在 FF5 模型中加入了与有效市场理论相悖的横截面动量因子。稀疏因子模型之间形成了激烈的竞争，例如，Barillas 和 Shanken (2018) 根据对 FF5 模型、q4 模型等进行贝叶斯因子检验的结果提出了一个六因子模型，其效果优于 FF5 模型和 q4 模型等，但是 Hou-Mo-Xue-Zhang 五因子模型被证明战胜了上述所有竞争者。下面我们展示一些常用因子在中国和美国市场上的表现（见表 19.1）。

表 19.1　不同因子的历史平均月度表现（2000 年 1 月至 2023 年 12 月）

	样本数	均值	标准差	t 值	最小值	25 分位数	中位数	75 分位数	最大值
面板 A：中国市场									
MktRf	288	0.53	7.26	1.23	−25.47	−3.87	0.64	4.31	24.58
SMB	288	0.70	4.29	2.75	−17.35	−1.56	0.64	2.87	17.73
VMG	288	1.07	3.68	4.94	−10.28	−0.98	1.08	3.50	15.17
面板 B：美国市场									
MktRf	288	0.55	4.63	2.02	−17.23	−2.03	1.14	3.26	13.65
SMB	288	0.24	3.12	1.30	−15.32	−1.70	0.16	2.00	18.28
HML	288	0.21	3.51	1.00	−13.87	−1.66	−0.03	1.79	12.75

表 19.1 记录了 2000 年 1 月至 2023 年 12 月中国和美国市场上部分常用因子的表现，面板 A 中 A 股 Liu 等（2019）模型三因子数据来自鸣石基金，面板 B 中美股 Fama-French 模型三因子数据来自 Kenneth French 教授的网站。MktRf 是市场因子；SMB 是规模因子，做多小市值组合、做空大市值组合；VMG 与 HML 是价值因子，分别基于市盈率倒数（Earnings-to-Price，EP）、账面市值比（Book-to-Market，BM）构建，做多价值股组合、做空成长股组合。

在基于 Fama-French 三因子模型构造中国三因子时，Liu 等（2019）剔除了市值最小的后 30%的股票以避免壳价值污染，这种壳价值污染是中国市场特有的 IPO 监管造成的。在中国市场，价值因子要选用不同的指标，这是因为：Fama 和 French 发现，在 BM、EP、AM（Assets-to-Market）等指标中，BM 是美国市场上对于股票定价最有效的价值比率，而基于相同的做法，EP 则是中国市场上最有效的价值比率。

由表 19.1 的面板 A 我们可以发现，经过 Liu 等（2019）改造后的规模因子和价值因子在近 24 年都有着显著的正收益，相比之下，面板 B 中 Fama-French 因子在近 24 年并没有取得显著的正收益。这一方面说明了中美市场确实存在较大的差异，曾经对美国市场有效的因子需要经过改造才能适用于中国市场；另一方面也说明了在市场中赚取超额收益的机会可能会随着交易的进行而逐渐消失，市场会朝着有效的方向发展。

基于 Wang 等（2023）的研究，我们构建了 132 个中国股票收益率预测指标，使用机器学习方法对沪深 300 指数成分股的收益率进行预测。为了保证模型之间的可比性，我们考虑了 Fama-MacBeth 回归、自适应套索回归、自适应组套索回归三种方法。为了减轻计算负担，并且考虑到有一定比例的特征变量是按年更新的，我们每年滚动估计一次模型，比如基于 2000—2011 年这 12 年的样本训练模型来预测 2012 年的月度股票收益率，再基于 2001—2012 年的样本训练模型预测 2013 年的股票收益率，直至基于 2009—2020 年的样本训练模型预测 2021 年的股票收益率。在数据预处理阶段，我们将股票特征变量在横截面上进行排序并转换为 0 到 1 之间的取值。

训练 Fama-MacBeth 模型时，需要在每个时间横截面上进行 $t+1$ 月度股票收益率关于 t 月特征变量数据的 OLS 回归，再将各个时间横截面的系数估计值平均，得到最终的系数估计值。由于较早时期横截面上股票数量可能会少于特征变量数量，所以我们每年做一个横截面回归。

由于添加了正则化惩罚项，因此套索回归模型相比 Fama-MacBeth 模型有更强的稀疏性。训练套索回归模型时，有两种确定 $L1$ 正则化惩罚项的超参数取值的交叉验证方法：第一种是普通的 K 折交叉验证方法；第二种是时间序列交叉验证方法。第二种交叉验证方法可以在验证模型时避免一种错误的情况，即使用未来的样本估计模型，而基于对过去收益率的预测评价模型。我们参考 Freyberger 等（2020）和 Wang 等（2023）构造非参数组套索回归模型对股票收益率进行预测。为了确保模型估计的一致性，基于 Huang、Horowitz 和 Wei（2010）的研究，我们使用了自适应组套索回归方法来估计参数，即基于第一轮非参数组套索回归的参数估计对各组参数的惩罚项进行加权，从而在第二轮非参数组套索回归中获得具有一致性的估计结果。

表 19.2 报告了基于各种方法预测收益率后，按照预测收益率的相对高低将股票分成 5 组，做多预测收益率最高的那组股票，做空预测收益率最低的那组股票，所构建的多空投资组合的表现。AGLasso、ALasso、FMB 分别代表自适应（非参数）组套索回归、自适应套索回归、Fama-MacBeth 回归，KFold 和 TSCV 则分别代表普通 5 折交叉验证和 5 折时间序列交叉验证。对比面板 D 沪深 300 指数本身的表现，我们可以由面板 A 和面板 B 发现，Fama-MacBeth 回归的选股能力最弱，选股能力最强的是基于时间序列交叉验证的自适应套索回归。

组套索回归在这里的表现与 Wang 等（2023）中的结果较为不同，Wang 等（2023）中组套索回归有着非常显著的优秀表现。虽然组套索回归选取的变量数量平均为 6.1 个，远小于套索回归，但是这表示在使用 3 个节点的组套索回归时，组套索回归平均使用的解释变量已经达到了 5×6.1＝30.5（个），同时，沪深 300 指数的样本空间较小、主要成分股都是市值较大的股票、套利限制不够严[①]等原因使得特征变量与条件预期收益率之间的关系较弱，这些都导致了组套索回归更容易过拟合。而 Wang 等（2023）所使用的样本空间为 A 股所有股票，特征变量与条件预期收益率之间的关系更为复杂，所以组套索回归在全样本上样本外表现良好。面板 C 展示了实现收益率关于预测收益率的 Fama-MacBeth 回归结果，该结果同样表明组套索回归样本外存在过拟合现象。

表 19.2 基于股票收益率预测构建的多空投资组合的表现

	AGLasso	ALasso（KFold）	ALasso（TSCV）	FMB
面板 A：按市值加权的多空组合				
均值	0.019 5	0.018 3	0.020	0.005 2
标准差	0.077 1	0.056 8	0.055 2	0.042 4
夏普比率	0.877 0	1.114 0	1.277 5	0.423 3
换手率	0.419 6	0.351 6	0.346 6	0.469 2

① 比如 2022 年 10 月 21 日，经中国证监会批准，沪深交易所扩大融资融券标的股票范围，实现了沪深两市两融标的股票对沪深 300 指数和创业板指数成分股的全覆盖，中证 1000 指数成分股的覆盖率则从 61%上升至 85%。

续表

	AGLasso	ALasso (KFold)	ALasso (TSCV)	FMB
CAPM 超额收益率	0.017 1	0.017 2	0.019 0	0.004 1
	(2.41)	(3.30)	(3.73)	(1.06)
FF5 超额收益率	0.016 8	0.018 1	0.019 7	0.002 6
	(3.12)	(3.86)	(4.58)	(0.66)
多头减市场组合均值	0.016 7	0.017 3	0.018 5	0.001 7
多头减市场组合夏普比率	0.935 0	1.277 5	1.361 0	0.226 2
面板 B：等权重的多空组合				
均值	0.026 7	0.024 3	0.027 4	0.009 2
标准差	0.070 7	0.058 4	0.058 2	0.044 9
夏普比率	1.306 2	1.440 6	1.631 7	0.707 6
换手率	0.375 5	0.310 5	0.319 5	0.442 2
CAPM 超额收益率	0.026 2	0.023 8	0.026 9	0.007 8
	(4.06)	(4.47)	(5.08)	(1.88)
FF5 超额收益率	0.023 1	0.023 0	0.025 8	0.006 0
	(4.92)	(5.05)	(6.02)	(1.37)
多头减市场组合均值	0.028 6	0.028 0	0.029 4	0.014 4
多头减市场组合夏普比率	1.587 1	1.710 0	1.779 9	1.346 6
面板 C：将实现收益率回归到预测收益率上				
R^2	0.000 4	0.003 2	0.003 5	−0.000 4
斜率	1.317 1	0.817 2	0.848 5	0.136 5
面板 D：CSI 300				
均值	0.0083			
标准差	0.065 0			
夏普比率	0.442 3			

对比两种交叉验证方法下自适应套索回归的表现我们发现，使用时间序列交叉验证方法可以显著改善自适应套索回归的表现，可见在训练模型时应避免前瞻性偏差，使用未来的信息训练模型预测过去的收益率可能会对模型的样本外表现造成损失。为了使多空投资组合更具可交易性，我们在考虑做多多头、做空股指及千分之五的单向交易成本的基础上，构建了 LSmkt 多空投资组合，可以发现该组合相比原来的多空组合在收益率均值、夏普比率等方面并没有显著变差，这说明使用机器学习方法预测股票收益率并构建多空投资组合是有价值的。

为了尽量保持模型的线性形式和模型之间的可比性，我们这里没有使用树模型、神经网络模型等相对复杂的非线性模型，但这些非线性模型可以更好地捕捉特征变量之间的交互作用以及其他信息，从而可能实现更好的收益率预测效果。

19.2 工具变量主成分分析方法

主成分分析方法在投资学中也有广泛的应用。其中一种前沿的具有代表性的应用就是工具变量主成分分析（IPCA）方法。Kelly、Pruitt 和 Su（2019）提出了该方法并指出了我们可以在资产收益率的实证模型中使用该方法。接下来我们将对这种新的方法及其在中国股市中的应用做一个简单的介绍。本节内容要求读者对资产收益率的因子模型有较深入的了解，并且涉及较为复杂的方法与理论。本节使用的语言与符号也主要借鉴 Kelly、Pruitt 和 Su（2019）的论文，因此可能与本书其他章的讨论有所差异。

19.2.1 工具变量主成分分析方法简介

在资产定价研究中，我们经常会用以下线性因子模型来描述股票（或其他资产）收益率：

$$x_{it+1}=\alpha_{it+1}+\beta_{it+1}f_{t+1}+\varepsilon_{it+1} \tag{19.1}$$

其中，x_{it+1} 是资产 i 在 $t+1$ 期的收益率。f_{t+1} 是一个有 K 个元素的向量，每一个元素对应的是一个因子在 $t+1$ 期的收益率。β_{it+1} 是该资产在 $t+1$ 期对于每个定价因子的载荷。α_{it+1} 是该资产在 $t+1$ 期相对因子收益率部分的定价误差。ε_{it+1} 则是随机干扰项。

在工具变量主成分分析方法的框架下，我们可以进一步用以下结构来对 α_{it+1} 和 β_{it+1} 建模：

$$\alpha_{it+1}=c_{it}'\Gamma_{\alpha}+\xi_{it+1},\ \beta_{it+1}=c_{it}'\Gamma_{\beta}+\eta_{it+1} \tag{19.2}$$

上式中，c_{it} 表示资产 i 在 t 期的 L 维特征变量；Γ_{α} 是 $L\times1$ 的向量；Γ_{β} 是 $L\times K$ 的矩阵，这个矩阵可以让我们通过 L 个工具变量来描述 K 因子的载荷。

IPCA 方法基于通过无套利条件推导的定价方程，将定价误差 α_{it+1} 和因子载荷 β_{it+1} 建模为可观测的资产特征变量的线性函数，该特征变量用工具向量 c_{it}（其中包含一个常数项）表示。相对于经典的因子定价模型，IPCA 模型具有两个显著的优势。

首先，IPCA 模型结合了来自资产特征变量的附加信息来估计资产收益率的潜在因子结构，而经典的基于主成分分析方法的潜在因子模型则只使用资产收益率信息。一般而言，资产特征变量包含有关未来资产收益率的信息，检验资产特征变量在收益率横截面的定价能力的常用方法是投资组合排序法。以特质波动率异象为例，在每个月的月底，我们根据特质波动率将股票从低到高进行排序，并构建 10 个十分位数的投资组合，每个投资组合包含横截面中总股票的 10%。第 10 个和第 1 个投资组合之间的等值（市值）加权投资组合收益率差是特质波动率异象的异常收益率。IPCA 模型将投资组合排序法拓展到高维空间，假设一个潜在因子 k 的风险溢价为正，如果从特征变量 i 到潜在因子 k 的线性映射系数为正，则资产的收益率与特征变量 i 正相关，即特征变量 i 的值越大，期望超额收益率越高。投资组合排序法和IPCA方法有两点不同：第一，投资组合排序法在检验特征变量的定价能力时只能同时控制一个或者两个特征变量，而IPCA方法不受特征变量数量的限制；第二，投资组合排序法构造的是可观测的因子，但是IPCA方法没有预设定价方程的因子结构，而是通过统计方法来估计潜在因子。

其次，IPCA模型是一个条件资产定价模型，允许因子载荷在时间上动态调整，能够更好地捕捉市场和资产的时变特性，适应资产定价中的不同风险变化。这使得该模型在面对复杂的市场环境时更具灵活性。

有许多候选特征变量能够提供有关股票未来超额收益率的独立信息。例如，Green、Hand和Zhang（2017）检验了100多个特征变量，以识别出能够独立预测股票未来收益率的特征变量集合。在单一资产定价模型中研究如此多的特征变量很容易受到高维性的影响，IPCA方法通过假设几个潜在因子来减轻高维诅咒，并通过从特征变量到因子载荷的线性映射（由Γ_β定义）总结来自大量特征变量的信息。这种降维技术的工作原理是：如果许多特征变量提供了有关特定潜在因子上的因子载荷的信息，则将特征变量聚合为线性组合可以隔离信号并通过取平均值将噪声消除。与工具变量正交的动态因子载荷则分配给残差η_{it}。

上市公司的特征变量会随着时间的推移而演变，从小市值规模到大市值规模，从成长型到价值型，从高投资强度到低投资强度等。上市公司股票的预期收益率与特征变量的关系会随时间的推移而变化，这使研究预期收益率对特征变量的动态依赖性变得较为困难。传统的解决方案是动态构造投资组合，并将同一投资组合中的所有股票视为相同的平均股票，例如，在横截面上账面市值比处于70%到100%分位数的股票为价值股。而在高维特征变量的环境下，动态构造投资组合的方法变得不可行，因为当决定资产预期收益率的特征变量数量增多时，待估参数会激增。IPCA方法通过假设一个不随时间的推移而变化的参数Γ_β来确定从特征变量到横截面收益率在不同时间段的映射，从而降低了估计的复杂度。

19.2.2　线性映射参数的估计

我们首先介绍有约束的模型的参数估计，即假设因子模型定价准确，则定价误差α_{it+1}的参数项$\Gamma_\alpha=0$。而无约束的模型的参数估计可以由有约束的模型的参数估计推广得到。$\Gamma_\alpha=0$这一限制要求特征变量只有在代表风险敞口的时候才对超额收益率有影响，排除了特征变量通过异常收益率（截距项）影响超额收益率的可能性。有约束的模型如下：

$$x_{it+1}=c_{it}'\ \Gamma_\beta\cdot f_{t+1}+\varepsilon_{it+1}^{*} \tag{19.3}$$

其中，$\varepsilon_{it+1}^{*}=\varepsilon_{it+1}+\xi_{it+1}+\eta_{it+1}f_{t+1}$是复合误差项。对于考虑$N$个资产的情况，式(19.3)的向量形式为

$$x_{t+1}=C_t\Gamma_\beta f_{t+1}+\varepsilon_{it+1}^{*} \tag{19.4}$$

其中，x_{t+1}是一个$N\times1$的向量，表示N个公司在$t+1$期的收益率；C_t是一个$N\times L$

的矩阵，包含 N 个公司的 L 个特征变量；ε^*_{it+1} 是一个 $N\times1$ 维向量的随机干扰项。我们的目标是最小化复合模型的误差平方和，即

$$\min_{\Gamma_\beta, F}\sum_{t=1}^{T-1}\left(x_{t+1}-C_t\Gamma_\beta f_{t+1}\right)'\left(x_{t+1}-C_t\Gamma_\beta f_{t+1}\right) \tag{19.5}$$

我们首先将 $C_t\Gamma_\beta$ 视为已知变量，则式（19.5）可以看成 x_{t+1} 回归到 $C_t\Gamma_\beta$ 上的最小二乘估计的目标函数，因此 f_{t+1} 的点估计量可以由经典的 OLS 一阶条件表达式给出：

$$\widehat{f}_{t+1}=(\widehat{\Gamma}_\beta' C_t' C_t\Gamma_\beta)^{-1}\widehat{\Gamma}_\beta' C_t' x_{t+1} \tag{19.6}$$

其中，$\widehat{\Gamma}_\beta$ 代表 Γ_β 的一致估计量。为了推导 Γ_β 的一阶条件，我们将 $C_t\Gamma_\beta f_{t+1}$ 变换为 $(C_t\otimes f_{t+1}')\text{vec}(\Gamma_\beta')$①，从而式(19.5) 可以写成

$$\min_{\text{vec}(\Gamma_\beta'), F}\sum_{t=1}^{T-1}(x_{t+1}-(C_t\otimes f_{t+1}')\text{vec}(\Gamma_\beta'))'(x_{t+1}-(C_t\otimes f_{t+1}')\text{vec}(\Gamma_\beta')) \tag{19.7}$$

上式可以看作在面板数据中将 x_{t+1} 回归到 $C_t\otimes f_{t+1}'$ 上的最小二乘估计的目标函数。因此，在式（19.5）的约束优化问题中，$\text{vec}(\Gamma_\beta')$ 的一阶条件表达式为

$$\text{vec}(\widehat{\Gamma}_\beta')=\left[\sum_{t=1}^{T-1}(C_t\otimes\widehat{f}_{t+1}')'(C_t\otimes\widehat{f}_{t+1}')\right]^{-1}\left[\sum_{t=1}^{T-1}(C_t\otimes\widehat{f}_{t+1}')'x_{t+1}\right]^{②} \tag{19.8}$$

让两个一阶条件［式（19.6）和式（19.8）］同时成立的解析解往往难以获得。IPCA 方法通过交替最小二乘（Alternating Least Squares，ALS）估计一阶条件，即从对 $\widehat{f}_{t+1}$ 或 $\widehat{\Gamma}_\beta$ 的初始猜测开始，然后使用式（19.6）和式（19.8）交替更新 $\widehat{f}_{t+1}$ 和 $\widehat{\Gamma}_\beta$，并在迭代前后误差小于先前设定的容忍程度时停止。

当 Γ_β 和 f_{t+1} 作为一个整体变量进入式（19.5）时，没有办法不受任何限制地区分它们，即如果 Γ_β，f_{t+1} 是式（19.5）的解，那么对于任何非奇异方阵 R，$\Gamma_\beta R^{-1}$ 和 Rf_{t+1} 也是式（19.5）的可行解。IPCA 方法给出了三个识别条件来解决这一理论问题：（1）$\Gamma_\beta'\Gamma_\beta=I_K$，这是一个正则化条件；（2）$f_t$ 的无条件二阶矩阵是对角线矩阵，对角线元素按值降序排列，即任意两个潜在因子不线性相关，并按方差排序；（3）f_t 的均值非负，即任何潜在因子的风险溢价为正。

对于无约束的模型，截距 α_{it+1} 是工具变量的线性函数，允许超额收益率以与系统性风险无关的方式依赖于特征变量。如果我们设定 $\widetilde{\Gamma}\equiv[\Gamma_\alpha，\Gamma_\beta]$，$\widetilde{f}_{t+1}\equiv[1，f_{t+1}']'$，则 $x_{it+1}=z_{it}'\widetilde{\Gamma}\widetilde{f}_{t+1}+\varepsilon^*_{it+1}$，从而将无约束的模型转换为有约束的模型，即异常截距被视为对不涉及任何风险的潜在因子的风险补偿。$\widetilde{\Gamma}$ 的一阶条件与式（19.8）相同，f_{t+1} 的一阶条件为

---

① 根据矩阵微积分性质，$b=\text{vec}(b)=\text{vec}(b')$，$\text{vec}(ABC)=(C'\otimes A)\text{vec}(B)$，其中 b 是任意列向量，A、B、C 是任意维度兼容矩阵。

② 根据矩阵微积分性质，$(A\otimes B)'=A'\otimes B'$，$(A\otimes B)(C\otimes D)=(AC)\otimes(BD)$，其中 A、B、C 是任意维度兼容矩阵。

$$f_{t+1}=(\Gamma_\beta' C_t' C_t \Gamma_\beta)^{-1}\Gamma_\beta' C_t'(x_{t+1}-C_t\Gamma_\alpha),\forall t \tag{19.9}$$

这可以理解为动态贝塔对超额异常收益率的横截面回归系数估计量。相较于有约束的模型，无约束的模型多了一个识别问题。现在可以将$\Gamma_\alpha+\Gamma_\beta f_{t+1}$视为一个整体分量，因此，如果$\Gamma_\alpha+\Gamma_\beta f_{t+1}$是目标函数的解，则对于任何兼容向量$\xi$，$(\Gamma_\alpha+\Gamma_\beta\xi)+\Gamma_\beta(f_{t+1}-\xi)$也是目标函数的解。IPCA 方法在无约束的模型的三个识别条件的基础上，附加了一个有经济含义的识别条件，即异常收益率与系统风险因素加载的风险补偿无关，即$\Gamma_\alpha'\Gamma_\beta=0_{1\times K}$。这个附加条件的施加方式如下：从优化问题估计出一对Γ_α和Γ_β，然后将Γ_α回归到Γ_β，并将残差分配给估计的$\widehat{\Gamma}_\alpha$。

19.2.3　IPCA 方法的资产定价实证检验

实证研究者和实践者首先感兴趣的是定价模型是否能够解释所有资产的超额收益率，即式（19.1）中的α_{it+1}是否为零。IPCA 方法只能检验它的弱化形式$\Gamma_\alpha=0$，即异常超额收益率是否与特征变量有关。一般地，检验模型设定为

$$x_{it+1}=\alpha_{it+1}+\beta_{it+1}f_{t+1}+\varepsilon_{it+1} \tag{19.10}$$

原假设是

$$H_0:\Gamma_\alpha=0 \tag{19.11}$$

备择假设是

$$H_1:\Gamma_\alpha\neq 0 \tag{19.12}$$

IPCA 方法建议的检验统计量是约束的模型和无约束的模型之间距离的 Wald 型检验统计量，即Γ_α的元素平方之和，用公式表示为

$$W_\alpha=\widehat{\Gamma}_\alpha'\widehat{\Gamma}_\alpha \tag{19.13}$$

假设推断通过自助法（Bootstrap）完成。

第二个非常有用的检验是，具有预先指定的可观察因子的有影响力的模型是否可以为 IPCA 模型增加解释力，从而可以比较不同的定价模型。模型设定为

$$x_{it+1}=\beta_{it+1}f_{t+1}+\delta_{it+1}g_{t+1}+\varepsilon_{it+1} \tag{19.14}$$

其中，附加项$\delta_{it+1}g_{t+1}$定义了可观察因子形式的风险补偿g_{t+1}，因子载荷δ_{it+1}线性依赖于特征变量，即$\delta_{it+1}=z'_{it}\Gamma_\delta+v_{\delta,it}$。可观察因子为 IPCA 模型提供增量解释力的原假设和备择假设分别为

$$\begin{aligned}&H_0:\Gamma_\delta=0,\\&H_1:\Gamma_\delta\neq 0\end{aligned} \tag{19.15}$$

对应的 Wald 型检验统计量为

$$W_\delta=\mathrm{vec}(\widehat{\Gamma}_\delta)'\mathrm{vec}(\widehat{\Gamma}_\delta) \tag{19.16}$$

它测量模型（19.14）和不包括可观察因子的 IPCA 模型之间的距离。假设推断通过自助法完成。

最后一项重要的检验是评估同时控制所有其他特征变量时单个特征变量的重要性。模型设定是式（19.3），它不允许与系统性风险无关的额外异常收益率和可观察因子的存在。我们将参数矩阵Γ_β划分为$\Gamma_\beta=[\gamma_{\beta,1},\cdots,\gamma_{\beta,L}]'$，其中$\gamma_{\beta,l}$是一个$K\times1$向量，它将特征变量$l$映射到$K$因子上的载荷。原假设和备择假设分别是

$$H_0:\gamma_{\beta,l}=0$$
$$H_1:\gamma_{\beta,l}\neq0 \tag{19.17}$$

相应地，Wald 型检验统计量为

$$W_{\beta,l}=\widehat{\gamma}_{\beta,l}'\widehat{\gamma}_{\beta,l} \tag{19.18}$$

检验统计量的标准误差通过自助法得到。

19.2.4 IPCA 方法在美国市场的实证表现

Kelly、Pruitt 和 Su（2019）使用美国股票数据得出了 IPCA 方法在解释股票超额收益率方面的表现优于传统的资产定价模型的结论，并给出了一个很好的例子来实施和解释 IPCA 模型的潜在因子。股票收益率和特征变量数据来自 Freyberger 等(2020)；时间段为 1962 年 7 月至 2014 年 5 月；股票数量为 12 813 只，每只股票都有 36 个特征变量，这些特征变量可能会提供有价值的定价信息，包括市场贝塔（beta)、资产市值比(a2me)、总资产(asset)、销售比资产（ato)、账面市值比（bm)、现金比短期投资（c)、资本换手率（cto)、资本密集度（d2a)、固定资产变化率比总资产变化率（dpi2a)、市盈率倒数（e2p)、固定成本比销售收入（fc2y)、现金流比账面价值（freecf)、相对于 FF3 模型的特质性波动率（idiovol)、投资（invest)、杠杆（lev)、市值（mktcap)、换手率(turn)、净营运资产（noa)、营运应收账款（oa)、营运杠杆（ol)、价格成本差率（pcm)、利润率（pm)、毛利润率（prof)、托宾 Q(q)、价格比前 52 周最高价（w52h)、净营运资产收益率（rna)、总资产收益率（roa)、权益收益率（roe)、动量（mom)、中期动量(intmom)、短期反转（strev)、长期反转（ltrev)、销售价格比（s2p)、销售收入比销售有关的行政成本（sga2s)、买卖价差（bidask)、未解释的交易量（suv)。为了消除异常值的影响，我们对每个横截面的股票应用秩变换，即在每个横截面上，我们将每只股票按照某个特征变量排序，得到股票的秩，然后将秩除以该横截面上的股票数量，然后再减去 0.5。这样，所有的特征变量取值都转换成−0.5 和 0.5 之间的数，并且特征变量的相对大小转换成相对顺序的大小。

Kelly、Pruitt 和 Su（2019）使用两个指标度量了 IPCA 模型与传统模型的相对表现。第一个度量值是 Total R^2，定义为

$$\text{Total } R^2=1-\frac{\sum_{it}[x_{it+1}-z'_{it}(\widehat{\Gamma}_\alpha+\widehat{\Gamma}_\beta\widehat{f}_{t+1})]^2}{\sum_{it}x_{it+1}} \tag{19.19}$$

Total. R^2 衡量条件因子载荷的动态变化和同期因子对所有资产和时间段内超额收益率方差的解释比例，概括了系统性因子风险在模型中对个股风险的描述程度。

第二个度量是 Pred. R^2，定义为

$$\text{Pred } R^2 = 1 - \frac{\sum_{it}[x_{it+1} - z_{it}{}'(\hat{\Gamma}_\alpha + \hat{\Gamma}_\beta \hat{\lambda})]^2}{\sum_{it} x_{it+1}} \tag{19.20}$$

Pred. R^2 衡量了模型对条件预期收益率的描述能够解释的已实现收益率变化的比例。IPCA 模型估计出的风险溢价在所有时间段是恒定的，因此预期收益率的变化仅来自工具变量的载荷的变化。与 Fama-MacBeth 两步回归类似，Total R^2 在第一步横截面回归中“测量”拟合优度，Pred. R^2 在第二步时间序列回归中“测量”拟合优度。

表 19.3 的面板 A 报告了当潜在因子数量为 1～6 个时个股的拟合优度。对于单一因子，有约束的（$\Gamma_\alpha=0$）IPCA 模型解释了股票收益率总变化的 14.8%。作为参考，在我们的个股样本中，CAPM 的 Total R^2 为 11.9%。

有约束的单因子 IPCA 模型中的 Pred. R^2 为 0.35%。作为比较，在匹配的个股样本中，来自 CAPM 或 Fama-French 三因子模型的 Pred. R^2 为 0.31%。

允许 $\Gamma_\alpha \neq 0$ 使 Total R^2 提高了 0.4 个百分点，至 15.2%，而个股的 Pred R^2 则更显著地上升到每月 0.76%。无约束的 IPCA 模型能利用特征变量为异常收益率或者因子载荷提供额外的预测信息。结果表明，$K=1$ 时，IPCA 模型在 $\Gamma_\alpha=0$ 的约束下，只能捕获特征变量所体现的收益率可预测性的一半左右。这说明有约束的单因子 IPCA 模型无法解释条件预期收益率的异质性。面板 C 中 $\Gamma_\alpha=0$ 的假设检验在统计学上证实了这种失败，由于 p 值小于 1%，该检验拒绝了有约束的 IPCA 模型的原假设。

当我们考虑多个 IPCA 因子时，有约束的模型和无约束的模型的差距逐渐缩小。当 $K=5$ 时，有约束的模型的 Total R^2 为 18.6%，达到无约束的模型的解释能力的 99%以上。$K=5$ 是未能在 1% 的显著性水平下拒绝原假设的最小的模型，并且它的 Pred. R^2 相对于 $K=4$ 模型有很大的提升，从 0.42%提升到 0.69%，捕获了无约束的模型的可预测性的 90%。当 $K=6$ 时，$\Gamma_\alpha=0$ 的假设检验的 p 值进一步上升到 52%。

表 19.3 的结果表明，如果规范中至少包含五个因子，那么 IPCA 模型基本上解释了与股票特征变量相关的平均股票收益率的所有异质性。它通过识别一组因子和相关载荷来使股票的预期收益率与其对系统性风险的敞口保持一致，而无须利用异常收益率来解释特征变量的预测作用。IPCA 模型检验可以使用股票作为测试资产，或使用基于特征变量的投资组合。表 19.3 中的面板 B 评估了投资组合的拟合效果，x_t 向量包含 37 个特征变量，这些特征变量被用于管理投资组合的收益率，每个投资组合对应一个。

当 $K=5$ 个因子时，有约束的模型和无约束的模型分别为 98.4% 和 98.6%，表明用 37 个不同特征变量管理投资组合是高度冗余的。通过构造投资组合减少噪声也使有约束的模型和无约束的模型的 Pred. R^2 分别提高到 2.4% 和 2.5%。与股票的情况一样，当 $K=5$ 时，有约束的 IPCA 模型与无约束的 IPCA 模型的表现几乎相同。

我们考虑 $K=1$，3，4，5，6 个可观察因子的模型。$K=1$ 时，它是 CAPM（使用

CRSP 市值加权超额市场收益率作为因子)；$K=3$ 时，它是 Fama 和 French (1993) 的三因子模型 (FF3 模型)，包括市值因子、规模因子和价值因子；$K=4$ 时，它是 Carhart (1997) 的 FF4 模型，该模型在 FF3 模型的基础上添加了动量因子；$K=5$ 时，它是 Fama 和 French (2015) 的五因子模型 (FF5 模型)，该模型在 FF3 模型的基础上添加了投资因子和盈利因子。最后一列中，我们考虑一个六因子模型 (FF6 模型)，该模型将动量因子与 FF5 因子一起包括在内。

表 19.3 IPCA 模型在美国市场的实证表现

		K					
		1	2	3	4	5	6
面板 A：个股收益率 (r_t)							
Total R^2	$\Gamma_\alpha=0$	14.80	16.40	17.40	18.00	18.60	18.90
	$\Gamma_\alpha\neq0$	15.20	16.80	17.70	18.40	18.70	19.00
Pred. R^2	$\Gamma_\alpha=0$	0.35	0.34	0.41	0.42	0.69	0.68
	$\Gamma_\alpha\neq0$	0.76	0.75	0.75	0.74	0.74	0.72
面板 B：主动型投资组合收益率							
Total R^2	$\Gamma_\alpha=0$	90.30	95.30	97.10	98.00	98.40	98.80
	$\Gamma_\alpha\neq0$	90.80	95.70	97.30	98.20	98.60	98.90
Pred. R^2	$\Gamma_\alpha=0$	2.01	2.00	2.10	2.13	2.41	2.39
	$\Gamma_\alpha\neq0$	2.61	2.56	2.54	2.51	2.50	2.46
面板 C：资产定价检验							
W_α p-value		0.00	0.00	0.00	0.00	2.06	52.10

19.3 大数据下的有效定价因子识别

本节主要探讨资产定价研究中的一个核心问题：哪些因子才是构成真实因子定价模型的有效因子？随着资产定价理论的发展，随机贴现因子 (Stochastic Discount Factor, SDF，或称定价核) 模型为理解和测试资产定价因子模型提供了一个一般性的框架。因子定价模型通常被用来解释资产收益率的横截面差异。经典的多因子模型，如 Fama-French 的三因子、五因子模型，用因子风险溢价来解释资产的预期收益率，这些风险溢价是基于市场对承担特定风险的额外补偿。然而，检验一个因子是否具有显著的风险溢价并不足以证明该因子真正具有定价能力。

随机贴现因子的因子载荷和因子风险溢价通过因子的协方差矩阵直接关联起来，但两者在经济学解释上有很大的不同。一个因子的风险溢价可以告诉我们投资者是否愿意支付费用来对冲某个特定的风险因子，但它并不能告诉我们这个因子在定价收益率横截面中是否有用。正如 Cochrane (2005) 所指出的，资产的预期收益率与其在 SDF 中的风险载荷成比例。一个因子是有效的，是指其与 SDF 的相关性显著，即该因子捕捉到了资产定价中的系统性风险，而不是指它具有显著的风险溢价。例如，一个因子可能有一个非零的风险溢价，但它并未出现在 SDF 中，这仅仅是因为它与某些真正的定价因子有相关性。本节中，我们首先介绍 SDF 的理论框架，探讨在线性和非线性 SDF 模型假设下识别有效定价因子的方法，并检验这些方法在中国 A 股市场的实证应用。

19.3.1 随机贴现因子

随机贴现因子（SDF）类似于一个“贴现系数”，用于将金融资产未来的支付贴现为今天的价格。它在解释不同资产为何具有不同期望收益率方面至关重要，因为 SDF 反映了风险和时间偏好在资产定价中的作用。本节首先介绍什么是随机贴现因子，包括它的基本概念、基础公式以及在经济学上的含义。然后探讨 SDF 模型中的一个重要部分——因子载荷。因子载荷可以告诉我们某个因子在资产定价模型中有多重要。通过检验因子载荷的显著性，我们就能够更好地理解这些因子如何影响资产的定价。这些知识为我们后面识别和研究具体的定价因子提供了坚实的理论基础。

随机贴现因子理论

在这一小节，我们将结合资产定价理论和投资者效用函数来探讨随机贴现因子在经济学上的含义。首先，我们从资产定价理论的核心目标出发，解释为什么未来支付的价格是不确定的。换句话说，资产定价理论可以帮助我们理解为什么不同的资产会有不同的平均收益率。从更一般的角度，我们可以用两个基本公式来描述资产定价（可参考 Hansen and Richard，1987；Cochrane，2005）：

$$p_t = E(m_{t+1}x_{t+1}) \tag{19.21}$$

$$m_{t+1} = f(\text{数据},\text{参数}) \tag{19.22}$$

其中，p_t 为第 t 期的资产价格，x_{t+1} 为第 $t+1$ 期支付的价格。m_{t+1} 是基于第 t 期的信息，来决定第 $t+1$ 期支付的价格的随机贴现因子，我们也可以称它为定价核（Pricing Kernel）。任何资产在当前时点的均衡价格实际上就是用这个随机变量 m_{t+1} 来贴现未来支付后的期望。这意味着，无论哪种金融资产，我们都可以将其代入模型中的函数 $f(\cdot)$，从而得到 m_{t+1} 的具体形式。如果在第 $t+1$ 期计算资产收益率，即 $R_{t+1}=x_{t+1}/p_t$，那么可将式（19.22）变换为以下更常用的形式：

$$1 = E(m_{t+1}R_{t+1}) \tag{19.23}$$

当 R_{t+1} 为无风险利率 R_f 时，我们可以从公式推导出 $R_f=1/E(m_{t+1})$。m_{t+1} 可以理解为投资者愿意交换未来消费与当前消费的比率，也就是所谓的“跨期边际消费替代率”。这就好比以下问题：我是否愿意将来少花一些钱，来换取现在消费更多？为了更深入地理解这个概念，让我们来看一个关于效用最大化的问题：

$$\max_{\xi} u(c_t) + E_t[\beta u(c_{t+1})] \tag{19.24}$$

$$\text{s.t. } c_t = e_t - p_t \xi \tag{19.25}$$

$$c_{t+1} = e_{t+1} + x_{t+1} \xi \tag{19.26}$$

在这个效用最大化问题中，$u(\cdot)$ 代表投资者的效用函数，用来衡量投资者从消费中获得的满足感或幸福感。c_t 和 c_{t+1} 分别代表当前和下一个时期的消费水平。β 为贴现率，用于确定未来消费相对于当前消费的价值。e_t 和 e_{t+1} 分别是当前和下一期的收入水平。p_t 是资产的价格，ξ 是投资者需要选择的资产购买数量。为了解决这个效用最大化问题，我们需要考虑它的一阶条件，利用该条件求解效用函数达到最大值的点。根据 ξ 的一阶条件，可求得：

$$p_t = E_t\left[\beta \frac{u'(c_{t+1})}{u'(c_t)} x_{t+1}\right]$$

定义 m_{t+1} 为两期的边际效用之比乘以贴现率：

$$m_{t+1} = \beta \frac{u'(c_{t+1})}{u'(c_t)} \tag{19.27}$$

其中，m_{t+1} 代表的是边际效用增长率。将式（19.27）代入式（19.22），则有：

$$p_t = E(m_{t+1})E(x_{t+1}) + \text{cov}(m_{t+1}, x_{t+1}) \tag{19.28}$$

$$= \frac{E(x_{t+1})}{R^f} + \frac{\text{cov}[\beta u'(c_{t+1}), x_{t+1}]}{u'(c_t)} \tag{19.29}$$

由式（19.29）可以观察到一个有趣的现象：当 c_t，即当前的消费水平提高时，边际效用函数 $u'(c_t)$，也就是每增加一单位消费所带来的额外满足程度，会相应下降。这就意味着，人们现在消费得越多，他们对额外消费的价值评估就越低。在这种情况下，投资者会愿意为该资产支付更高的价格，因为资产支付与未来消费负相关，资产起到了保险的作用。

随机贴现因子与多因子模型

让我们将随机贴现因子和多因子模型的概念结合起来。多因子模型通过分析各种经济因子，比如 GDP 增长率、消费增长率，来解释资产价格为何各不相同。可以将随机贴现因子想象为一个公式，它结合这些因子来决定资产价格。实际上，随机贴现因子与多因子模型是等价的。

在前面提到的效用最大化问题［式（19.24）］中，e_t 和 e_{t+1} 是外生变量，代表未来经济状况对投资者决策的影响。投资者的目标是获取尽可能高的收益率，所以他们会根据预测的经济形势选择最佳的资产组合。因此，研究者将 GDP 增长率、消费增长率、汇率走势以及其他评估经济状态发生可能性的宏观变量定义为"定价因子"（Pricing Factor）。由于式（19.27）中提到的边际效用增长率难以直接度量，因此实证中研究者常用这些定价因子作为增长率的代理变量：

$$m_{t+1} = \beta \frac{u'(c_{t+1})}{u'(c_t)} \approx a + b' f_{t+1} \tag{19.30}$$

这里将随机贴现因子表达为一系列定价因子的组合，其中 f_{t+1} 表示定价因子的集合，而 a 和 b 是可以自由调整的参数。式（19.30）展示了如何用定价因子的线性组合来表示随机贴现因子，这和我们通常见到的多因子模型非常相似。

式（19.31）展示了多因子模型的一般形式：

$$E(R^i)=\gamma+\lambda'\beta_i \tag{19.31}$$

其中，R^i 表示某个资产的收益率，λ 表示定价因子的风险溢价，β_i 表示资产在定价因子上的风险暴露，γ 为零贝塔资产的收益率（当存在无风险资产时即为无风险利率）。其实，我们可以证明式（19.30）和式（19.31）在数学上是等价的。为了简化讨论，我们暂时忽略时间下标 t，假设 $E(f)=0$。基于资产定价的基本公式 $E(mR)=1$ 和式（19.30），我们可以得出以下关系：

$$E(R^i)=\frac{1}{E(m)}-\frac{\operatorname{cov}(m,R^i)}{E(m)}=\frac{1}{a}-\frac{E(R^i f')b}{a} \tag{19.32}$$

在式（19.31）中，风险暴露 β_i 是通过将 R^i 回归到 f 得来，即 $\beta_i\equiv E(ff')^{-1}E(fR^i)$。如果我们将 β_i 代入式（19.32）中，我们就能得到用随机贴现因子系数 a、b 表示的式（19.31）：

$$E(R)=\frac{1}{a}-\frac{E(R^i f')E(ff')^{-1}E(ff')b}{a}=\frac{1}{a}-\beta'\frac{E(ff')b}{a} \tag{19.33}$$

对比式（19.31）与式（19.33），易推出：

$$\begin{aligned}\gamma &\equiv \frac{1}{E(m)}=\frac{1}{a}\\ \lambda &\equiv \frac{1}{a}\operatorname{cov}(f,f')b=\gamma E[mf]\end{aligned} \tag{19.34}$$

同样，从式（19.34）出发，我们也可以推导出式（19.31）。这些推导表明：随机贴现因子和多因子模型在数学上是等价的。这意味着，一旦我们有了一个多因子模型，我们就可以找到相应的随机贴现因子表达式，反之亦然。

此外，式（19.34）还揭示了随机贴现因子载荷 a 和 b 的含义：a 代表了零贝塔资产的收益率（也就是无风险利率）的倒数，而 b 则反映了定价因子的“价格”。如果一个因子的风险溢价 λ 不为零，那么该因子能同时被随机贴现因子 m 定价。

19.3.2　双重套索回归方法

当我们有大量数据并且想找出哪些因子真正影响资产定价时，传统方法如最小二乘法可能不太适用。这时，套索回归、决策树和神经网络这样的机器学习方法能有效处理这种高维数据，但它们可能因为过分适应数据中的“噪声”而无法提供无偏的估计结果。为了解决这个问题，Feng 等（2020）提出了一种新的方法，即双重选择套索回归模型。这种方法首先用套索回归挑选出最能解释收益率的因子，然后用套索回归找出可能被遗漏的变量。这样一来，我们就能在一定条件下满足估计的一致性。在这一节中，我们将讨论如何运用双重选择套索回归法来估计随机贴现因子载荷，并将这种方法应用到对中国 A 股市场的实证研究中。

由 19.4.1 节的内容可知，一个给定因子解释资产价格的能力反映在其随机贴现因子载荷中。假设股票收益率的随机贴现因子 m_t 有如下线性形式：

$$m_t = \gamma_0^{-1}(1 - \lambda_g g_t - \lambda_h h_t) \tag{19.35}$$

其中，γ_0 代表无风险收益率，h_t 代表已经被普遍认可的主流定价因子，g_t 代表新发现的待测试因子。λ_g 和 λ_h 是相应的系数。为了研究新因子 g_t 是否在已发现因子 h_t 的基础上依旧有助于解释资产价格，我们可以根据随机贴现因子的定义把式（19.35）改写为：

$$E(r_t) = \iota_n \gamma_0 + C_g \lambda_g + C_h \lambda_h \tag{19.36}$$

其中，$E(r_t)$ 代表期望收益率，ι_n 是一个所有元素都为 1 的向量，C_g 和 C_h 分别是新因子 g_t 和已知因子 h_t 与股票收益率 r_t 之间的协方差矩阵。我们的目标是检验这个新因子在随机贴现因子中的载荷 λ_g 是否显著不为零，也就是说，这个新因子是否真的对资产定价有额外的解释力。

值得注意的是，直接对随机贴现因子载荷进行统计推断比单纯对因子的风险溢价进行统计推断更有意义，这是因为风险溢价代表了一个投资者是否愿意支付一定的补偿来对冲某一风险因子，并不一定反映这个因子是否真的有助于对横截面股票收益率定价。例如，如果一个因子的随机贴现因子载荷是 0，但它与某个真实的定价因子有很强的相关性，那么这个因子的风险溢价可能并不为零。在这种情况下，如果我们只是基于风险溢价做推断，那么可能会错误地认为这个因子是一个有效的定价因子，从而得出具有误导性的结论（Feng et al.，2020）。

在实际的资产定价中，存在许多可能的定价因子，比如著名的 Fama-French 六因子模型和 Hou-Xue-Zhang 的 q 因子模型等。在我们估计随机贴现因子载荷 λ_g 之前，首先需要确定基准因子 h_t 是由哪些因子构成的。套索回归是一种帮助我们减少基准因子数量的方法。利用套索回归方法时，拉格朗日中的约束是参数的绝对值。具体来说，我们会对股票收益率和所有基准因子之间的关系进行套索回归分析：

$$\min_{\gamma,\lambda} n^{-1}(\bar{r} - \iota_n \gamma - \widehat{C}_h \lambda)^2 + \tau_0 n^{-1} \, |\lambda|_1$$

这里 $\bar{r}$ 表示所有测试资产的时间序列平均收益率，$\widehat{C}_h$ 是资产收益率 $\bar{r}$ 和基准因子 h_t 之间的协方差矩阵，τ_0 是套索回归模型中的惩罚参数。我们通过交叉验证的方法来选择合适的 τ_0，并使用最小角回归算法（Efron et al.，2004）或坐标下降算法（Friedman et al.，2007）来求解套索回归系数 λ。套索回归的特点是它会将一些不重要的 λ 参数缩减至零，从而产生一个更为简洁的稀疏模型。在这一步套索回归中选出基准因子，并将其表示为 $\{\widehat{I}_1\}$。

然而，由于实际中样本量有限，传统的套索回归可能无法百分之百准确地选出真正的模型，可能会遗漏一些重要变量。这意味着单纯依赖一次套索回归可能会导致对随机贴现因子载荷的错误统计推断。因此，我们需要进行第二步的套索回归，以找出那些在第一步中可能被遗漏但仍对解释资产收益率有贡献的因子：

$$\min_{\xi_j,\chi_j} n^{-1}(\widehat{C}_{gi,\cdot} - \iota_n\xi_j - \widehat{C}_h\chi_{j,\cdot})^2 + \tau_j n^{-1}|\chi_{j,\cdot}|_1$$

这里 $\widehat{C}_g$ 是资产收益率 $\bar{r}$ 和新因子 g_t 之间的协方差矩阵。简单来说，对于每个新因子 g_j，我们都会找出与其相关的基准因子，这些基准因子与平均收益率 $\bar{r}$ 的协方差应该和新因子 g_j 与平均收益率 $\bar{r}$ 的协方差最为接近。所选基准因子的所有指标的并集表示为集合 $\widehat{I}_2 = \bigcup_{j=1}^{d}\widehat{I}_{2,j}$。

在完成这两步套索回归后，我们用这些选出的基准因子作为控制变量，来评估新因子 g_t 的边际重要性，并估计出随机贴现因子载荷 λ_g：

$$(\widehat{\gamma}_0, \widehat{\lambda}_g, \widehat{\lambda}_h) = \arg\min_{\gamma_0,\lambda_g,\lambda_h}\left\{(\bar{r} - \iota_n\gamma_0 - \widehat{C}_g\lambda_g - \widehat{C}_h\lambda_h)^2 : \lambda_{h,j} = 0, \forall j \notin \widehat{I} = \widehat{I}_1 \cup \widehat{I}_2\right\}$$

19.3.3　因子与测试资产

在这一节中，我们的目标是探索一些新的定价因子，看看它们在基准因子的基础上是否对测试资产有边际解释力。首先介绍 A 股市场主流定价因子的定义，并给出因子的详细构建方法，之后介绍如何构建测试资产来检验这些因子和其他潜在因子的解释力。

表 19.4 列出了金融学文献中的主流因子模型及这些模型在研究中国 A 股市场方面的表现。除此之外，我们还考虑了两个额外的因子。第一个是基于 Amihud（2002）的非流动性测度构建的流动性因子 AMI，第二个是 Asness 等（2019）提出的 QMJ 因子（Quality-Minus-Junk Factor）。在中国 A 股市场，这两个因子也有显著的正收益率。

表 19.4　中国 A 股市场基准定价因子描述性统计

	定价因子	均值（%）	标准差（%）	年化夏普比率	t 值	偏度	峰度	最大年化夏普比率
FF6	MKT	0.61	7.69	0.27	1.24	−0.23	4.06	1.25
	SMB	0.35	3.74	0.32	1.43	−0.29	4.6	
	HML	0.39	4.02	0.34	1.49	−0.18	7.02	
	RMW	0.25	3.35	0.26	1.17	0.25	5.85	
	CMA	−0.09	2.56	0.12	−0.55	0.19	5.48	
	UMD	0.20	4.16	0.17	0.73	−0.47	4.38	
Q5	MKT	0.61	7.69	0.27	1.24	−0.23	4.06	1.71
	ME	0.53	3.37	0.54	2.46	−0.21	5.38	
	I/A	0.07	2.07	0.12	0.5	0.22	3.62	
	ROE	0.85	3.30	0.89	3.99	0.2	4.34	
	R_{Eg}	0.25	3.38	0.26	1.15	0.07	6.78	

续表

	定价因子	均值(%)	标准差(%)	年化夏普比率	t 值	偏度	峰度	最大年化夏普比率
SY4	MKT	0.61	7.69	0.27	1.24	−0.23	4.06	0.75
	SMB	0.50	4.51	0.38	1.73	−0.62	9.35	
	MGMT	0.02	3.16	0.02	0.1	0.32	9.89	
	PERF	0.58	4.64	0.43	1.95	0.36	4.36	
DHS3	MKT	0.61	7.69	0.27	1.24	−0.23	4.06	1.27
	PEAD	0.99	3.00	1.14	5.1	−0.13	3.46	
	FIN	0.10	2.49	0.14	0.62	−0.48	9.42	
CH4	MKT	0.61	7.69	0.27	1.24	−0.23	4.06	2.13
	SMB	0.53	4.52	0.41	1.81	0.06	4.77	
	VMG	1.16	3.74	1.07	4.79	0.12	4.45	
	PMO	0.86	3.56	0.84	3.77	−0.82	9.78	
	AMI	1.05	3.38	1.09	4.81	0.35	6.69	NA
	QMJ	0.83	3.61	0.81	3.56	0.22	4.41	NA

对于待测试的新因子 g_t 选择，我们首先关注那些 Liu-Stambaugh-Yuan 四因子模型（简称 CH4 模型）无法解释的市场异象。表 19.5 展示了 CH4 模型调整后具有显著异常收益率（alpha）的市场异象的单变量分组检验结果。我们发现，在所有 107 个市场异象中，只有 6 个异象在 5%的显著性水平下不能被 CH4 模型解释。其中盈余公告日前后累积超额收益率（abr）、Dimson 贝塔值（betad）和前 5 年末平均收益率附近的累积异常收益率（ra25）的 t 值也具有显著性（$t>1.96$），因此我们选择将它们作为潜在的测试因子。

表 19.5 CH4 模型下显著的市场异象单变量分组检验

	(1)	(2)	(3)	(4)	(5)	(6)	(7)	(8)
异象	均值(%)	标准差(%)	t 值	FF6 alpha t 值	Q5 alpha t 值	SY4 alpha t 值	DHS3 alpha t 值	CH4 alpha t 值
abr	0.85	4.74	2.92	2.75	1.89	2.97	0.09	2.41
betad	1.05	5.91	2.61	2.19	2.60	3.05	3.09	2.57
e6	0.47	4.80	1.52	1.52	0.92	1.23	0.38	2.48
isff	0.25	3.43	1.06	1.13	1.49	1.56	0.92	2.56
isq	0.27	3.60	1.20	1.43	2.18	2.24	0.91	2.51
ra25	0.66	4.19	2.69	3.03	2.70	2.90	2.58	2.77

除此之外，我们还考虑了其他 7 个在文献中提出并在 A 股市场表现显著的市场异象，

包括季度总资产比市值（amq）、总资产收益率变化（droa）、净资产收益率变化（droe）、Fama-French 三因子调整的异质性波动率（ivff）、季度销售增长（sgq）、短期收益率反转（srev）和股票换手率变化（vturn）。对于每一个异象，我们根据每个特征变量的 30%和 70%将股票分成 3 个投资组合，并且对变量进行调整，保证高排名与更高的平均收益率相关联。同时，我们根据市值的中位数将股票分成两组，因子的收益率是两个高特征变量投资组合的均值与两个低特征变量投资组合的均值之间的收益率差。表 19.6 提供了这些待测试因子的均值、标准差、t 值、年化夏普比率、偏度和峰度。

表 19.6　待测试因子的描述性统计表

	(1)	(2)	(3)	(4)	(5)
因子名称	abr	amq	betad	droa	droe
均值（%）	0.44	0.50	0.85	0.85	0.88
标准差（%）	2.32	4.51	3.53	1.78	1.91
t 值	2.94	1.72	3.73	7.42	7.15
年化夏普比率	0.67	0.39	0.84	1.68	1.62
偏度	−0.07	0.01	0.88	0.19	0.16
峰度	4.89	7.10	5.03	4.37	4.63
	(6)	(7)	(8)	(9)	(10)
因子名称	ivff	ra25	sgq	srev	vturn
均值（%）	1.04	0.35	0.88	0.79	0.91
标准差（%）	3.04	2.40	2.31	3.25	3.67
t 值	5.30	2.26	5.91	3.77	3.84
年化夏普比率	1.20	0.51	1.34	0.85	0.87
偏度	0.12	0.71	0.27	0.51	−0.52
峰度	4.94	5.20	5.80	4.89	6.71

为了确保测试资产不会受到某些特定因子结构的影响，我们选择了大量的特征变量，并通过分组排序的方法来构建测试资产。我们选择了 26 个显著的公司特征变量来构造投资组合作为因子检验的测试资产。这 26 个显著的特征变量包括盈余公告日前后累积超额收益率、换手率、Amihud 非流动性比率、季度总资产比市值、Dimson 贝塔值、净值市价比、总资产收益率变化、净资产收益率变化、美元计价交易量、预期投资增长、收益价格比率、投资增长、Fama-French 三因子调整的异质性波动率、长期收益率反转、前 24 个月收益价格动量、最高日度收益率、前 5 年末平均收益率附近的累积异常收益率、11 个月动量、研发费用占市值比、净资产收益率、季度销售增长、季度股价与销售额比率、短期收益率反转、总波动率、股票美元交易量变化和股票换手率变化。我们采用独立双重分组排序方法，根据市值将所有 A 股上市公司和这 26 个公司特征变量分别构建 5×5 的投资组合，共构建了 650（=25×26）个投资组合。这些投资组合将作为我们因子识别检验的测试资产。

19.3.4 实证结果

继上一小节介绍了因子模型和测试资产构建之后，这一节我们将探讨使用双重选择套索回归方法在中国A股市场上进行因子识别的实证研究结果。我们从表19.6中选取了10个因子作为待测试因子，接下来的目标是检验这些具有显著风险溢价的因子是否能够帮助我们解释不同测试资产的收益率差异。正如Feng等(2020)和Cochrane(2005)所强调的，回答这个问题的关键是比较各因子在随机贴现因子模型中的载荷。表19.7的前两列数字给出了这些因子的随机贴现因子载荷估计值以及使用双重选择套索回归方法的t统计量。

考虑所有30个基准因子，应用双重选择套索回归方法的两步筛选共选出了4个基准因子，包括预期增长（R_{eg}）、流动性（AMI）、质量因子（QMJ）和市场超额收益率(MKT)，其中前三个因子来自第一步，最后一个因子来自第二步。我们之所以选择这些因子而不是Liu-Stambaugh-Yuan提出的中国市场CH4模型中的因子，是因为选定的基准因子能更好地适应我们的测试资产。事实上，相较于CH4模型，这些因子对于我们650个测试资产的收益率有更强的解释力。

从表19.7的结果中我们可以看到，在10个待测试因子中，有8个在5%的显著性水平下具有显著的随机贴现因子载荷，这些因子多数被归类为交易摩擦类因子。相比之下，当我们使用Liu-Stambaugh-Yuan的CH-4模型作为对照时，有7个因子具有显著性。在两种基准因子模型下都显著的因子包括盈余公告日前后累积超额收益率（abr）、Dimson贝塔值（betad）、总资产收益率变化（droa）以及Fama-French三因子调整的异质性波动率（ivff）。之所以出现这种差异，是因为两种方法使用了不同的基准因子，而基准因子的选择对于评估新因子的额外贡献有着重要影响。

表19.7 随机贴现因子载荷估计

	双重选择套索回归4因子		CH4因子	
	Coef	t-value	Coef	t-value
abr	8.77***	3.29	6.89***	2.69
amq	−3.02	−0.89	−2.88	−0.96
betad	8.97***	3.86	5.51**	2.31
droa	52.64***	3.81	39.88***	3.19
droe	−21.84*	−1.77	−5.85	−0.51
ivff	27.06***	7.35	23.35***	6.79
ra25	−4.53*	−1.93	−6.49***	−2.83
sgq	−1.66	−0.49	−14.71***	−4.31
srev	3.80**	1.97	1.74	0.91
vturn	−1.19	−0.48	6.68***	2.95

最后，在本节中，我们研究了通过双重套索回归方法选出的四个显著因子以及文献中的流动性因子 AMI 和质量因子 QMJ 是否能增强 CH4 模型的定价能力。具体而言，我们尝试将这些新因子逐个加入 CH4 模型中，从而将其扩展成五因子模型，并使用 107 个市场异象投资组合，以及表 19.4 中的 20 个基准因子中无法被 CH4 模型解释的 PEAD 和 R_{ME} 因子来检验其定价能力。

表 19.8 展示了使用 107 个市场异象投资组合作为测试资产的各因子模型的 GRS 检验统计量，以及 PEAD 和 R_{ME} 因子回归在每个因子模型上的超额收益率 alpha 和相应的 t 值。测试结果显示，加入盈余公告日前后累积超额收益率（abr）和总资产收益率变化（droa）这两个因子可以提高 CH4 模型的定价能力，即降低 GRS 统计量值，并减少 PEAD 和 R_{ME} 的 alpha 值。然而，这种改进是有限的，没有任何一个五因子模型能够完全解释所有市场异象。

表 19.8　因子模型定价能力对比

	(1)	(2)	(3)	(4)	(5)	(6)	(7)
	CH4	AMI	QMJ	abr	betad	droa	ivff
GRS 检验统计量	3.28	3.09	3.25	3.15	3.37	3.01	3.27
平均 t 值	1.00	0.99	0.96	1.01	1.18	1.35	1.14
alpha (PEAD) (%)	0.72	0.76	0.21	0.41	0.77	0.41	0.77
t 值	(3.35)	(3.44)	(3.15)	(2.33)	(3.51)	(1.95)	(3.63)
alpha (R_{ME}) (%)	0.19	0.17	0.20	0.09	0.23	0.10	0.24
t 值	(1.90)	(1.64)	(2.00)	(0.99)	(2.22)	(1.00)	(2.56)

19.4　采用自纠偏机器学习方法识别有效定价因子

以上我们介绍了在线性随机贴现因子假设下如何识别能够解释横截面股票收益率的因子。但实际上，这种线性关系并不一定成立。例如，Jagannathan 和 Korajczyk（1986）表明，与期权特征变量类似的股票（如高杠杆公司股票）的被动投资组合的收益率可能与市场收益率有非线性关系。因此，本节在假设随机贴现因子具有非线性结构的基础上，介绍 Chernozhukov 等（2022）提出的自纠偏机器学习（Automatic Debiased Machine Learning，ADML）方法，并采用该方法来估计 A 股市场定价因子的随机贴现因子载荷。①

19.4.1　自纠偏机器学习方法

在资产定价理论中，正如 Cochrane（2005）所讨论的那样，一个给定的因子解释资

① 更详细的理论推导和实证分析可参考 Maasoumi 等（2024）。

产价格的能力反映在其随机贴现因子上。本节的推导从 Bansal 和 Viswanathan（1993）的非线性随机贴现因子假定出发，假设随机贴现因子 m_t 为如下非线性的一般形式：

$$m_t = H(f_t)$$

其中，f_t 是因子集，$H(\cdot)$ 是具有一般形式的函数。f_t 中包含数量庞大的因子，包括有用的及多余或无用的因子。我们关心的问题是如何在存在大量潜在定价因子的情况下准确识别出有效因子。在该非线性的随机贴现因子下，期望收益率可以写为以下形式：

$$E(r_t) = \tau_n r_f + r_f g[\text{cov}(f_t, r_t)] \tag{19.37}$$

其中，$E(r_t)$ 是一个 $n\times 1$ 的期望收益率向量，τ_n 是一个 $n\times 1$ 的全为 1 的向量，$g(\cdot)$ 是某种一般形式的非线性函数。

根据式（19.37），我们可以应用以下矩函数来确定每个因子对于期望收益率的平均效应 λ_f：

$$\lambda_f = E[m(W, \gamma_0)] = E\left[\frac{\partial \gamma_0(X)}{\partial C_f}\right]$$

其中，$\gamma_0(X) = E[r_t | C_f]$，$C_f = \text{cov}(f_t, r_t)$。

同样，根据式（19.37），也可以将因子对于期望收益率的效应看作随机贴现因子载荷，则需要做统计推断的随机贴现因子载荷 λ_f 可以用以下条件识别：

$$\lambda_g = E[m(W, \gamma_0)] = E\left[\frac{\partial \gamma_0(X)}{\partial C_g}\right]$$

其中，$\gamma_0(X) = E[r_t | C_v]$，$W$ 为数据观测值。根据里斯表达定理（Riesz Representation Theorem），在满足 $E[m(W,\gamma)]$ 是关于 γ 的均方连续函数的条件下，$m(W,\gamma)$ 可以被分解为两个函数的内积形式，即 $E[m(W,\gamma)] = E[\alpha_0((X)\gamma(X))]$。如果直接对 λ_g 用套索回归方法等机器学习方法做统计推断，则识别的矩条件为 $E[m(W,\gamma_0) - \lambda_g] = 0$。但由于机器学习方法在最小二乘法的基础上施加了各种正则化条件，使得其估计系数难以满足一致性，因此需要在识别条件中加入影响函数（Influence Function）进行调整。误差调整后的识别方程为：

$$\Psi(w, \lambda_g, \gamma, \alpha) = m(w, \gamma) - \lambda_g + \alpha[y - \gamma(X)] \tag{19.38}$$

这样可以保证在给定数据 W 和真实的随机贴现因子载荷 λ_g 的条件下，用 γ 和 α 对真实的 γ_0 和 α_0 进行估计的期望偏差为：

$$\begin{aligned}
&E[\Psi(w, \lambda_g, \gamma, \alpha)] \\
&= E[m(W,\gamma)] - \lambda_g + E\{\alpha(X)[Y - \gamma(X)]\} \\
&= E\{\alpha_0(X)[\gamma(X) - \gamma_0(X)]\} + E\{\alpha(X)[\gamma_0(X) - \gamma(X)]\} \\
&= -E\{[\alpha(X) - \alpha_0(X)][\gamma(X) - \gamma_0(X)]\}
\end{aligned}$$

在加入影响函数后，估计的期望偏差成为对 α_0 和 γ_0 的估计偏差的乘积。这样做可以达到双重稳健的目的，即只要保证 α_0 和 γ_0 中的一个可以一致估计，就可以保证 λ_g 的估计量满足一致性。在实际操作中，虽然利用机器学习方法估计 α_0 和 γ_0 的过程中都会产生一定的误差，但这两部分误差相乘后可以很大限度减少对 λ_g 估计的偏差，从而在一定的条件下可以满足目标参数的一致估计。其中条件期望 γ_0 可以用广泛的机器学习方法如套索回归、回归树、神经网络以及各种非参数方法估计，但是由于里斯表达项 α_0 的分析解往往比较复杂，因此我们采用 Chernozhukov 等（2022）提出的自动套索回归方法，在未知 α_0 形式的情况下进行估计。

根据里斯表达定理，里斯表达项 α_0 也为条件期望函数空间中的一个元素，因此可以用线性方程假设其函数形式，再利用自动套索回归实现在未知其形式的情况下对里斯表达项 α_0 进行估计。首先，假设 $\widehat{\alpha}$ 有以下线性形式：

$$\widehat{\alpha}(x)=b(x)'\hat{\rho}$$

其中，$b(x)$ 为 $p\times1$ 的函数字典，并且 p 的个数可以大于样本数 n。在这里可以设定 $b(x)=(1,C_g,C_h)$。根据里斯表达定理，任意条件期望函数都满足以下方程：

$$M=E[m(W,b)]=E[\alpha_0(X)b(X)]$$

由于估计 $\alpha_0(X)$ 时目标为最小化残差平方和 $\|\alpha_0-b(X)\rho'\|^2$，因此可将平方项展开成三部分，其中有关 $\alpha_0(X)$ 的项可以忽略，中间项中未知量 $\alpha_0(X)b(X)$ 可以用 $\widehat{M}=\frac{1}{n}\sum_{i=1}^{n}m(W_i,b)$ 得到一致的估计，而最后一项 $b(X)b(X)'$ 可以用 $\widehat{G}=\frac{1}{n}\sum_{i=1}^{n}b(X_i)b(X_i)'$ 得到一致的估计。并且由于 $b(X)$ 为高维设定，因此需要用套索回归实现变量选择的目的。为了实现在未知 $\alpha_0(X)$ 形式的情况下对其进行估计，我们将自动套索回归估计量的形式设为：

$$\widehat{\rho_L}=\operatorname{argmin}_{\rho}(-2\widehat{M}\rho+\rho'\widehat{G}\rho+2r_L|\rho|_1),\ |\rho|_1=\sum_{j=1}^{p}|\rho_j|$$

其中，r_L 为预设的惩罚参数，采用 Chernozhukov 等（2022）提出的方法可得到稳健的估计。

在得到条件期望 γ_0 和里斯表达项 α_0 的估计后，再利用样本均值，由式（19.38）估计目标参数即可得到 λ_g 的估计值。但用机器学习方法得到的估计量 $\widehat{\gamma}$ 和 $\widehat{\alpha}$ 往往包含了过多的噪声。Chernozhukov 等（2018）提出，如果真实模型的噪声之间有很强的相关性，那么直接代入包含噪声的估计量进行第二步估计会带来过拟合偏差，使得估计量有偏。在实际操作过程中，课题组计划用分割样本方法解决过拟合偏差。具体而言，将数据分为相等的 L 份，$I_l(l=1,2,\cdots,L)$ 记作第 l 份数据，然后用不属于 I_l 的数据估计 γ_0 和 α_0，并分别得到估计量 $\widehat{\gamma}$ 和 $\widehat{\alpha}$，再将估计量代入式（19.38）中，用 I_l 中的数据估计 λ_g，最终 λ_g 的估计量即为每一份估计值的均值：

$$\widehat{\lambda}_g=\frac{1}{n}\sum_{l=1}^{L}\sum_{i\in I_l}\left\{m(W_i,\widehat{\gamma}_l)+\widehat{\alpha}_l(X_i)[Y_i-\widehat{\gamma}_l(X_i)]\right\}$$

最后，为了对随机贴现因子载荷 λ_g 做统计推断，还需要构建其方差的一致估计量。对于每一份数据 I_l，构建如下估计量：

$$\widehat{\Psi}_{il}=m(W_i,\widehat{\gamma}_l)-\widehat{\lambda}_g+\widehat{\alpha}_l(X_i)[Y_i-\widehat{\gamma}_l(X_i)],\ i\in I_l,l=1,2,\cdots,L$$

那么利用以下样本方差即可得到 $\sqrt{n}(\widehat{\lambda}_f-\lambda_f)$ 方差的一致估计量 $\widehat{V}$：

$$\widehat{V}=\frac{1}{n}\sum_{l=1}^{L}\sum_{i\in I_l}\widehat{\Psi}_{il}^2$$

19.4.2 数值模拟

模拟过程

在介绍了非线性 SDF 和 ADML 方法之后，本小节通过数值模拟的方法来检验 ADML 估计的准确性。这个模拟过程借鉴了 Feng 等（2020）的数值模拟方法。在模拟中，我们考虑了几种不同类型的因子：有用因子（这些因子对 SDF 有非零的影响）、冗余因子（对 SDF 没有影响，但与有用因子有关联）和无用因子（对 SDF 没有影响，也与有用因子无关）。同时，我们还设定了一些控制因子 h_t，包括四个有用因子 h_{1t} 和 $p-4$ 个冗余或无用因子 h_{2t}。我们设定测试资产的期望收益率 $E(r_t)$ 和实际收益率 r_t 是由这些因子产生的，并进行了 2 000 次蒙特卡罗模拟实验。

我们采用与 Feng 等（2020）相同的方法，使用真实因子来设置模拟的参数。例如，我们使用 Fama-French 五因子模型来设定有用因子的参数。在模拟数据上应用自纠偏机器学习方法进行估计时，我们考虑了不同的参数设置，包括：因子个数 p 分别为 75、100、125，测试资产数量 n 分别为 150、300、450，以及时间序列长度 T 分别为 240、360、480。

模拟结果

图 19.1 报告了 ADML 估计量和不采用影响函数进行调整的代入估计量（plug-in）的估计标准误差的直方图，并与标准正态分布进行了比较。最上面一行报告了 $n=150$ 的结果，中间一行报告了 $n=300$ 的结果，最后一行报告了 $n=450$ 的结果。在该模拟中，$T=480$，$p=100$。

如图 19.1 所示，没有影响函数的 plug-in 会有较大的偏差。相比之下，采用影响函数对偏差进行调整后，ADML 估计量呈现无偏的、渐近正态的分布，这得益于其双重稳健的特性。在图 19.1 中，我们分别应用具有 1、2、4、5 个隐藏层神经元的神经网络来估计 γ_0，发现了类似的结果。

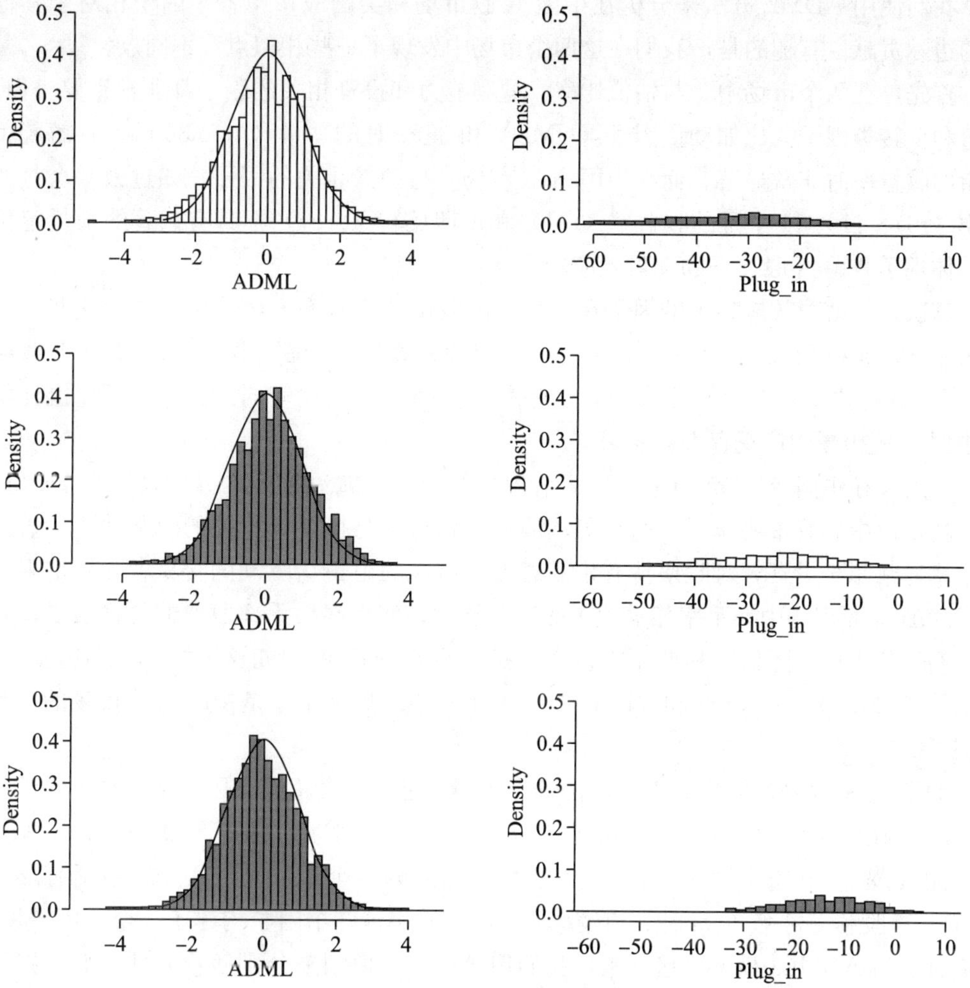

图 19.1　数值模拟结果

19.4.3　有效定价因子识别实证研究

在这一节中，我们探讨了在解释中国和美国股票市场的收益率方面，哪些因子起到了重要作用。作为世界上最大的新兴资本市场，中国股市的散户投资者占比很大，对套利的限制也相对更严，这使得它与美国股市的交易和定价性质具有显著的差异。

仿效 Hou 等（2020）和 Chen 等（2022），我们使用国泰安数据库（CSMAR）的交易和财务数据，构建了 132 个描述中国股票市场的公司特征变量。这些特征变量的详细定义和构建方法可参考吴轲（2023）。在实证研究中，我们使用了 762 个 3×2 的投资组合作为测试资产，样本期为 2000 年 1 月到 2021 年 12 月。另外，由于美股市场是一个更成熟的资本市场，我们参考 Feng 等（2020）的方法，选取了 150 个风险定价因子作为美国市场的因子库，并使用 750 个 3×2 的投资组合作为测试资产。这部分数据的样本期是从 1976 年 6 月到 2017 年 12 月。

我们使用 ADML 方法来分析在中国 A 股市场和美国股市中各个因子相对于其他因子的边际贡献。有趣的是，我们在这两个市场中发现了一些相似点和不同点。

首先，在两个市场中，与估值比率、盈利能力和投资相关的因子都非常重要。但是，动量和反转类因子，比如动量因子（UMD）和 36 个月的动量（mom36m），在解释美国股市的收益率时非常显著。而在中国 A 股市场，与动量相关的因子，如过去 6 个月的收益率（r6）、过去 11 个月的收益率（r11）和短期反转（srev）不具有显著的增量定价能力，体现了我国 A 股市场的动量效应较弱。

其次，与博彩效应相关的因子在解释中国股市的收益率方面非常重要。这些因子包括采用 Fama 和 French（1993）三因子模型计算的特质波动率（ivff）以及最大日收益率（mdr）。相比之下，在美国股市中，这些彩票类因子的表现较弱。我们的研究也证实了在中国 A 股市场中广泛存在博彩偏好。

最后，在中国 A 股市场中，与情绪相关的因子，如一个月的异常换手率（abtur），在市场定价中起着重要作用。而在美国股市中，这些与换手率相关的因子并不显著。高换手率通常源于投资者对股票持有乐观态度。庞大的由情绪驱动的交易者和卖空限制增强了我国 A 股市场中换手率相关因子的定价能力，使得高换手率股票的价格因受情绪影响而高于基本面，降低了其期望收益率。我们的 ADML 模型能够很好地识别这些因子，并支持了 Liu、Stambaugh 和 Yuan（2019）的观点，即换手率是中国 A 股市场的一个重要因子。

为了进一步检验通过 ADML 方法选出的因子是不是真正的有用因子，本节参考 Hou 等（2019）的因子张成检验（Spanning Test）方法来检验由这些因子组成的因子模型的定价能力。这里挑选了通过 ADML 方法估计出来的三个最显著的因子，包括有形资产（tan）、净股利支付率（nopq）、市销率（spq），并用这三个因子构建了一个三因子模型，我们称之为 ADML3 模型。接下来，我们用 ADML3 模型来分别解释其他 129 个因子的表现，并将其与目前文献中表现最好的几个因子模型进行比较。这些比较的模型包括中国市场的三因子（CH3）模型和四因子（CH4）模型（Stambaugh and Yuan，2017）、Hou-Mo-Xue-Zhang 五因子模型（Q5 模型）、Stambaugh-Yuan 四因子模型（SY4 模型）以及 Fama-French 六因子模型（FF6 模型）。

表 19.9 报告了因子张成检验的结果。在这个表格中，$\overline{|\alpha|}$ 为平均绝对值定价误差，$p<0.01$ 和 $p<0.05$ 分别代表在 1%和 5%的统计水平下不能被解释的因子数量。结果显示，ADML3 模型在所有六个因子模型中表现最好，平均定价误差仅为 0.23%，并且在 129 个因子中，只有 12 个因子在 1%的统计水平下不能被解释，19 个因子在 5%的统计水平下不能被解释。这说明 ADML 方法确实挑选出了具有优越定价能力的因子。相比之下，其他主流因子模型表现不如 ADML3 模型。例如，CH3 模型的平均定价误差是 0.34%，CH4 模型是 0.32%，Q5 模型是 0.24%，FF6 模型是 0.28%，而 SY4 模型的表现最差，平均定价误差为 0.38%。这些结果表明自纠偏机器学习方法确实选出了能够解释横截面股票收益率的重要因子。

表 19.9　因子张成检验

模型	$\overline{\vert\alpha\vert}$	$p<0.01$	$p<0.05$	因子样本数量
ADML3	0.23	12	19	129
CH3	0.34	22	45	132
CH4	0.32	17	34	132
Q5	0.24	19	35	132
SY4	0.38	45	59	132
FF6	0.28	33	48	132

19.5　机器学习方法在应用于金融领域时存在的问题

机器学习方法并非可以简单地套用在股票收益率预测上，典型的机器学习问题与资产定价问题之间存在一些重要区别。其中，最重要的区别在于数据的信号噪声比。在资产定价问题中，预测期望收益率时，训练数据中条件预期收益率 $E_t(r_{t+1})$ 是未知的，只能观测到实际收益率 r_{t+1} 作为 $E_t(r_{t+1})$ 的含有噪声的信号，$E_t(r_{t+1})$ 关于不同资产或者不同时间的方差在 r_{t+1} 的总方差中占比也很小，所以信号噪声比很小。股票交易只有几十年的历史，其时间序列较短，如果考虑由投资者从数据中学习并做出调整导致的训练数据的结构化改变①或者使用滚动窗口估计模型，则会导致样本时间段更短，由此引发的训练数据减少加剧了信号噪声比小的问题，预测变量缺乏高频变化和市场微观结构会发生变化等原因导致$E_t(r_{t+1})$ 的可预测性很弱，所以通过划分更小的时间区间的方法来增加数据没有意义，即无法通过增加测度频率来获取更精确的期望收益率估计结果。

另外，机器学习方法一般是为了预测单个观测的值而设计的，预测单个观测较准确不代表对整个组合收益率的预测也有较高的准确度；普通的机器学习方法对预测误差的协方差矩阵关注较少，但是在股票收益率预测问题中，预测误差的协方差很大程度上决定了投资组合的波动率，从而进一步影响投资组合的风险收益性质。预测误差的协方差会从头到尾对机器学习在股票收益率预测中的应用（如模型选择、正则化的方式、对预测表现的评价、使用模型构建投资组合等）产生影响。②

① 例如，人们发现一个因子可以较好地预测股票收益率，从而纷纷使用这个因子构造交易策略，使得该因子失效，即基于该因子的交易不再能获得异常收益率。

② Nagel 在《资产评估中的机器学习》(*Machine Learning in Asset Pricing*) 一书中举例说明了使用 R^2 和夏普比率作为股票收益率预测评价标准时模型表现不同，R^2 大的模型虽然对个股收益率的预测表现较好，但是不一定能构建出风险收益特征变量最优的投资组合。

参考文献

[1] Amihud, Y. "Illiquidity and stock returns: Cross-section and time-series effects." *Journal of Financial Markets*, 2002, 5 (1): 31 - 56.

[2] Asness, C. S., Frazzini, A., and Pedersen, L. H. "Quality minus junk." *Review of Accounting Studies*, 2019, 24 (1): 34 - 112.

[3] Avramov, D., Cheng S., Metzker L., et al. "Integrating factor models." *The Journal of Finance*, 2023, 78 (3): 1593 - 1646.

[4] Bansal, R. and Viswanathan, S. "No arbitrage and arbitrage pricing: A new approach." *Journal of Finance*, 1993, 48 (4): 1231 - 1262.

[5] Barillas, F. and Shanken, J. " Comparing asset pricing models." *Journal of Finance*, 2018, 73 (2): 715 - 754.

[6] Carhart, M. M. "On persistence in mutual fund performance." *Journal of Finance*, 1997, 52 (1): 57 - 82.

[7] Chen, D., Wu, K., and Zhu, Y. "Stock return asymmetry in China." *Pacific-Basin Finance Journal*, 2022 (72): 101743.

[8] Chen, Y., Kelly, B. T., and Xiu, D. "Expected returns and large language models." *SSRN* 4416687, 2024.

[9] Chernozhukov, V., Chetverikov, D., Demirer, M., et al. "Double/debiased machine learning for treatment and structural parameters." *Econometrics Journal*, 2018, 21 (1): C1 - C68.

[10] Chernozhukov, V., Cinelli C., Newey W., et al. "Long story short: Omitted variable bias in causal machine learning." Technical report, National Bureau of Economic Research, 2022.

[11] Cochrane, J. H. *Asset Pricing*. Revised edition. Princeton University Press, 2005.

[12] Cybenko, G. "Approximation by superpositions of a sigmoidal function." *Mathe-*

matics of Control, Signals and Systems, 1989, 2 (4): 303 - 314.

[13] DeMiguel, V., Martin-Utrera, A., Nogales, F. J., et al. "A transaction-cost perspective on the multitude of firm characteristics." *The Review of Financial Studies*, 2020, 33 (5): 2180 - 2222.

[14] Devlin, J., Chang, M., and Lee K., et al. "BERT: Pre-training of deep bidirectional transformers for language understanding." In *Proceedings of NAACL-HLT*, 2019: 4171 - 4186.

[15] Edmans, A., Fernandez-Perez, A., Garel, A., et al. "Music sentiment and stock returns around the world." *Journal of Financial Economics*, 2022, 145 (2): 234 - 254.

[16] Efron, B., Hastie, T., Johnstone, I., et al. "Least angle regression." *The Annals of Statistics*, 2004, 32 (2): 407 - 499.

[17] Fama, E. F. and French, K. R. "A five-factor asset pricing model." *Journal of Financial Economics*, 2015, 116 (1): 1 - 22.

[18] Fama, E. F. and French, K. R. " Choosing factors." *Journal of Financial Economics*, 2018, 128 (2): 234 - 252.

[19] Fama, E. F. and French, K. R. "Common risk factors in the returns on stocks and bonds." *Journal of Financial Economics*, 1993, 33 (1): 3 - 56.

[20] Fama, E. F. "Efficient capital markets." *Journal of Finance*, 1970, 25 (2): 383 - 417.

[21] Feng, S., Stiller, J., Deng, Y., et al. "Dense sampling of bird diversity increases power of comparative genomics." *Nature*, 2020, 587 (7833): 252 - 257.

[22] Freyberger, J., Neuhierl, A., and Weber, M. "Dissecting characteristics nonparametrically." *The Review of Financial Studies*, 2020, 33 (5): 2326 - 2377.

[23] Friedman, J., Hastie, T., and Tibshirani, R. "Pathwise coordinate optimization for Lasso." *Journal of Statistical Software*, 2007, 33 (1): 1 - 22.

[24] Green, J., Hand, J. R. M. and Zhang, X. F. "The characteristics that provide independent information about average US monthly stock returns." *The Review of Financial Studies*, 2017, 30 (12): 4389 - 4436.

[25] Gu, S., Kelly, B., and Xiu., D. "Empirical asset pricing via machine learning." *The Review of Financial Studies*, 2020, 33 (5): 2223 - 2273.

[26] Hansen, L. P. and Richard, S. F. "The role of conditioning information in deducing testable restrictions implied by dynamic asset pricing models." *Econometrica*, 1987, 55 (3): 587 - 613.

[27] Han, Y., Zhou, G. and Zhu, Y. "A trend factor: Any economic gains from using information over investment horizons?" *Journal of Financial Economics*, 2016, 122 (2): 352 - 375.

[28] Hornik, K., Stinchcombe, M., and White, H. "Multilayer feedforward networks are universal approximators." *Neural Networks*, 1989, 2 (5): 359 -366.

[29] Hou, K., Mo, H., Xue, C., zhang, L. "Which factors?" *Review of Finance*, 2019, 23 (1): 1-35.

[30] Hou, K., Xue, C., and Zhang, L. "Replicating anomalies." *The Review of Financial Studies*, 2020, 33 (5): 2019-2133.

[31] Huang, A. H., Wang, H., and Yang, Y. "Finbert: A large language model for extracting information from financial text." *Contemporary Accounting Research*, 2023, 40 (2): 806-841.

[32] Huang, J., Horowitz, J. L., and Wei, F. "Variable selection in nonparametric additive models." *Annals of Statistics*, 2010, 38 (4): 2282-2313.

[33] Jagannathan, R. and Korajczyk, R. A. "Assessing the market timing performance of managed portfolios." *Journal of Business*, 1986, 59 (2): 217-235.

[34] Jegadeesh, N. and Titman, S. "Returns to buying winners and selling losers: Implications for stock market efficiency." *The Journal of Finance*, 1993, 48 (1): 65-91.

[35] Jiang, J., Kelly, B., and Xiu, D. "(Re-) imag (in) ing price trends." *The Journal of Finance*, 2023, 78 (6): 3193-3249.

[36] Kelly, B. T., Pruitt, S., and Su, Y. "Characteristics are covariances: A unified model of risk and return." *Journal of Financial Economics*, 2019, 134 (3): 501-524.

[37] Krizhevsky, A., Sutskever, I., and Hinton, G. E. "ImageNet classification with deep convolutional neural networks." *Advances in Neural Information Processing Systems*, 2012 (25): 1097-1105.

[38] Leippold, M., Wang, Q., and Zhou, W. "Machine learning in the Chinese stock market." *Journal of Financial Economics*, 2022, 145 (2): 64-82.

[39] Liu, J., Stambaugh, R. F., and Yuan, Y. "Size and value in China." *Journal of Financial Economics*, 2019, 134 (1): 48-69.

[40] Li, X., Tu, Z., and Zhou, D. "The promise and peril of generative AI: Evidence from Chat GPT as sell-side analysts." *SSRN* 4480947, 2023.

[41] Lopez-Lira, A., and Tang Y. "Can Chat GPT forecast stock price movements? Return predictability and large language models." *arXiv preprint arXiv*: 2304.07619, 2023.

[42] Loughran, T. and McDonald, B. "When is a liability not a liability? Textual analysis, dictionaries, and 10-ks." *The Journal of Finance*, 2011, 66 (1): 35-65.

[43] Lo, W., Mamaysky, H., and Wang, J., "Foundations of technical analysis: Computational algorithms, statistical inference, and empirical implementation." *The Journal of Finance*, 2000, 55 (4): 1705-1765.

[44] Maasoumi, E., Wang, J., Wang, Z., et al. "Identifying factors via automatic debiased machine learning." *Journal of Applied Econometrics*, 2024, 39 (3): 438-461.

[45] Martin, W. R. and Nagel, S. "Market efficiency in the age of big data." *Journal of Financial Economics*, 2022, 145 (1): 154-177.

[46] Mayew, W. J. and Venkatachalam, M. "The power of voice: Managerial affective

states and future firm performance." *The Journal of Finance*, 2012, 67 (1): 1-43.

[47] Merton, R. C. "On estimating the expected return on the market: An exploratory investigation." *Journal of Financial Economics*, 1980, 8 (4): 323-361.

[48] Nagel, S. *Machine Learning in Asset Pricing*. Volume 1. Princeton University Press, 2021.

[49] Novy-Marx, R. and Velikov, M. "A taxonomy of anomalies and their trading costs." *The Review of Financial Studies*, 2016, 29 (1): 104-147.

[50] Shanken, J. " On the estimation of beta-pricing models." *The Review of Financial Studies*, 1992, 5 (1): 1-33.

[51] Stambaugh, R. F. and Yuan, Y. "Mispricing factors." *The Review of Financial Studies*, 2017, 30 (4): 1270-1315.

[52] Vaswani, A., Shazeer, N., Parmar, N., et al. "Attention is all you need." *Advances in Neural Information Processing Systems*, 2017 (30): 5998-6008.

[53] Wang, J., Wu, K., Tong, G., et al. "Nonlinearity in the cross-section of stock returns: Evidence from China." *International Review of Economics & Finance*, 2023 (85): 174-205.

[54] Yuan, M. and Lin, Y. "Model selection and estimation in regression with grouped variables." *Journal of the Royal Statistical Society Series B: Statistical Methodology*, 2006, 68 (1): 49-67.

[55] Zou, H. "The adaptive LASSO and its oracle properties." *Journal of the American Statistical Association*, 2006, 101 (476): 1418-1429.

[56] 姜富伟，孟令超，唐国豪. 媒体文本情绪与股票回报预测. 经济学（季刊），2021，21（4）：1323-1344.

[57] 汪昌云，武佳薇. 媒体语气、投资者情绪与 IPO 定价. 金融研究，2015（9）：174-189.

[58] 吴轲. 资产定价与机器学习. 北京：中国人民大学出版社，2023.

[59] 于琴，张兵，虞文微. 新闻情绪是股票收益的幕后推手吗. 金融经济学研究，2017，32（6）：95-103.

图书在版编目（CIP）数据

金融大数据分析 / 吴轲，周德馨著. --北京：中国人民大学出版社，2025.2. --（高等学校新文科教材）. --ISBN 978-7-300-33229-1

Ⅰ. F830.41

中国国家版本馆 CIP 数据核字第 2024XP2124 号

高等学校新文科教材・金融科技系列

金融大数据分析

吴 轲 周德馨 著

Jinrong Dashuju Fenxi

出版发行	中国人民大学出版社		
社 址	北京中关村大街 31 号	**邮政编码**	100080
电 话	010－62511242（总编室）		010－62511770（质管部）
	010－82501766（邮购部）		010－62514148（门市部）
	010－62515195（发行公司）		010－62515275（盗版举报）
网 址	http://www.crup.com.cn		
经 销	新华书店		
印 刷	天津中印联印务有限公司		
开 本	787 mm×1092 mm 1/16	**版 次**	2025 年 2 月第 1 版
印 张	17 插页 1	**印 次**	2025 年 2 月第 1 次印刷
字 数	368 000	**定 价**	45.00 元

教学支持说明

1. 教辅资源获取方式

为秉承中国人民大学出版社对教材类产品一贯的教学支持，我们将向采纳本书作为教材的教师免费提供丰富的教辅资源。您可直接到中国人民大学出版社官网的教师服务中心注册下载——http://www.crup.com.cn/Teacher。

如遇到注册、搜索等技术问题，可咨询网页右下角在线 QQ 客服，周一到周五工作时间有专人负责处理。

注册成为我社教师会员后，您可长期根据您所属的课程类别申请纸质样书、电子样书和教辅资源，自行完成免费下载。您也可登录我社官网的“教师服务中心”，我们经常举办赠送纸质样书、赠送电子样书、线上直播、资源下载、全国各专业培训及会议信息共享等网上教材进校园活动，期待您的积极参与！

2. 高校教师可加入下述学科教师 QQ 交流群，获取更多教学服务

经济类教师交流群：809471792

财政金融教师交流群：766895628

国际贸易教师交流群：162921240

税收教师交流群：119667851

3. 购书联系方式

网上书店咨询电话：010-82501766

邮购咨询电话：010-62515351

团购咨询电话：010-62513136

中国人民大学出版社经济分社

地址：北京市海淀区中关村大街甲 59 号文化大厦 1506 室　100872

电话：010-62513572　010-62515803

传真：010-62514775

E-mail：jjfs@crup.com.cn